霍建强（新西兰华人）

著

海外创出四重天

——在新西兰做国会议员、律师、记者和诗人

HAIWAI CHUANGCHU SI CHONG TIAN

ZAI XINXILAN ZUO GUOHUIYIYUAN LÜSHI JIZHE HE SHIREN

北京师范大学出版集团
BEIJING NORMAL UNIVERSITY PUBLISHING GROUP
北京师范大学出版社

图书在版编目（CIP）数据

海外创出四重天：在新西兰做国会议员、律师、记者和诗人／（新西兰）霍建强著.—北京：北京师范大学出版社，2011.8

ISBN 978-7-303-12214-1

I．①海… II．①霍… III．①社会科学－文集 IV．① C53

中国版本图书馆 CIP 数据核字（2011）第 041256 号

营 销 中 心 电 话	010-58802181 58808006
北师大出版社高等教育分社网	http://gaojiao.bnup.com.cn
电 子 信 箱	beishida168@126.com

出版发行：北京师范大学出版社 www.bnup.com.cn
　　　　　北京新街口外大街 19 号
　　　　　邮政编码：100875
印　　刷：北京京师印务有限公司
经　　销：全国新华书店
开　　本：170 mm × 240 mm
印　　张：30
字　　数：433 千字
版　　次：2011 年 8 月第 1 版
印　　次：2011 年 8 月第 1 次印刷
定　　价：58.00 元

策划编辑：李音祚　　　责任编辑：李音祚
美术编辑：毛　佳　　　装帧设计：锋尚设计
责任校对：李　菡　　　责任印制：李　啸

目 录
Contents

第二部分　记者

Rt Hon Sir Anand Satyanand GNZM，QSO

Governor-General of New Zealand

Foreword to Raymond Huo's book

The New Zealand Quartet

尊崇敬重[1]阿楠·萨地亚楠爵士[2]，女皇功绩勋章获得者[3]，

新西兰总督

为霍建强《海外创出四重天》作序

总督和夫人 The Rt Hon Sir Anand Satyanand and Lady Susan Satyanand

Greetings, Kia Ora, Kia Orana, Fakalofa Lahi Atu, Taloha Ni — to which can be added Nei Ho and Ni Hao.

首先向大家致敬。我要以新西兰本土和库克群岛毛利语向你们致敬，我要用托克劳语和纽埃语^④向大家问候，我还要以粤语和普通话向大家说一声"你们好！"

I am happy to provide this foreword to Raymond Huo's latest book, The New Zealand Quartet.

我很高兴为霍建强新书《海外创出四重天》作序。

Mr Huo is one of some 150 000 people of Chinese descent who have made their homes in New Zealand since the first recorded Chinese person arrived here a couple of years after the signing of the Treaty of Waitangi in 1840.

自从1840年《怀唐宜条约》^⑤签订后若干年，第一批有文献记载的华人登陆新西兰以来，有150 000华裔在新西兰安居乐业，把新西兰当做自己的家园。霍先生就是其中之一。

Some of those people are new migrants whilst others were born here and many are second, third and fourth generation New Zealanders. A number of them have made a significant contribution to New Zealand's economy and society. I can bring to mind readily the names of leaders of significant New Zealand businesses, of those in the professions, in academia and in central as well as local government.

有些是新移民，而有些则在这里出生，有许多是第二代、第三代和第四代新西兰人。他们当中有为数不少的人，对新西兰经济和社会做出卓越贡献。在新西兰商界、专业人士、学术界以及中央和地方政府中，都有不少这样杰出的领袖，他们的名字随时都能在我的脑海里浮现。

Those many and varied connections have played an important role in New

2

Zealand's developing relationship with China. Symbolised by the successful signing of a Free Trade Agreement in 2008, the connection between our two nations continues to flourish.

这些众多而丰富多彩的关系往来，在新中两国双边关系发展方面起到了重要作用。2008 年签订的《新中自由贸易协议》更是具有象征意义，我们两国之间的发展不断兴旺繁荣。

Chinese New Zealanders have made this country their own. That point is well summarised in a beautiful phrase in the opening of Professor Manying Ip's book, *Unfolding History*, Evolving Identity, which states: "Where my heart is at ease, this is home."

新籍华人把这里当做自己的家园。这一点在叶宋曼瑛教授写的书《此心安处》里得到很好地概括。开卷那句美丽的文字说明了这点："此心安处是我家。"

In a similar vein, Mr Huo's book presents his New Zealand home and the New Zealand way of life to a Chinese audience. *The New Zealand Quartet* specifically examines his work as a member of New Zealand's Parliament, his time as a reporter with *The New Zealand Herald*, his bilingual legal column and, as well, as a collection of previously unpublished poems and essays.

同样地，霍先生的书把他在新西兰的家园和新西兰的生活方式，呈现给华人读者。《海外创出四重天》（亦作《新西兰四重奏》）具体检阅了他作为新西兰国会议员所担当的工作、作为《新西兰先驱报》记者之所见所闻、作为律师时所撰写的双语法律专栏以及作为诗人所创作的诗歌和散文。

This varied mix — Member of Parliament, legal practitioner, journalist and poet — brings together the four quarters of Mr Huo's life in New Zealand and adds up to a story that may resonate with people in both New Zealand and China.

这一多元融合 —— 国会议员、律师、记者和诗人 —— 将霍先生在新西兰生活的四个境界融会贯通，汇成一个故事娓娓道来，相信无论是在新西兰还是在中国的华人中，都有可能引起共鸣。

It therefore gives me great pleasure to commend Raymond Huo's book, *The New Zealand Quartet*. As it is to be published in 2011 — The Year of the Rabbit — it also provides an opportunity to wish all of its readers, good luck and long life.

因此，我非常欣喜地向大家举荐霍建强的书《海外创出四重天》。因为此书要在 2011 年出版 —— 正合中国农历兔年 —— 我想趁这个机会祝所有的读者新年吉祥、长寿安康。

No reira, tēnā koutou, tēnā koutou, kia ora, kia kaha, tēnā koutou katoa.

我再次用毛利语向大家致意，祝所有的人幸福健康、生活美满⑥。

Rt Hon Sir Anand Satyanand, GNZM, QSO

Governor-General of New Zealand

尊崇敬重 阿楠·萨地亚楠爵士 女皇功绩勋章获得者 新西兰总督 二零一零年十二月十九日

译者注：

① "The Right Honourable" (The Rt Hon) 亦可译作"阁下"，是冠于英国枢密院成员姓名前的尊称。枢密院成员由首相（或总理）推荐，女皇任命，适用于英国、加拿大、澳大利亚、新西兰和其他"大英国协"成员国（英联邦）。澳大利亚于 1986 年取消了这一推荐任命制度。新西兰在海伦·克拉克（Helen Clark）总理领导的工党政府执政期间，中止了推荐制。2009 年约翰·基（John Key）总理领导的国家党政府也决定不再推荐。但在 2010 年 8 月女皇宣布，鉴于新西兰不再向英国枢密院推荐成员，从即日起，新西兰现任和将来的总督、总理、国会

议长和首席大法官将终生享受这一尊称。一般的尊称是"Hon"（尊敬的），"Rt Hon"在程度上更加重一层。

② 阿楠·萨地亚楠爵士为新西兰第 19 任总督，也是新西兰历史上第一任具有斐济印裔血统的总督。2006 年成为总督前，历任律师、法官和国会任命的申诉专员（巡视官）。

③ 指"New Zealand Order of Merit"，女皇功绩勋章，共五级，这里是最高一级。

④ 这里所用的分别是毛利语、库克群岛毛利语、纽埃语和托克劳语。库克群岛毛利语和新西兰本土毛利语略有不同。库克群岛与纽埃一样，防务和外交由新西兰负责。托克劳，也称联合群岛，为新西兰所属。

⑤ 1840 年由英国女皇和毛利众部落酋长签订的《怀唐宜条约》为新西兰立国之文件。英国国会于 1852 年通过《新西兰宪法》，新西兰从此成立了自己的政府。1854 年新西兰第一届国会在奥克兰开幕。1865 年迁都惠灵顿。

⑥ 这是比较常用的毛利问候语，逐字翻译大致的意思是"致意"、"健康"、"强壮"、"向大家致以爱和力量"。毛利语一字多义，不同场合不同意义。

Introduction from Vice-Chancellor of

The University of Auckland

奥克兰大学校长序

It is my pleasure and privilege as Vice-Chancellor of The University of Auckland to introduce this latest work from a recent alumnus who already has considerable achievements to his credit.

我很高兴也很荣幸，能以奥克兰大学校长①的身份为我们一位校友的新书作序，这位校友毕业不久但却成就斐然。

Since graduating with an LLB and MLitt, Raymond Huo has built a successful career in law, journalism, poetry, community work and now politics. From his publications and media appearances to his legal advice and his work for the Asia New Zealand Foundation, he has made his mark on his adopted country in many ways. As such, his personal story mirrors the story of the University's own institutional engagement with China, which is also marked by diversity, depth and achievement.

自从在我校毕业获得法学学士、文学硕士以来，霍建强在法律、新闻、诗文、社区以及现在所从事的政治等领域取得极大成功。从他出版的著作、媒体亮色到他的司法见解以及为亚洲新西兰基金会做出的工作，他以不同方式在新的家园留下印记。正如此，他的个人创业史映照了奥大和中国同行的校际交流史，其共同特点都体现在多元、深度及成就性上。

Most obviously, Raymond is but one of many Chinese students who have passed through our lecture halls. At present, China remains not only the largest source of international student enrolments in our institution but is increasingly the source of some of our brightest doctoral students, who come to us on scholarships awarded by the China Scholarship Council. One of the pleasures of my position is the opportunity it affords to travel to China, meet our graduates there, see how well they are doing in their careers at home, and hear their satisfaction at having studied at Auckland.

显而易见，建强只是近年来穿梭于我们课堂的众多华人学生之一。目前，中国不仅是我校国际留学生稳定的最大生源，更是发展为我们日益增

2

多的一些最优秀的博士研究生生源 —— 他们享受中国国家留学基金管理委员会奖学金而来到奥大深造。身为校长，最大的乐趣之一是有机会常去中国，去看我们的毕业生，看他们事业的发展，听听他们在奥大学习的满意程度。

In the same way that Raymond seeks to build wide ties between New Zealand and China, too, so does the University. We are currently members of three prestigious networks that include China's best universities as partners —— the Association of Pacific Rim Universities, Universitas 21, and the Worldwide Universities Network. Our International Office co-manages a New Zealand Centre at Peking University that aspires to be a major nexus of academic, politics, business and cultural collaboration between our two countries. And through a 'Three Brothers' partnership, we work with Tsinghua University (and the Chinese Academy of Sciences and China University of Geosciences) to foster the development of Qinghai University in China's interior by pursuing leading research in themes of global and local environmental relevance. Even as we concentrate on these and other research-intensive partnerships, we welcome more visits each year from government and university delegations from China than from any other country.

　　奥大和建强一样，都试图在新中两国之间建立广泛联系。我们目前是三大声望极高的国际大学组织成员 —— 这三大组织包括了中国最好的大学作为合作伙伴。这三大组织是：环太平洋大学联盟②、全球大学 21 强③以及洲际大学联盟④。我校国际事务办公室和北京大学联合管理设在北大的新西兰中心，该中心志在成为我们两国在学术、政治、商业以及文化领域合作交流的核心。而通过"三兄弟"的伙伴关系，我们和清华大学（并中国科学院和中国地质大学）密切合作，促进中国内陆青海大学的发展，在全球和区域性环保主题拓展尖端科学研究。尽管我们注意力放在这些项目和其他以研究为中心的伙伴关系上，我们每年接待的来自中国政府和大学的代表团，比任何其他国家都要多。

3

For the links between New Zealand and China to flourish in the way Raymond seeks, however, it is imperative that more New Zealanders become as comfortable as he is in both languages and cultures. Through hosting New Zealand's first Confucius Institute, as well as through our teaching programmes oriented towards China, we are seeking to reduce New Zealand's language and cultural deficit as quickly as we can. Indeed, the best way we can honour Raymond's efforts to build bridges between these two worlds is to produce more people like him who can do so. In the meantime, we are grateful for his pioneering efforts in this enterprise, and commit ourselves as he does to further development of our Chinese partnerships.

欲使新中两国之间的关系像建强所寻求的那样蓬勃发展，一项势在必行的工作就是要让更多的新西兰人像他那样，在两种语言和文化间往来自如。通过建立新西兰第一所孔子学院以及开设一些针对中国的专门课程，我们希望寻找一种途径，尽快地减少新西兰在语言和文化上对中国认知的不足。的确，对建强在这两个世界之间架起桥梁之努力最高的褒奖，就是培养更多像他那样在这方面有所作为的人。而此时此刻，我们对他在这项事业上先行者式的努力表示感激，我们也会像他那样为促进我们和中国的伙伴关系进一步发展而不遗余力。

Professor Stuart McCutcheon
Vice-Chancellor
The University of Auckland

斯图尔特·麦卡诚教授
奥克兰大学校长

4

注释：

①照字面看，"校长"为 Chancellor，"副校长"为 Vice Chancellor，简称 VC。但在英联邦（Commonwealth）国家，大学校长为名义上的（titular），多为兼职，而真正意义上的"第一把手"是 Vice Chancellor "副校长"，为避免混淆，这里统一译作"校长"（The Vice-Chancellor is the head of the University）。以前中国相关单位，看来访的是"副校长"而派副职接待，是不妥的。麦卡诚教授 2005 年起任奥克兰大学校长（VC），接替胡德博士（Dr John Hood），而胡德则赴英国任牛津大学校长（VC），这也是牛津史上第一次。奥克兰大学成立于 1883 年，是新西兰最大的大学，属研究型大学，世界排名靠前，目前有 8 个大院系（包括学部、学院、研究所和科系）、6 大校园，在校生计 4 万人。

②会员仅限于各学科领先于国际水平的科研型大学，必须得到邀请才可加入，主要包括澳洲国立大学，日本东京大学、早稻田大学，美国斯坦福大学和加州大学伯克利分校，中国北大、清华、浙大、中国科大以及台湾大学。

③由全球 21 所优秀研究型大学组成，包括英国爱丁堡大学，日本早稻田大学，中国复旦、上海交大等。

④由全球 16 所研究型大学组成，横跨 5 大洲，旨在促进洲际大学合作，包括悉尼大学、南京大学和浙江大学。和以上两个组织一样，这些组织均无通用中文译名，这里只做试译。

前　言

一

　　这本书既不是"北京人在纽约"，也不是"上海人在东京"，更不是"中国人在新西兰"。这本书试图通过作者所从事的几个职业，通过工作内容来反射移民生活、介绍"西方社会"。

　　新西兰是个小国家，有人不客气地把她称作"西方的小尾巴"。人口将近 450 万，国土面积可与日本和英国相比。新西兰有世界独有的一种不会飞的无翼鸟，叫"Kiwi"，中译"几维"或"奇异鸟"，新西兰也不无自豪地称自己为"几维人"。几维人到了大导演彼得·杰克逊爵士（Sir Peter Jackson）那里就变成了三维特效，他的三部曲《魔戒》（*The Lord of the Rings trilogy* 中文译作《指环王》）一口气获了 17 项奥斯卡金奖，此外几乎所有近十年世界大片的特效（包括《阿凡达》（*Avatar*）），都出自他和合伙人理查德·泰勒爵士（Sir Richard Taylor）创办的惠灵顿 Weta 工作室之手。"Weta"在中文有个文绉绉的学名叫"沙螽"，其实就是新西兰一种长须无翅大蝗虫。泰勒自己就因《魔戒》而夺得 4 项奥斯卡金奖。2010 年 9 月，惠灵顿华人为青海玉树赈灾募款，泰勒特地捐出一个亲笔签名的小金刚。《金刚》（*King Kong*）是他们在 2005 年合作拍摄的另一部大片。

说了电影也得说说科学。自从欧内斯特·卢瑟福（Ernest Ruther-ford）1908 年获诺贝尔化学奖，随后至少有三个新西兰人获得生物和化学方面的诺贝尔奖（可能更多，因为统计标准不同）。

当然，广为人知的还是新西兰的蓝天白云以及"风吹草低见牛羊"的自然景观。根据 2010 年 6 月份统计，新西兰有奶牛 600 万头，菜（肉）牛 390 万头，绵羊 3 250 万只……

可见这西方的小尾巴不小。北岛中部的淡水湖陶波湖（Lake Tau-po）就和新加坡国土面积一般大，这能小吗？水清澈地仿佛见底，"扑通"跳下去游泳，顺便问船老大水有多深，船老大会不经意地答道："不深，才 100 米！"扑通一跳的那个人是我，那是好多年前的事。碧波荡漾的湖水映衬着远处的雪山。这山、这水就是地球沧海桑田过程中无数次火山爆发形成的。最大的一次爆发据史料说是映红了古罗马和中国的天空。

对新西兰的认知往往是两个极端：有人说新西兰是个弹丸之地，这里很静，节奏慢，充其量是个养老的地方。有人说她处处与西方列强同步，节奏快、竞争大、市场敏感，稍不进取就要落伍。

好在新西兰置身游戏圈内就必须按规则行事，譬如，很多人感觉不好，便卖房卖生意卖车举家搬到邻国澳大利亚，进出自由。几十年前国家党总理面对人员流失，就说过一句软刀子杀人的话："去得多不怕，两国的智商指数正好因此都得到提升！"他不是一位人缘很好的总理，但这句话让许多新西兰这种"小地方"的人觉得爽快。

澳大利亚也不示弱。无论来自科技、艺术和经济领域，名声不好的他们说是新西兰人。名气大的如来自新西兰的影星罗素·克洛（Russell Crowe，主演奥斯卡获奖影片《角斗士》和《美丽心灵》），澳大利亚则毫不谦让地据为己有。

无论如何有一点可以达成共识，与邻国澳大利亚相比，新西兰的资源有限，综合国力不在一个量级，人气没有澳大利亚旺，就业机会更少。这就涉及本书试图解答的一个问题，读新西兰移民生活方面的书，图什么？

二

人人都会说的一句话叫"机会只给那些有所准备的人"。市面上常见的关于移民生活的作品，往往是在移民得到或失去机会的过程中着墨过多。这样的作品往往让读者或观众陪着主人公因其得志或失意而感慨一番，或是平添一些司马牛之叹。这时，像我这样的"过来人"，往往会突然想起中学读文言文时被语文老师强迫背下来的句子，例如"临池慕鱼，不如退而结网"。如何结网、如何在机会来到之前（或丧失之后）帮助大家做些准备，便是这部书成型的一个主要参照。因为这个出发点，全书的内容、编排以及锁定的方面，就和传统或想象中讲移民生活的书有很大不同。

第一部分《国会议员》共七个章节，前五章是通过做国会议员的亲身经历，介绍与英国相仿的威斯敏斯特（Westminster，亦称西敏斯特）政治体制以及新西兰独有的"混合比例"（MMP）选举制度。新西兰实行"一院制"（unicameral），没有参议院（上院）只有众议院（国会），众议院只有120多个席位，取得多数席位的政党获组阁权，组阁了该党领袖就是总理（用老百姓的话叫国会里产生政府），想当部长首先必须是国会议员。

有了这层关系，就能理解为什么媒体就像"狗仔队"一样整天盯着这120多位国会议员。而作为华人，100多年以来是如何在新西兰社会层面争取生存空间和话语权的，从各社区的互动中、从一些政治和新闻事件中（有些事件是媒体制造出来的，故此区分），也能把到一些脉络。

第六章《东方视点》收集了我从政前的一些文章。其中有几篇是以海外华人角度来看中国，旨在抛砖引玉。例如《CCTV不是CCTV——什么时候"中国中央电视台"不再是"闭路电视"?》，便是从英语的一个专用名词、从语言和文化角度，反射了和我观点相仿的一批人对中华文化的眷恋。因此，特别希望中国中央电视台把那个不文不白的英语缩写换掉。

第七章《附录》选登四篇专访，"从不同角度看霍建强"，算是对我这个作者的一个注解。

从政以来接受了不少平面媒体和电视、电台、网站的采访。有时很直白的一个问题却很难回答。譬如："你为什么加入工党?"我常玩笑地说，这个问题仿佛女性杂志专访时问"你为什么娶她、为什么嫁他?"之类，虽直白却不好拿捏。

2010年6月随工党领袖菲尔·高夫（Phil Goff）出访北京。在人民大会堂和习近平副主席会谈。听他和菲尔亲切地交谈，我一下子找到了答案。1972年工党刚选进政府不到三个星期，就决定承认中华人民共和国并和中国建立正式外交关系。36年后，海伦·克拉克（Helen Clark）领导的工党政府又实现了和中国的四个第一，其中一个第一就是2008年菲尔·高夫以贸易部长身份，在人民大会堂签订了和中国的自由贸易协定（FTA）。

这两个理由其实就够了。很多海外华人都赞同这样的观点：一个强大的中国是使海外华人沾光的，这是昂首挺胸和低头自卑之间的区别。

第二部分《记者》共五章，讲我在《新西兰先驱报》（The New Zealand Herald）任记者的体会。除第一章《大报记者》稍微有点"煽情"，描述了移民早期的失魂落魄，其他章节分别从文化冲击、新闻定义、新闻语言和写作以及述评及观点性文章角度，比较理性又系统地介绍了西方新闻的理论和实践。其中所选样文都是从我以前发表的文章中筛选的。

许多人只知道我当国会议员以后的所谓"曝光率"，殊不知十多年前我的名气颇大呢 —— 这是不少大专院校的学生们告诉我的。因为他们修读英文课或专业课之前的"桥梁课程"（英语过渡科目），老师讲时事就将我在报上发表的一些文章选编进讲义。那时移民不算很多，洋人大报有个华人记者还挺惹眼的。

媒体是移民和相关人士要过的第一关。过英语听说关可以借助看电视、听广播，过阅读和写作关可以读报，但看电视读报纸并不是消遣。个中体会都在五个章节里列出来了。

　　需要说明的是，为了加强新闻理论和实践学习过程的渐进程度，我在第五章中采用了"无缝"（seamless）对接，登出的样文是英文原文，只给简介不给注释和译文。这样做是煞费苦心的，大家可以体会一下。这本书对英语专业人士和外事、外企工作人员，也有很好的参考价值。

　　第三部分《律师》共选文章26篇，分门别类按18章列出，基本涵括了在海外（西方体制）创业和打工两个层面经常遇到的法律问题。新西兰目前有成文法1 100多部，以英国、澳大利亚、美国、加拿大和中国香港为主的判例法（即 Common Law，亦称普通法、共同法）更是浩如烟海。这是学法律难的原因之一。原因之二是许多英美法系中的法律概念是中国文化里没有或是没有对等语汇的。除香港外，来自大陆、台湾和其他地区的华人骨子里还是受"大陆法系"（即 Civil Law 民法体系，也称罗马体系）影响，习惯了成文法（Statutory Law）、习惯了法典（Code），而对学法律的大学生来说，则是习惯了教材。这一切在英美法系体系中完全不一样，这是原因之三。

　　第四个原因是习惯上或曰作风上。许多华人身在海外，"心系祖国"，虽然生活在新的环境，行为举止、思维习惯还保留了在来源地的那一套。比较突出的例子是许多人习惯上不签合同，希望有不签合同的方便，但出了事又希望有法律上的保护。也有许多华人把"找律师"和"有麻烦"对等看待，或者出了事才想到律师。

　　法制国家法律无所不在。政府靠立法来贯彻自己的政策。大到年度财政预算，小到加油站因燃油加税而提价，都是靠立法来实施的。因此，政治和法律涉及的大多和百姓具体生活有关。就公民而言，大到跨国企业、小到街头练摊儿，无不牵涉到律师的专业意见和服务。会花钱的是把钱花在出事之前。未雨绸缪是律师服务的职能之一，好比健身和体检，"没事找事"往往可以避免出事。

　　英美法系还有一个特点就是法（Law）与衡平法（Equity）的区分与契合。何为法？按照墨子说法是"法不阿贵，绳不绕曲"，讲的是法的公正和说一不二。在英美法里，法指的是依照判例和成文法，主张具

5

体的权利（rights）和补救（remedies）。而衡平法的精髓则是"公正不会让在没有救济的情况下蒙冤"（Equity does not suffer a wrong to be without a remedy）。讲的是公平和"良知"，这里的良知和通俗意义上的理解有时不同，在法庭上往往指法官和被告私下掌握的但在普通法庭无法证明或接受的证据。关于这两个概念的理解，比较典型的例子是所有权（title）在法和衡平法意义上的区分。前者（legal title）指拥有权，后者（equitable title）指使用权，例如家庭信托，托管人在法律上拥有房产（产权）而受益人则拥有使用权。两个权利之间的渊源以及毁损后的"补"和"偿"（remedy and restitution）都是不一样的。法与衡平法二者合一，在英国也只是 1973 年的事。

这一部分所选的文章大部分来自我为华人专门撰写的中英对照专栏"霍律师说法"。不错，这是个讲法律的专栏，并且是我的说法。其中有概念解说、案例分析、普法演讲以及和出庭大律师的对话。

中英文对照是依据这十来年读者反馈和要求而做出的决定。第三章讲拥有财产的两种不同方式，我把它译成"共同拥有"（joint tenants）和"拥有共同"（tenants in common），说明中英对照意义重大，否则容易导致"悬空式"理解或"鲁鱼亥豕式"的混乱。记得那篇文章发表不久，有位华人当事人打电话给我，说他读完后猛然醒悟："共同拥有不能防第三者插足，拥有共同才可以。"不能说他回答完全正确，但能这样理解就很靠谱了。

中英文对照还有一个好处就是保留了一些判例的原貌。"共同法"指的是英美法体系中判例共享，所以法庭判决的格式和体例都有讲究。好奇的读者可以看一看英美法系中的判决书是个什么样子。

大学教育经常讨论的话题是给学生猎物还是猎枪。猎物固然重要，否则没有实料。但猎枪来的长远，掌握了方法便可各取所需。这一部分文章或可充当一本小的交通地图，无论是业内同行或从事外事、外贸的专业人士以及各类移民和留学生，借此可以对英美法系的路况看个大概。许多东西可以举一反三。为方便读者，我给这一部分写了一个比较详细的导读。

第四部分《诗人》是大学时代"小资情调"的延续。但生活在海外，对中华文化又平添了一层眷恋。这一部分因此从"小情调"变成"大情怀"。这一部分共六章，前五章选登了一些出国后写的古体诗和现代诗。第六章则以《槛外人语》为标题收录三篇散文和一篇为朋友的诗集写的序文。

这一部分我也写了一篇导读式的文字。总之，诗文使国会议员（立法）、律师（司法）和记者（"媒体第四权"）三个职业骨架之中，填充了一些血肉和精神元素。四重天，重重相辅相成。

有朋友问我为何将"他乡任游走，此处亦当归。山重现村舍，水复邀清辉"命名为《应试》（见第二章第四首）。我的回答是，移民路（和任何事情一样）不是一帆风顺的，个中艰苦好比"如人饮水、冷暖自知"，但要有"山重水复疑无路，柳暗花明又一村"的心气儿。山重算什么，只要坚持一定能找到村舍；水复又何妨呢？正好可以举杯邀明月。大师说"凡事之所贵，必贵其难"。所以有那样的胸襟、有那样一份坚持，便是人生的一个境界、一个命题。

三

这本书既可说是锱铢积累"十年磨一剑"写出来的，也可以说是临时突击、利用工作之余和假期赶出来的。尤其是六月份回中国，在不同阶层走访一遍，感觉书中有很多内容没有"与时俱进"。我们南半球"小地方"来的，显然步态赶不上。因此，四个部分大多数章节我都重新写过，补充了许多新的资料。

首先感谢北京师范大学出版社，敢出这本四个体裁完全不同、个别章节还中英对照的"拼盘姘伴"式的书。当年在北京，李音祚先生为我把关了几本译作，想必他不会料到十六年以后，我会丢给他这么一份关于移民打拼生活的答卷。

　　我的中文启蒙老师是舒州小学的江学奇先生和潜山中学的李杏林先生、鲍训治先生；英语启蒙老师是潜山中学的储昭武先生和我的大姐夫许建明博士。大学阶段师从华泉坤教授读莎士比亚、江平教授读《罗马法》。出国之前，两位教授都为我写了推荐信，有他们推荐信壮胆，给我平添不少自信。

　　在新西兰《海外创出四重天》过程中，更是得到许多师长、朋友的帮助和支持，一一列名可能要占许多篇幅。我在第一部分第五章《就职演说》里提到了一些名字。

　　刘云芳（Yunfang Liu）负责这本书的统筹和总策划。有时她充当白居易的"老妪"，即把关最低标准，尤其是法律部分，如果她觉得别扭，我得重写重译；有时她是最高标准，如果她认为我写的不够味儿、不到火候，我也得重新写过。可以说，刘云芳把握了这部书的灵魂和躯干。

　　陆楠（Nancy Lu）是不少章节的第一读者，在此表示感谢。我惠灵顿和奥克兰两个办公室的负责人 Andrew Burt 和陈陶然（Tao Ran Chen）一直兢兢业业，为我的工作提供了"休斯顿控制中心"式的大本营。国会事务及选民服务工作量大、原则性强，他们替我管理好"霍办"，付出了大量时间。

　　这本书的写作过程中还碰上我们家楼下部分的装修工程。规模不大但分心不少。钱锺书先生在《围城》里描写主人公在越南西餐馆吃的一顿饭，有这样一段精彩的文字："没有一样东西可口：上来的汤是凉的，冰淇淋倒是热的，鱼像海军陆战队，已登陆了好几天；肉像潜水艇士兵，会长时期伏在水里；除醋以外，面包、牛油、红酒无一不酸。"（人民文学出版社1980年版第17页）

　　轮到我们，因装修而带来的麻烦，其诙谐程度可以不输《围城》。我们因此长了许多见识，也认识了个别从前没有机会接触到的华人。幸运的是，我们得到了一批职业和道德双双过硬的真正专业人士的帮助。这一年来只是苦了夫人和孩子们。因国会议员工作的七日无休和这本书所牵扯的精力，我在家里做甩手掌柜已经有很长时间了。

今天是 2010 年 12 月 22 日，大街小巷似乎每一个角落都飘着圣诞气息。南半球的新西兰正值初夏，天高云淡，大地一派新绿。蝉和叫不上名儿的昆虫，怯生生地试探着叫起来。海风吹过，送来一阵花香。我家后院的一棵栀子花，已记不清开了第几季了，好像一直在那白净净地散着淡香。旁边是大红的玫瑰，一朵朵被绿叶映衬，很富足的样子。葡萄开始挂果了，一串连着一串。李子已经长到乒乓球那么大，再过一段时间，鸟就会抢在人之前把它们一颗颗吃光。旁边一棵夜来香想必已经开过了。地上的一片君子兰刚刚热闹过，紫红玉兰又在吐蕊，花也被这一天四季、四季如春的海洋性气候闹得早已忘了节气之分。游泳池汪汪一碧，给夏季带来一丝清爽。旁边懒洋洋趴着我们养的一条雪橇犬（Husky），在太阳底下睡觉。它可能早已忘记大雪纷飞的样子，可见适者生存。邻居在割草，飘来一阵阵清新的草的香味。忽然想起来，新西兰还有一个雅号叫"蜜蜂和牛奶之乡"（Land of Milk and Honey）。这是一个美丽的地方。

2010 年 12 月 30 日整理，奥克兰

第一部分

国会议员

第一章 国会第一天

2008 年 11 月 11 日，下了飞机直奔国会大厦。这是我移民到新西兰以来第二次来到国会大厦，第一次是 2 月 19 日，参加工党政府在国会宴会厅为华人举行的庆祝中国新年活动，为总理海伦·克拉克（Rt Hon Helen Clark）做翻译。中国大使张援远在他随后的致辞中对我的翻译夸赞了一番。明眼人看得出——借一句"观察家"的话——工党高层借中国新年庆祝会，把我正式推到了前台。

还是那位观察家，当场就把我拉到一旁，说大使的夸赞是有双重含义的。第一，大使此前在中国外交部主管翻译工作，得到他的夸赞不容易。第二，这位观察家是一位讲广东话的侨领——"他这样赞你是要我们华侨挺你，明白吗？"

几天前总理办公室给我一封电子邮件，附件里是总理的讲稿，因此我事先做了准备。只是总理实际演讲时，80％是她自己的发挥，这倒是让我小吃一惊，翻译时自然需要格外用心。赴北京奥运会的新西兰代表团团长（Chef de mission）Dave Currie 也在前台就坐，为新西兰奥运会代表团助威壮行，也是当晚的主题之一。

地处南半球又是海洋性气候的新西兰，11 月依旧盎然着春意，多雨的冬季（大致是 6—8 月份），将草坪又铺厚了一层，空气中是淡淡的柠檬花香。从飞机上往下看，大海的湛蓝和山坡的浅绿，汇合成一幅很宁静的画面，给人一种洗心感觉。

上飞机前在奥克兰机场，国家电视一台的记者等在那里，说是要拍摄一组"移民从政"的新闻。我作为三天前还是执政党的工党第一位华人国会议员，对媒体来说自然有些新闻价值，只是他们问的问题，除了应景的几句，多半都是我现在还没有答案的：如到国会之后有什么具体工作计划，希望自己在哪些方面有所表现，等等。

和许多人一样，此时的我对国会的了解，尚处于泛泛层面，到了国会大厦还经常找不到北，因为国会大厦是由国会、蜂巢大厦（政府办公地）、国会图书馆以及"博文大楼"四个楼群组成的，通过天桥和地下通道，四个建筑群连成一片。国会开会前 10 分钟，会响两遍电铃，于是总理、部长、议员便从四面八方一齐赶到辩论大厅——当然这是后话。

和第一次进场一样，我将公文包放到安检处准备过安检门。保安看了我一眼，然后忙不迭招呼其他保安："这是霍先生，新选上的议员。"迅速将我的公文包拿起来递给我，做一个手势，说"请"，让我从旁边的一个专用通道直接进入。当时我没有什么特别的感觉，因为是在赶时间。事后如果从容演绎，或许会被人描述成阿姆斯特朗（Neil Armstrong）当年登月时的豪迈。就我个人来说或许这只是很小的一步，但对海外华人来说，兴许真的意味着迈出了很大的一步。当然，事后的确有人考证过，说我是海外华人中，"受中国全教育（即从小学到大学）、通过大选进入西方中央级议会的大陆第一人"。

"政治局"会议

就这样豪迈着，我从一个走廊折到另一个走廊，居然找到了会议室。一进会议室，海伦·克拉克总理（因新政府尚未成立，工党政府仍看守内阁，因此她依旧是总理）、副总理和正副"党鞭"（whip）已经在前台就座。落选的国会议员们并不掩饰发自内心的失望；选上的（无论是连任还是新科）大多却掩饰着内心的喜悦。对工党而言，连续执政了三届，这次被选下来，是一件非常沉重的事。总理在11月8日大选当晚，就承担了落选的全部责任，并宣布会自动下野，不再担任工党领袖。所以今天特别会议的主要议题之一，便是选出工党新的一届领导人。

2008年中总理海伦·克拉克宣布大选定在11月8日。前排左一为工党主席威廉斯，二排左二是我。Greg Presland 摄

主席和领袖

和所有大的政党一样，工党也分成以"党主席"（President）和"领袖"（Leader）为首的两套班子。主席为首的负责党务和行政；领袖为首的领导班子主要负责国会议员团队。国会团队相当于"党中央"，其阵容是一个政党在新西兰影响力的标志，如果大选获胜取得组阁权，领袖便是总理。

以党主席为代表的班子则负责组织建设以及选拔国会议员候选人。这也是党主席和领袖两套体系，在民主机制下互相制约的一个体现。一般来说，党主席是不拿工资的荣誉兼职，总书记（Secretary General）则是实职。在民主政体下，政党的经费全部来自党费和各种类型的筹款，无论在朝在野，筹集经费都是日常工作之一。现任党主席是迈克·威廉斯（Mike Williams），说话声如洪钟。17岁就加入新西兰工党，早年在惠灵顿的维多利亚大学（Victoria University in Wellington）读书期间，就组织和参加了反南非种族隔离、反核武器扩散、反越战等和工党

5

名字紧密相连的政治运动。在奥克兰大学（The University of Auck-land）读历史硕士期间，加入工党王子街支部（Princes Street Labour）。

王子街支部

　　王子街是奥克兰大学市区校园的一条街道，旁边就是风景如画的爱尔博特公园（Albert Park），再过一条大马路，便是奥克兰理工大学（Auckland University of Technology）。因此，这个支部吸引了许多大学生和青年知识分子。说它是工党精英的一个摇篮，丝毫也不过分。当年，它的成员包括海伦·克拉克（Helen Clark）、菲尔·高夫（Phil Goff）、约翰逊·亨特（Jonathan Hunt）、迈克尔·兰恩（Michael Rann）以及理查德·扑莱博（Richard Prebble）。

　　亨特1966年起当选为国会议员，1999—2005年任议长（Speaker）。

　　兰恩出生于英国，1962年9岁时随父母移民新西兰，1977年到澳大利亚工作和定居，2002年领导澳大利亚工党在南澳大利亚州（South Australia）选举中获胜，任南澳大利亚州总理至今。

　　扑莱博1984—1988年任工党政府内阁部长，他和当时的财政部部长罗杰·道格拉斯（Roger Douglas）一样，是工党"右翼"力量的代表人物，主张经济自由化和国有资产私有化，这也导致大卫·朗伊（David Lange）政府的分裂。道格拉斯随后创建了ACT（Association of Consumers and Taxpayers）党，一个以代表"消费者和纳税人"利益自居的新的政党。许多中文翻译习惯用它的三个字母缩写，简单并且错误地称它为"行动党"。事隔多年，2008年道格拉斯71岁，又以行动党后排议员的身份重返国会。

　　大卫·朗伊（1942年8月4日至2005年8月13日）于1984年至1989年间任工党总理。朗伊律师出身，极富口才，是新西兰最受民众欢迎的总理之一。朗伊主政期间，大规模地改革了新西兰的官僚制度和企业的臃肿、呆滞，推行市场自由化。许多人认为，他在世界舞台上对新

6

西兰政坛做出的最大贡献，也许是通过法律形式确定了新西兰为无核国家。朗伊 1985 年在牛津（Oxford）的演讲 "Nuclear Weapons are Morally Indefensible"（核武器在道义上毫无辩护余地），已成为现代政治演讲的一篇名作。朗伊的大幅画像，就挂在"政治局"会议室的门外，进出会议室，第一眼看见的就是这幅画像。

因为"工党王子街支部"而引发的一系列人物和事件，差不多可以写成一部新西兰现代政治简史。现任主席威廉斯就是在那结识了海伦·克拉克。2008 年 11 月 8 日大选后，他也明确表示承担落选责任，自动下野，但工党主席的选举，将在全国范围的各大区党员代表体制内进行，因此不在今天会议讨论内容之列。

Caucus

今天这样的会议叫 "Caucus"，老牌子的《梁实秋远东英汉大辞典》把它译作"政党决策机构秘密会议"。因为它讨论的是一个政党的决策，由领袖和党主席、总书记以及全体国会议员参加，从某种意义上看，有一点像中国执政党的"政治局会议"，自然对外是保密的。畅所欲言，也就是说"家丑只可内扬"是保密的另一个原因。

每星期二，无论是工党、国家党（National Party）还是其他在国会拥有席位的政党，整个上午都是 Caucus。政党自己的大事以及对国会立法和其他国事，都是在这个会上做出决定。

会议室里的座次大致沿袭国会辩论大厅的习惯，内阁部长级别的坐第一排，然后按党内排名，依次坐开。第一届的后排议员，不管大选名单上的排名，都是坐最后一排。因此我挑最后一排的一张椅子坐下。

今天 Caucus 有两项主要议程：欢送离任同事，选举新一代领袖。说"欢送"是不确切也不恰当的，连一向在国际国内政坛以"铁娘子"著称的海伦·克拉克，说到动情之处，也情不自禁、泪流满面。11 月 8 日晚大选开票，最痛心的是看到那些有可能守住的选区被国家党一个个敲掉。大体来说，城市选民投工党票而农村（主要是农场主）选民投国家党票。2008 年大选，我们固守的奥克兰市中区丢了，西区丢了，"一树山"为中心的那个选区也丢了。有的同事就此结束了他们的政治生涯，有的还会重整旗鼓，下一届再战，但民主选举是残酷的。国会只有 120 多个席位，不是你的，就是别人的。

有一位做了差不多 10 年国会议员的前部长，说当初自己被选上时女儿才 6 岁，现在她俨然一个大人了。过去 10 年，因为国会和政府工作没有规律，整天不着家，几乎没有尽到做父亲的责任。孩子一夜之间大了，现在"告老还乡"，实在酸甜苦辣，难言其味。

离别赠送的礼物各式各样，但几乎全是摆样子起个象征作用。无论是国会拨款（纳税人的钱）还是党内经费，都不可能有这笔预算。因此，除极个别因某些原因而接受外，这些礼物都是在手上过一下便交还回去，好让下一个人再接受这项礼遇。这是对我的第一个小小震惊。细想也对，这样的礼物，是没有任何合理出处的。

从政的第一天，参加的第一个"决策高层会议"，便是在这样一个独特的氛围中，想必对我的政治生涯，有许多难得的警示和鞭策。可以肯定地说，我在上任的第一天，就看到了未来离任的那一幕。心胸突然变得开朗，有一种莫名其妙的释然感。

新的领袖

很快地进入了下一个议程。时任内阁贸易部长，几乎担任过包括教育部部长、司法部部长和外交部部长在内所有内阁要职的菲尔·高夫（Phil Goff），当选为工党领袖。随后选出副党首、党内排名第三的财政发言人以及正、副党鞭。

顾名思义，党鞭（Whip）负责国会团队的运作。大到集体投票、出国访问，小到国会开会时的排班以及议员们的公假私假，都是由这两位领导的党鞭办公室来执鞭督导。

国会每个月有三周开会（有时是两周），叫"sitting weeks"。开会日，上午9时到下午1时是专业委员会（select committee）时间。目前国会有19个这样的委员会，负责审核各类议案，这也是各部长及部委官员和国企老总向国会述职的"主战场"，因为委员会（尤其是反对党成员）要把部长放到显微镜下审核。

另一个主战场就是下午2时开始的"提问时间"（Question time），一般一个半小时，由议员们向总理和部长提问，这也是国会电视直播最热闹、收视率最高的时段。政府有任何举动、国际国内有任何大的事情，都是在这个平台、这一时段传播开来。每年的5月份最热闹，因为5月是每年财政预算（Budget）出台的时间。政府预算需要拿到国会批准，财政部部长递交预算报告后，会有十几个小时的财政预算辩论。政府各部委（包括总理办公室）各项预算必须逐项在国会投票表决。

楼上的记者席，坐满全国最大的电视和平面媒体记者。

下午3时半到晚上10时，是议案（Bills）的辩论时段。这一时段是排班制，只要符合国会对各党集体投票的最低人数比例要求，就可以了。我们可以在这一时段参加各类活动、会议或者看文件，但除非获得党鞭办公室批准，不得离开国会大楼。这是国会开会的正常作息时间。遇到"紧急立法"（urgency），则是早上9时到午夜0时，正常立法的一读、二读、委员会逐条审核及三读的程序依法"浓缩"。我们上任不久，就连着几个星期紧急立法。看朝野两党的议员们，越是夜深、接近午夜，越是两眼放光，辩才无碍——这是后话，另述。

菲尔·高夫当选党首的当天中午，就举行了记者招待会，而那些把言论自由看得比自己生活还重要的记者，提的问题都是火药味十足。有一位问菲尔·高夫："你和副手同

2010年11月和工党领袖菲尔·高夫出席选民见面会

退下的海伦·克拉克都是同时代人，所以谈不上新鲜血液——你们只是一个过渡的班底，是吗?"菲尔·高夫答曰:"的确是过渡班子——从目前的反对党过渡到下一届的执政党。"可见他昔日外交部部长的风采依旧。

  Caucus 会议一般都是 3 个多小时，要讨论的事情很多，遇到突发情况还需要当即做出决定。当天涉及的范围也很广，有的尚未"解密"，故此不便多说。随后我才意识到，那是我们在"政府政治局会议室"开的最后一次会。对我们刚选上的新人来说不会有太多感触，但对许多"老资格"而言，那是工党执政 9 年期间几乎每个星期二必到的地方。物是人非的感触想必难免。好在很快地，工党团队就要从"执政党 Caucus 会议室"搬到"反对党 Caucus 会议室"。

  依旧例，执政党国会议员在博文楼办公，但 Caucus 会议室设在国会大厦和政府办公楼之间的这间大厅。反对党国会议员办公室连同大小会议室，则设在这透着古典气息的国会大厦。不过在国会机关服务局将所有行政事务安排妥帖之前，我倒是在博文楼上了两三天班。Caucus 会后我第一次走进这个套间办公室。外间一位金发女郎自我介绍，说是我的临时秘书。她还把我拉到窗前，说楼下不远处的那栋新建筑，就是未来的最高法院（The Supreme Court）。

蜂巢大厦

  下午我们到蜂巢大厦（The Bee-hive）9 楼开会。蜂巢大厦可以说是新西兰政治中心的一个标志。9 楼是总理办公室。这也是我第二次进蜂巢，第一次是在 2 月 19 日中国新年招待会之后，上楼跟着几位内阁部长，让他们在提名我为工党候选人的表格上签字。大厦呈蜂巢形状，故得此名。整个建

蜂巢大厦

10

筑是个大圆套小圆的结构，乍看像个迷宫。

来到总理办公室，依次坐下。海伦·克拉克好像在接电话。穿插着好像有人说她比澳大利亚当年的总理约翰·霍华德（John Howard）要强多了。霍华德在澳大利亚2007年大选中是"双失"，既被当时的反对党工党击败，又丢掉了自己的选区，从而失去连任了33年的联邦众议院议席，继而完全退出了政坛。而海伦·克拉克自从1981年夺得奥克兰Mt Albert选区以来，"十连冠"，今年依旧高票当选。许多没有把"政党票"投给工党的选民，把"个人票"都投给了她，足见她的个人魅力。何况作为蝉联三届的工党总理，她给新西兰抑或国际政坛留下了太多令人称羡的业绩。她的独立外交政策，不但让新西兰人自豪，也赢得世界的尊重。她作为西方小国的总理敢向美国说"不"，拒绝在没有联合国批准的条件下加入对伊拉克的入侵。1972年刚当选不到三周的工党政府，便决定承认中华人民共和国并和中国建立正式外交关系。而海伦·克拉克领导的工党政府，则率先和中国实现四个第一：第一个发达国家支持中国"入世"（WTO）；第一个发达国家承认中国建立市场经济体系；2004年11月开始，作为第一个发达国家同中国进行自由贸易协定谈判（FTA）；2008年4月，作为第一个发达国家同中国签订自由贸易协定。当然，如果把菲尔·高夫在2008年4月签定自贸协定以后，立刻确定参加上海世界博览会（Shanghai Expo）也算上，那就是五个"第一"了。无怪乎《福布斯》（Forbes）2006年将海伦·克拉克列为世界上第20位"最强女性"（the most powerful woman in the world）。

许多华人移民（包括我在内），是受了海伦·克拉克的影响才对民主政治有了感知、有了兴趣，也对自己作为新新西兰人（a new New Zealander）有了超过"识别标志"之外的更深层面的思考。也是海伦·克拉克作为工党领袖的大手笔，才有可能在2008年大选之后，出现了一个新格局：43个当选议员中，第一届、全新面孔的"08级新生血液"就占了13个。这在新西兰政党历史上还是不多见的。工党和国家党是新西兰的两个主干政党，这样的格局，决定了它们在未来的较量当中，一定会派生许多有趣的连锁反应。

坐定下来，我们彼此才发现，海伦·克拉克召集来开会的就我们这13 个 08 级新生。这是一个大椭圆形办公桌，想必就是内阁部长们议事的地方。我们谈了很多，但中心议题是要求我们十几个新人好好辅佐菲尔·高夫，把国家党政府变成"一届政府"，下次大选把政权再夺回来。

进入角色

接下来的会是在党鞭办公室举行。菲尔·高夫和副党首依次和每一位谈话，落实每个人的"portfolio"，即反对党影子内阁成员的职务及专业范围，基本敲定由我做法律委员会（Law Commission）发言人，统计发言人及少数民族副发言人。前两个发言人角色——用洋人的玩笑口吻——是既要会拼字（spell），又要会算术（count）；后一个角色是因为从这一届开始，工党国会有三个亚裔成员了。除原籍巴基斯坦的那位已连任两届外，Dr Rajen Prasad（斐济印度裔）和我是新人，我们三个同任民族事务副发言人。克里斯·卡特（Chris Carter）大选前是内阁教育部部长（Minister of Education）兼民族事务部部长（Minister for Ethnic Affairs）。所以他现在是教育事务及民族事务发言人。普尔萨德博士大选前是家庭关系署署长（Chief Family Commissioner），之前是种族关系署署长（Race Relations Conciliator），再之前，是梅西大学（Massey University）的社会学教授。

下午的会开完了，我和普尔萨德博士随同其他同事，步行到国会不远处的总理官邸，我们晚上在那里聚会。普尔萨德博士比我年长许多，移民新西兰近四十年，我们俩一路哼唱着印度老电影《流浪者》（Awara）中的"拉兹之歌"。谁能想到呢，两个来自不同国家的移民，唱着印度 20 世纪 50 年代电影插曲，从国会办公室出发到总理官邸去赴宴！

官邸夜话

总理官邸（Premier House）在 Tinakori 路，依山而建，浓郁着各类树木花草。前院有不少竹子，傍晚的余晖里娉婷玉立，添了不少东方韵致。

总理官邸是从 1843 年的这幢建筑物翻新加盖而成，真正作为官邸用途则始于 1865 年。1935 年，工党总理迈克尔·萨维奇（Michael Joseph Savage，他可能是新西兰政治史上最受民众爱戴的总理）认为官邸太过铺陈，因此有好多年官邸都被派作其他用场，包括建了一个儿童牙科诊所。

海伦·克拉克让每个人在留言簿上写几句离别赠言之类的话。我写了三段，还用手机拍了下来。她和副总理、财政部部长（Finance Minister）迈克尔·卡伦博士（Dr Michael Cullen）以及其他几位高层人士一直在说事。卡伦在国会被视为"辩才第一"，他很小的时候从英国移民新西兰，在基督城的坎特伯雷大学（Canterbury University）获历史学硕士、爱丁堡大学（The University of Edinburgh）经济学博士。从政前，他在新西兰南岛的奥塔哥大学（Otago University）和澳大利亚国立大学（Australian National Universi-

和财长卡伦博士。他在国会号称"辩才第一"，我的手势似乎有模仿之嫌。

13

ty）执教。1981 年在但尼丁（Dunedin）选区胜出，任国会议员至今。作为财长，至少有两个大手笔在媒体上有诸多报道：第一是"卡伦基金"（Cullen fund），一个为退休基金所设的专款，它符合我们华人所熟悉的未雨绸缪，使得未来退休一族生活有保障；所拨款项又纳入政府投资计划，因而一举两得。可惜新一届国家党政府上任不久，就把这项基金的拨款冻结了，而且一冻就是 10 年，理由是全球经济萧条，现在大批量放款不合适。第二就是新西兰的"国民储蓄计划"（Kiwi Saver）。新西兰人最大的毛病是不存钱。商业银行的融资来源绝大部分是海外市场，一旦有美国次贷危机那样的风吹草动，新西兰市场势必受到大的波及。Kiwi Saver 就是个人储蓄、政府补贴和雇主补贴三合一的一个储蓄组合。譬如，你拿出工资的 4%，政府和雇主也拿出相应比例放到你的账上。到 65 岁符合退休规定时，就可以动用这笔储蓄。它不同于政府发放的"退休金"。当然首次购房或有其他急用，可申请提前用款。很可惜，国家党政府上台伊始，就将雇主的 4%"贡献"削减为 2%，雇主自然高兴，但从长远看是不明智的。一个不储蓄的社会，最终包袱会落在政府和国家身上。

　　卡伦除任财政部部长外，还兼任高教部部长（Minister of Tertiary Education）和检察总长（Attorney-General）。卡伦是新西兰历史上第二位不是律师背景的人担任检察总长。检察总长这个称谓在英国和美国体制下是两个概念，很容易弄混。在美国，它指的是"司法部部长"，而在英国体制下（如新西兰），司法部部长则称作"Minister of Justice"。与检察总长工作密切相关的另一职位则是"Solicitor-General"，习惯上译作"副检察长"。根据新西兰《宪法 1986》（"Constitution Act 1986"，注：这只是一个"普通"的"宪法"，不是母法意义上的宪法）第 9A款，副检察长可以行使几乎一切授予检察总长可以行使的职权。有这样的区分，是因为检察总长只有国会议员才能担任。既然是国会议员，自然就有党政之分；而在新西兰，副检察长则由非国会议员担任，是个"纯粹的"、非政治性职位，全权负责刑事案件中的公诉。当然，新西兰

14

沿用的是英国体制，大选中获胜的政党组建政府，而只有当选为国会议员，才能担任政府部长。

看着这些职位法律上的界定，就可以体会"民主政治"有时候会变得多么复杂。

在随后几个星期中我和卡伦博士接触很多。他不但"辩才第一"，而且对 standing order（国会程序规则）十分精通。国会从某种意义上看是"最高法庭"，程序和实体一样重要。卡伦博士还有另一项任务，就是我们 13 个新人的"就职演说"讲稿需要经他过目一下。否则担心在用词或程序方面闹笑话。的确如此，在国会讲话不能随便用"你"，像"你会如何如何"，"卡伦博士，感谢你的帮助"这些都是不妥的，因为国会开会时主席是议长，"你"特指议长。真要感谢谁，得用"他"或"她"，否则话讲一半会被议长或多事的议员拦截下来。这是后话。

今天一天显得好长。早上下了飞机直奔国会，一直绷着，至此才稍放松一些。吃了两盘青菜和牛羊肉，又加了一小盘甜点。海伦·克拉克专门为官邸的大厨做了一个简短讲话，感谢他一路来的照顾。大厨个头不高，50 出头的年纪，看上去很憨厚，和海伦紧紧拥抱，大老爷们儿，两眼红红的，欲哭无泪。想必他内心感触很多，脸憋得红红的。旁边几个系着围裙的女帮手，则是泪流满面，不知海伦几时从总理官邸搬出。今晚的聚散离合，也标志着一个王朝的结束。环顾大厅，水晶顶灯绚丽而高雅。想起来了，水晶吊灯好像是英国女皇送的，但其实那又如何呢？灯、沙发、地毯、三角钢琴，还有墙上的名画……这些都是"中性"的，不管谁入主总理官邸，它们都一如既往地履行自己的职责。

这样想着，不觉走过了一个影壁，猛抬头，一时找不到回客厅的路了。有人和我打招呼，是大卫·康立夫（David Cunliffe），年轻的卫生部部长，也是工党的哈佛（Harvard University）高材生之一。他看我正面对着一个旋转楼梯口狐疑，挤一下眼，说"要把家搬这来还得辛苦几年"。我一看，楼梯口挂着个牌子，类似中文里"闲人免进"的字样。二楼是专供总理使用的私人书房和起居室。

2008 年 11 月 11 日在总理官邸。6 个国会议员中有 3 个是新科。

离开官邸回饭店的时候，夜已深了。饭店离国会步行不到五分钟，差不多是议员们的固定宿舍。出总理官邸走过几条街我就迷路了。打手机给惠灵顿本地的同事问路，回答说正确的路应该经过使馆区，找到使馆区再如何如何就到了。仿佛电影情节一般，放下电话一抬眼，美国的星条旗正在空中若无其事地飘扬。我一边想为何国旗晚上还挂着，一边抬腕看表，无意间看到日历显示"11"，今天是 11 月 11 日，我来国会报到上班。我是 1994 年 11 月 11 日入境移民新西兰的，14 年可以说白驹过隙，也可以说每一天都是踏踏实实地在打拼。

第二章
通往国会的三十五级台阶（一）

女皇伊丽莎白二世

新西兰属"君主立宪制"的国家（constitutional monarchy），英国女皇伊丽莎白二世（Queen Elizabeth Ⅱ）是国家元首（Head of State）。称其为"英国女皇"是不确切的，因为从法律上说，在新西兰她是"新西兰女皇伊丽莎白二世"，总督（Governor-General）是女皇在新西兰的代表。

近几年，"共和"（Republic）呼声不断，国家党、工党及其他政党中，信仰共和，认为新西兰必须"与时俱进"改帝制为共和的影响力越来越大，连工党前总理，财政部部长迈克尔·卡伦也被媒体认作"假保皇派"，所以，一俟离开政坛，就不再过多掩饰。目前普遍的预测是，今年84岁高寿的伊丽莎白二世，是包括加拿大、澳大利亚在内16个大小主权国家的一国之君，只要陛下一日亲政，一日就不会有太大的动作。就新西兰而言，邻国澳大利亚在共和运动中应该更进一步。它是大国，此其一。其二，不少"祖籍"英国的新西兰人告诉我，众所周知，澳大利亚是当年英国流放囚犯的地方，而新西兰——套用现代语言——则是1840年前后英国创业移民和投资移民的新家园，感情上至少比澳

17

大利亚人对英国皇室要亲近些。

新西兰没有母法意义上的宪法。国家主权、国会架构及政府运作的相关立法，散见于国会立法（成文法）、不成文的宪法惯例、法庭判例以及英国（England）及联合王国（United Kingdom）的法律。

严格说来，国会由君主/主权（the Sovereign）和众议院（the House of Representative）两部分组成。君权的角色体现在两个方面：第一，开启并解散国会；第二，在国会正式通过的议案，只有经过"君权御准"（the Royal assent）才能变成法律（也就是从一个"议案"/Bill，变成一部"法"/Act）。

新西兰于1951年取消了上院（在英国称上议院即元老院、贵族院，在美国称参议院），实行的是"一院制"（unicameral），只有众议院。所以，在新西兰"国会"指的就是众议院。

在这种体系下，新西兰实行"责任政府"制，亦译"应答政府"制（responsible government）。也就是说，政府向国会负责，政府任命部长，而部长首先必须是民选国会议员，只有国会议员才能担任政府部长。这和美国总统制——民选总统再由总统"海选"并任命政府部长有很大不同。熟悉孟德斯鸠（Montesquieu）"三权分立"思想的人会发现，英国的体系在立法、行政和司法方面的分立与之有很大不同。譬如，部长从国会议员中产生，则立法和行政界线模糊。法官判例具备法律效力，则司法和行政界线模糊。权力的分立与制衡，在英国、澳大利亚和新西兰既有共同恪守的传统，又有符合国情的各自发挥。但有一点是共同的：政府只有获得众议院的多数支持（即获得多数"信任票"）方能继续执政，这也是政府的"权力渊源"。每年五月份的财政预算（Budget），都是对政府是否能过信任票关卡（confidence）的一个测试。总体而言，国会管立法，政府管行政，而司法则是通过法庭适用并解释法律。

向女皇宣誓

所有当选国会议员，在自己的议席正式就座之前，必须首先向女皇宣誓，否则，不但捞不着座，连投票权也没有。

向女皇宣誓有两种方式，一种叫"swear an oath"；另一种叫"make an affirmation"，都是向女皇表示忠诚的意思。两者的区别是，后者是直接宣誓，不扯上上帝，前者则是在宣誓的同时，表明若不恪守诺言便遭上帝惩罚。所以，按这种方式宣誓，结尾都是"So help me God"（望主赐助）。奥巴马（Barack Obama）宣誓时，用的就是林肯总统当年宣誓时用的圣经。

宣誓誓词及相关程序，在《宣誓法》（*The Oaths and Declaration Act 1957*）中有详细规定，我选择的是第一种。2008 年 12 月 8 日，众议院辩论大厅座无虚席，楼上观礼台也是挤满了人。除国会议员家人及私人朋友外，依惯例，外交使节、各方代表（尤其是司法和军界）均应邀在贵宾席就座。

宣誓仪式由众议院主事官（Clerk of the House）经总督授权主持，因为那时国会议员还没有正式上任，因此还没有选出议长。现任主事官是玛丽·哈里斯（Mary Harris），她的前任是大卫·麦可奇（David McGee QC），一位御用大律师、宪政学专家，任主事官 22 年。在新西兰学法律，修公法学科，很少有人没读过他写的书。

那天我和家人一早就赶到国会。12 月的惠灵顿，气温虽比奥克兰稍低，但新西兰初夏那种天高气爽、万物怡然的感觉已处处可见。议员们都被上了发条，一会儿这有活动，一会儿那有仪式。

在辩论大厅坐定，往楼上一看，一眼看见家人坐在楼上第一排。这一届国会（第 49 届）共有议员 122 名。按姓氏笔画，有的三人一组，有的五人一组。到台前宣誓。轮到我，因手执的是佛经而不是圣经，因此就我一个人。我双手将佛经捧过头顶，放下，然后把手放在上面：

"我，霍建强，宣誓，会依照法律，对女皇伊丽莎白二世、其后裔及继承人，诚恳及真实地效忠。望主赐助。"主事官念我的名字时，相信颇伤脑筋，"Raymond"是我的英文名。我的中文名字汉语拼音"Jian-qiang"，无论如何都会被念作"疆匡"。"Huo"在英语里更是发不出声来，即使念出来，也没法用中文复制。好在没有其他议员的名字和这一串奇怪的发音有关，因此不至于卡壳。

事后谈及宣誓词的内容，也有人表示不解，似乎女皇、法律、上帝全都掺和到了一起。我的理解是，这和网上流传的说法一样，"相信上帝但别忘了锁门"，等于说要有信仰而不致迷信，这恐怕就是常言所说的智慧与哲理。

《金刚经》

新西兰信奉宗教自由、信仰自由，落实在国会议员宣誓这个层面，就是"上帝"并非特指基督教的耶稣或伊斯兰教的真主。穆斯林可以向《古兰经》（*Kuran*）宣誓，正像基督徒可以向《圣经》宣誓。我并非宗教人士，但有自己的信仰。

在宣誓前的一个周末，我专门去奥克兰东区的佛光山请《金刚经》。住持满信法师已将《金刚经》供在大雄宝殿，并手把手教我如何礼佛。"人间卫视全球佛光新闻"还做了专题报道，说："[……]主持满信法师、监寺满望法师接待。满信法师祝贺霍建强当选国会议员，除了成为华裔在新西兰的荣耀及为广大民众服务贡献外，同时透过佛法的教育融入生活与净化社会，也从生活的历练借事练心，活出信心、希望与热忱。"

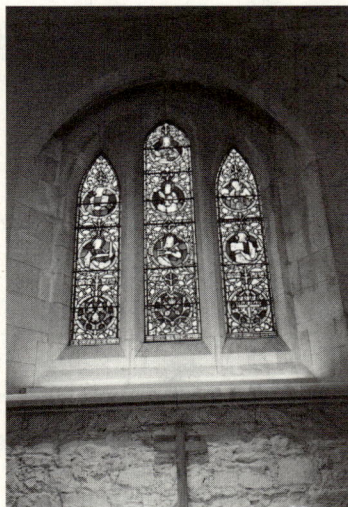

教堂。照片提供：Ray Liu

20

参政前后，各类媒体报道很多。我对"人间卫视"的这则新闻印象很深，尤其喜欢"借事练心"这四个字。在言论自由的民主国家，从政难，身为华人从政更难。而难以理解的是，难却常难在华人堆里。套用一句人们常说的话——绝大多数华人都是好的，但总有极少一部分人，无论是损人利己还是损人不利己，挖墙脚、捅刀子，害起人来孜孜不倦。况且在海外，华人文化中的人际关系制衡以及其他因素通通难以起到作用。《中国力》一书的作者文杨先生在一篇文章里有过这样一番感慨："［……］但我们华人中恰恰就有这么一些人士，一见着'言论自由'几个字立刻不知道自己是谁了，立刻以为外国'文革'又来了，以为到了一个人人享有随意侵犯他人、侮辱他人、欺负他人的'绝对自由'的地方了［……］在新西兰的生活［因各项法规］明明是开车不自由、打架不自由、喝酒不自由、抽烟不自由、扔垃圾不自由［……］可一遇见了华人，一想起骂人，立刻就找着自由的感觉了，心底那点歹毒的骂人欲火即刻被点燃了。"

这样的一小撮华人，往往是既不循华人古训，又不通洋人文明，因而动起手来格外大胆。我在北京从事了多年国际贸易合约及跨国技术引进这一属"国际私法"范围的工作，移民新西兰后，很幸运先事《中文周刊》后进全国最大英文日报做记者，然后回归律师本行，又一步一步的自我证明后，才得以进入在全国享有盛誉的"百年大所"。我的这一经历，到了那一小撮人的嘴里，就变成"几年换了几个职业，可见混不下去了"。我在工党排名靠前，洋人媒体称其为工党的大手笔，可到了某些华人嘴里，就变成了"入工党是因为排名高，可见没有理念、没有人格"。

2010 年 6 月前后，政坛掀起一股关于西藏的大辩论，我的一篇反藏独的博客，更是引起多方关注。一时间成为不小的新闻。不少意见领袖（opinion leaders）告诉我，说我的文章"代表了 99％华人的观点"。我也收到不少素不相识的洋人选民的来信，说新西兰不能做井底之蛙、只一味重复一百多年以来的西方论调。这样的信无论是写给我还是给工党领袖，都是抄送给对方，因为洋人不怕亮出自己的观点。可偏偏就有那么一个华人，领着另外四个华人，找到工党领袖，说我反藏独的言论并不代表华人。其实那四个人当中，有不少是能思能写的。如果就这个问题本身能公开或私下辩论，会赢得更多尊重。据说他们是以一个社团组织的名义去找工党领袖的。这个社团事后专门写信给工党领袖，表明这几个人就西藏问题绝对不能代表该社团。

事实是，反藏独、反农奴制，对许多华人来说是自发的，用不着中国共产党的"统战宣传"。那位领头的很清楚，他对西藏问题并不感兴趣，只是借四个人的名去打他的小报告，比他一个人打小报告要有效果。

有一位洋人给我合成了一幅漫画，给我画了一个红红的厚嘴唇，说霍某人在"舔中国的屁股"。颇有"博人一粲"的效果。他是署名的，公开在网上发表，我尊重他，因为光明磊落。我不同意他的观点，但我愿意捍卫他说话的权利，这才是真正意义上的言论自由（他并没有人身攻击）。也有另外一个洋人，引用前些年流行的美国电视剧《人人都爱雷蒙德》（*Everybody loves Raymond*）也将我合成了一幅漫画，说人人都爱霍建强是因为他敢讲真话、讲了真话。

要理解西方的民主自由，可以回味一下美国纽约的自由女神雕像（The Statue of Liberty），自由女神右手高举火炬象征自由民主，左手则捧着一本封面刻有"1776年7月4日"字样的法律典籍。民主和法制永远是相辅相成的。

我第一次系统读《金刚经》，是挚友李音祚在北京师范大学出版社出版《金刚经说什么》之后。南怀瑾先生述著，音祚任责任编辑。翻开十几年前做的笔记，有这样一段话："读南师讲《金刚经》亦喜亦悲，越往后面读，越放下心来。有四点最令我收获：第一，福报是修来的，不是求来的；第二，学佛修道人中多懒汉，因而做什么事情都要精进；第三，先学做人后学佛；第四，烦恼跟清静（净）那条路是通的，烦恼即菩提。笔记的最后还写了一句话：师说菩提，即非菩提，是名菩提。"

南怀瑾先生在卷首有这么一段话："《金刚经》感应力非常大〔……〕抗战八年，跟父母分离，生死不可知，那时我只有一个愿力，每天晚上睡觉以前，一定要给我父母念金刚经、心经〔……〕我心中自己的愿力，外面不知道〔……〕。"

从那时起，《金刚经》对我有一种"镇静"作用，多么不平的事，读一读《金刚经》，里面有好多话可以让人平心静气。说给洋人同事听，他们说那叫"counselling"，一种心理治疗。这也对，因为一句"counselling"，似乎让你在瞬间被带入一种"科学"思维，许多事情也就容易想明白。

满信法师在大雄宝殿如来佛座前捧出《金刚般若波罗蜜经》，深蓝硬面，长卷折叠版本，台北设计、香港印制，由我这个大陆华人在新西兰的国会奉经宣誓，听上来还颇有象征意义。只是事后听几位基督教朋友说，他们颇替我捏了把汗，因为竞选过程中，不少基督教会和他们的兄弟姐妹对我大力支持。不少人说是因为我，才把票投给了工党，好在我并没有让他们产生误解和失望。

佛光山

佛光山在新西兰的发展史，就是"借事练心"，活出信心、希望与热忱的活注解。本书第二部分的解读新闻，我选择了当年关于佛光山的两篇报道。当年满眼洪荒的农场地，如今是一片盛唐风格的建筑群。偌大的一个院落，前有樱花，后有修竹，石块之间是浓绿的草坪。环顾四周，心中油然一种"人事在更替，往来成古今"的感触，一时不知是物非人是还是物是人非。

1991年星云大师应邀来到新西兰，"看到新西兰的灵秀之后，发愿将'人间佛教'带到这片人间净土，这个愿望终于在 2007 年 10 月达成"。（摘自新西兰北岛佛光山网站首页）

位于新西兰曼奴考市的佛光山是 1996 年在原有基础上择址新建的

（2010 年 11 月起，包括曼奴考市在内的四个卫星城以及周边市政区划合并为"超级大奥克兰市"，至此"奥克兰"才名副其实）。最先的用地，是佛光山的居士及信徒捐赠的。

人间佛教最大的特点，是"以出世的精神做入世的事业"。入世遇到的第一个难关，是佛光山的建造计划遭到当地一些人士的误解。这些人不谙佛教，又不愿换个思路去考量问题，死抱着陈见不放。按原定计划，大雄宝殿之后会建一座佛塔，即"救人一命胜造七级浮屠"的那个佛塔，英文里叫"Stupa"。但一听到"舍利"、"骨灰"，便一口咬定那就是火化塔，因此不肯在"resource consent"上让步（resource consent 是建筑法规里资源管理的一部分，大型建筑依法需要事先征得当地社区的许可，否则很难拿到市政府建筑许可证）。也是出世精神带来的智慧，佛光山在建筑设计上做了许多让步，我们今天才得以在千帆之都的奥克兰、在东南部曼奴考这片"绿野仙踪"般的农场地，看到今天的佛光山。

我当时在《新西兰先驱报》（*New Zealand Herald*）当记者，总编盖文·爱理思（Gavin Ellis）一周给我差不多两天去奥克兰大学读书，周末我则自愿加班。他是 1996 年 6 月份出任总编的，标志着《新西兰先驱报》1863 年创刊以来，铅字印刷与电子媒介划时代的转变。他是我移民新西兰之后的第一个老板。在奥克兰报社总部的洋人记者群中，一个比一个自信，忙忙碌碌的警察桌面、要闻桌面、国会桌面，电视以及国际通讯社图文新闻页面翻转、传真机对讲机响个不停……在秩序井然而气氛紧张的新闻中心，总编的一举一动，对我的职业人生的成长过程，起到了一种定型的作用。我从他那里学到了自信、讲原则但与人为善。那时的我从未想过从政，认为离自己太遥远了。真到了我必须选择的时候，我第一个求教的就是 Gavin Ellis。我在就职演讲里提到了这件事。

说到从政，还得从新西兰的选举制度说起。

MMP

新西兰国会（即众议院）实行 Mixed Member Proportional（MMP）选举制度，直译"混合议员比例制"。混合指的是由各地方选区产生的"选区国会议员"加政党排名产生的"全国不分区国会议员"。这样，通常所说的"投下您神圣的一票"，实际上指的是神圣

新西兰国会

的两票。全国有 63 个选区，每个选区按候选人得票多少产生 63 个选区国会议员（electorate MPs）；国会设有 50 个由政党得票比例产生的全国不分区国会议员（list MPs）。但无论是分区还是不分区，绝大多数候选人均参加政党排名。对"少数族裔"候选人，如果想成为选区议员，从不分区到分区国会议员，大致需要十多年时间过渡。新西兰国会另设 7 席"毛利选区议席"（Maori electorate seats），在全国范围的毛利选区，产生 7 名毛利国会议员。这样，每一届国会共 120 席，由于比例原因，有时会超过 120 席。这一届（49 届）就产生了 122 席。每一届任期 3 年。

　　一个政党有两个途径可以在国会赢得议席：一是政党获得的党票（Party vote）达到或超过 5％门槛。另一个就是该党有一名候选人在分区胜出。胜出一个，获得一席，加上该党的党票比例，决定在国会的总共席位。未过 5％门槛又未在分区胜出的，则被淘汰出局。例如，2008 年大选中，"新西兰优先党"（New Zealand First）虽获得 4.07％选票，但既没有过 5％门槛，又没有在选区获胜，终未获一席，被逐出国会。

25

而得票才 3.65% 的 ACT（即俗称的"行动党"）却因在奥克兰 Epsom 选区获胜，分区票加政党票之和，使其在国会占有 5 席，又因和获得组阁权的国家党（获 44.93% 政党票）签订"信任票支持协议"，虽 5 席却产生了两名部长。这样的结果，结合其他 MMP 凸显的不足，促使民众呼吁对 MMP 制度进行改良。

新西兰的大选，从 1914 到 1996 年间，使用的都是传统的英国"first past the post"（FPP 制），这种制度特点是体现"优先性"，即票数领先者获胜。缺点是只有大党才能在国会获得席位。小党和少数族裔的声音很难在"主流社会"得到关注。另外一个特点就是使民主出现"两难"的尴尬，1978 年和 1981 年两届大选中，国家党获得更多的席位，而工党却获得更多的选票。1990 年大选中，国家党承诺在 1993 年大选前举行全民公投（referendum），以决定是否废止 FPP 以及废止后实行何种选举制度。公投分两个步骤，第一个公投没有拘束力但决定了替换 FPP 选举制度；第二个公投是在 1993 年大选中同时进行，具备法律约束力。这样，民众选举并确定 MMP 为新的选举制度。

MMP 起源于北欧，在德国体现得最为成熟（称作 PPR，"personalised proportional representation"）。苏格兰及威尔士等一院制的国会也采取这一制度。加拿大自 2004 年起也开始讨论是否采用 MMP 选举制。

MMP 使得大党难以单独执政。赞成这一制度的，认为充分体现民主，在 21 世纪尤其重要，因为只有在这一制度下，小党和少数族裔的利益和诉求才能得到应有的重视和保障，否则极有可能被边缘化。反对这个制度的，认为这有碍社会发展，而且使任何政府都难以在稳定的格局中执政，因大党难以单独组阁，小党可以合法绑架大党。

澳大利亚 2010 年大选使赞成 MMP 制度的人松了一口气，使反对 MMP 的人多添一层顾虑。澳大利亚是上、下两院，上院（Senate）采用的也是体现混合代表的制度（1984 年开始使用）。下院（也就是产生政府的众议院）采用的是 STV（Single Transferable Vote，1949 年开始使用）。选民投票时不是选一个而是好几个候选人，按喜好程度分出甲乙丙丁，万一看好的甲过不了应得的最低票数（门槛），票可以转给乙，依此类推。这种制度很复杂，这里所举的例子只是其中一种情形而已。

尽管如此，澳大利亚工党（Australian Labour）和自由党（Liberal）在众议院的150席位中，各得72席，出现1940年以来的第一次"hung parliament"，没有一个政党占明显多数议席。最终结果是绿党一名国会议员和三名独立国会议员支持工党组阁，以76对74票（自由党获一名独立国会议员、一名国家党国会议员支持）组建少数党政府。

澳大利亚大选表明，澳大利亚虽未采用MMP选举制度，却尽揽MMP所有弊端，最终还是依MMP模式打破僵局，如果澳大利亚也采用MMP，工党得50.12%选票而自由党49.88%，虽比分接近，但局势要明朗得多。当然，如果采用MMP，选票会被分流，其他小党的发挥余地要大的多。

难忘的2007，2008

和工党高层的接触早在2007年年初就开始了，接着参加了工党大奥克兰地区党代会以及一系列的活动。从某种意义上看，我的大选从2007年就开始了。就像事先约定好了一样，当时的反对党国家党也找到了我，党主席还专门飞到奥克兰，在我所工作的律师楼畅谈良久。我对国家党也非常尊重。尽管国家党的个别亚裔活动分子，喜欢"敌我分明"，见到工党的人，明明撞见，也要假装不认识；或者动辄剑拔弩张，气氛紧张地不得了。

我之所以选择工党，是因为我喜欢工党国会议员身上的知识分子气。他们的构成，除了工会背景之外，大多是大学老师、公务人员、律师和工商企业代表。从政治光谱看，工党接近美国的民主党（即克林顿、奥巴马当总统的那个党），而国家党接近共和党。体现在选区分布，城市的多选工党，农村的（以农场主为代表）多选国家党。

新西兰工党（New Zealand Labour）成立于1916年7月7日，其前

27

身可追溯到 1901 年的 "社会主义党"。和英国及澳大利亚工党一样，它有极强的工会背景。20 世纪 60 年代出生的大陆华人，提起工会往往联想起样板戏《红灯记》，以为真带有阶级和阶级斗争色彩。实际上现代社会架构下的工会，代表的职业和阶层十分多样。我进《新西兰先驱报》的时候，就是 EPMU 工会会员。这四个英文就是 "工程，印刷及制造业工会" 的缩写。记者属于印刷出版业，也只有 EPMU 工会才能发放记者证并颁布记者守则。

工党的第一任总理是 Michael Joseph Savage（迈克尔·萨维奇），1935 年 12 月 6 日宣誓就职。奥克兰风景如画的 Mission Bay（使命湾）山顶上，就耸立着萨维奇纪念碑。

如果说这段历史过于遥远的话，20 世纪 80 年代以来的几任总理都是大家耳熟能详的。1984 年大卫·朗伊（David Lange）领导工党大选获胜。朗伊总理的政绩已在前面有过简述。接替他的是 Geoffrey Palmer（杰弗里·帕默），一个宪政法专家，《宪法 1986》以及《人权法》就是由他负责起草的。他离开政坛后，又重执教鞭，出任惠灵顿维多利亚大学和美国爱荷华大学（The University of Iowa）法学教授。2005 年他出任法律委员会主席（New Zealand Law Commission）负责法律的修订和立法领域的改革。我 2008 年入选国会议员担任工党 "影子内阁" 里的法律委员会发言人，因此在国会办公室和他的办公楼，我们定期见面。在他之后是迈克·摩尔（Mike Moore），他任世界贸易组织（World Trade Organisation）总干事，对许多华人来说，比他任新西兰总理名气还大。2010 年 9 月我接到一份由外交信使转来的他的一封信，嘱我到了美国别忘了去看他——他出任新西兰驻美大使已经有好几个月了。在他之后便是华人更熟知的 Helen Clark（海伦·克拉克）。2009 年 4 月份我随议长出访越南。正参观南越 "总统府"，走过一段台阶去看美军指挥部的停机坪。手机一震来了一个短信，是海伦发来的，说 "飞机在滑动，该我说再见了……" 那时她辞掉了国会议员赴联合国，领导联合国开发计划署（The United Nations Development Programme）。我当国会议员不到两年，就为两位工党前总理送行，一个去了纽约，一个去了华盛顿。

而在2007和2008年两年，我去的最多的是工党地方选举委员会。

在工党获得提名成为候选人，有两大程序：第一是"跑基层"，工党在全国划有几个大的区域，我所在的大奥克兰区有17个这样的地方选举委员会。那时我任全职律师，6分钟一个单元，每天必须完成既定的单元，否则月底算账不好看。这是大律师楼的"行规"，从最资深的合伙人，到刚毕业的实习生，人人如此。

律师工作无论是诉讼还是商法或地产范围内的"正常"业务，都有很强的时效限制。翻看那段时间的工作笔记，一会儿是什么什么案件诉讼时效最后一周，一会儿是高等法院"独立司法意见"截止期最后三天……不用说，还有诸如周五7时北岸地方选举委员会"过堂演讲"，周六下午南区选举委员会"参选说明"等纯粹工作之余才能投入的参选活动，跑完这十几个选举委员会（演讲一般是5—10分钟），最重要的大区选举委员会定在2008年3月16日。这一天确定大奥克兰及北区候选人排名。这个区包括总理在内共有7名内阁部长，谁在这个区获得高位提名，无疑是大选前全国排名中成功的第一步。

综观这两年，律师的全职工作不用说，跑选区、主持电台节目、撰写各种专栏，差不多是两个全职工作的量。那架势有点像当年冲刺高考。春夏秋冬都不见了，每天只有没完没了的任务。虽然紧张，但很难忘。

第三章
通往国会的三十五级台阶（二）

3.16 和 8.31

2008 年 3 月 15 日星期六，驱车赶到奥克兰市东南区的一个市政大厅，工党大奥克兰及北部地区候选人提名大会在这里举行。过去半年"跑基层"的那十几个地方选举委员会，今天在这里汇合。这个地区在全国的地位比较特别。第一，人口基数大，选民相应集中，也是少数族裔主要集散地。第二，工党历届领导人（总理）也多产生于这个地区。2005 年 9 月 17 日的大选，工党夺得 50 席（比 2002 年大选仅少两席），其中包括选区和排名胜出的 15 个国会议员，都产生于这个地区。

会议开始，总理海伦·克拉克做专题讲话。她列举了工党执政 9 年的成就，还强调，虽然今明两天竞争很激烈，希望大家知道"真正的竞争对手在外面呢"。今天

通往国会的三十五级台阶

30

第一项日程是确定她为排名第一，因此她在讲话中强调"如果没有一致的支持，我是不会寻求连任的"。讲话结束后，全体投票一致通过海伦·克拉克为第一号，再次确定她工党领袖的地位。接下来的议程是各候选人发言（时任国会议员的 15 位也都是未来大选的候选人），发言的次序按抽签产生。按姓氏字母顺序轮到我抽签，看到一张纸头干干净净很顺眼，毫不犹豫抽出来，主持人对着话筒宣布："第 2 号。"排第一的总理已经讲过话了，意味着下一个讲话的就是我。

走上讲台，才发现大厅里坐满了人。来自不同区域的各选举委员会，正副主席们连同支持人群都围着各自的候选人，他们的目标只有一个，就是希望自己的候选人排名靠前。所以，这样的发言，不但要动之以理，晓之以情，还得有点霸气，是那种台上一站，非我莫属的架势。做害羞状躲在一旁等伯乐发掘，或是没料只会瞎起哄的，很难杀出重围。讲话限时 7 分钟，掌声不错。美中不足，内容还是多了点，到 5 分钟左右时有点赶，语速太快。

当天共有 39 名候选人发言，这是星期六必须完成的议项，因为明天一天就要决出名次来。

星期天上午 10 时排名开始。先定现任的国会议员（共 15 位，有 2 位只参加选区大选，不参加排名，因此只排到 13）。总理海伦·克拉克第一，贸易部长兼国防部长菲尔·高夫排第二，一直到第 13。接着主席宣布"现在开放第 14 名候选人位置"。于是我被提名，大屏幕上打出我的名字。依章程，如果只有一个候选人，便就此表决。如果有一个以上，则依次表决。待全体表决时，只听见一个操印度英语口音的人嘟噜一嗓子，好像是要提名第二个候选人。大家似乎"刷"地侧过了脸，去看发出声音的人是谁，但那人很快撤销了他的提议。于是全体通过，我获得排名第 14，即新候选人第一。在我之后排第二的是 Phil Twyford，他在工党负责政策研究多年，此前在华盛顿工作。我和他是单一提名，一次性通过。到第三位大学讲师 Hamish McCracken 时，有三人挑战，争夺排名第 16 位，从此拉开了一天的血战。以他为例，4 个候选人名字打在大屏幕上，一轮一轮淘汰，直到得票最多的候选人胜出。这样排出第 4，接着第 5……

这其实也是台上半分钟，台下半年功的道理。凡事都要讲个水到渠成。3 月 16 日只是第一步，但候选人身份确定以后，就意味着以一个正式候选人的身份加入战斗行列。接下来就面临着一系列新的格局和节奏，也必须做出一系列改变生活的重大决定，包括放弃全职的律师工作。因为国会议员是全职工作，全国大选也是全职工作。也有不少朋友替我惋惜。在新西兰这个英国"共同法"体系下，成为高等法院执业律师难，跻身全国排名靠前的大律师事务所更难。如此折腾，值吗？

但人生容不得患得患失。

2008 年 8 月 31 日工党公布了全国候选人排名。这是上报全国选举委员会的最终名单。工党 2008 年大选共有候选人 85 名（其中有 8 名只参加选区选举，不参加党内排名），当天公布了全部共 77 名候选人的排名。我排名第 21 位，排在我之后有 18 名现任国会议员，其中包括 6 名政府部长。这次排名和地区排名不同，打破了新老候选人的界限，应该也是工党历史上第一次，新人排到现任之前。

当天党主席办公室通知我参加下午召开的新闻发布会。党主席威廉斯率我们排名靠前的 4 位新候选人和全国各大电视台和平面媒体的记者见面。《新西兰先驱报》政治部主任挨个问主席为何这几位排名靠前，问到我时，党主席亲热的喊着她的名字："奥黛丽，建强是你的老同事，从前的好记者，现在的好律师！"

从这天开始，我们这几个候选人和所有国会议员一样，被正式纳入媒体的聚光灯下。一举一动、一言一行，都会被放大数倍地去考核，稍有不慎，媒体上一个标题、一个画面，就有可能带来无尽后患。

《南北时空》

早在 Brookfields 律师事务所当律师时，我就在报刊和网站上开专栏，叫"霍律师说法"，用中英文介绍新西兰的法律，尤其是选择大家关心的案例做分析。因此，那是我的"说法"。专栏比较有系统性、也是文章发表最多的，是在中华电视网旗下的《中视月刊》。中华电视网有 10 个频道的有线电视（华语 7 个，韩语 2 个，日语 1 个），另外还有 2 个普通话、1 个粤语的广播电台，24 小时以普通话播出的，就是华人熟知的"AM936 华人之声广播电台"。奥克兰华人 10 万多，但中文媒体十分繁荣，有《华页》日报一家，一周出刊 1—3 期不等的报刊像《东方》《联合》《先驱》至少 4 家，大型网站如 skykiwi.com 等 4 家，以及其他电视台（金水滴、TV33）和电台 3 家，人口不多，人气很旺。

中华电视网的 Gary Chang 和 Henry Ho 两位当家人，很早就表达过，如果要把"霍律师说法"扩充成一个综合时事版，再变成一个杂志性新闻节目，用何先生这位香港人的话说，是"咁就正啦！"如果我肯到电台来主持，那才叫"叻"。

2007 年年初这个节目开通了。每个星期五下午的黄金档 6—7 点，做一周时事述评。记得开播的当天，和导播说好了早到，以便熟悉程序以及直播室的状况。但一早开始的一个高等法庭预审会拖时了。在奥大法学院旁边的高等法庭离律师楼步行也就不到 10 分钟，原本可以直接去停车场，但做节目用的文件夹放在办公室，只好回办公室。取到文件夹，进电梯到停车场，上车，一层楼一层楼开到出口，过几条街再上高速公路……这一路上不是塞车就是红灯。急了一身汗，下高速就拐错了车道，离电台倒是越开越远了。这时车里的收音机轰轰烈烈一阵音乐，便听到子非的声音："AM936 全新强档栏目《南北时空》，每周五 6 点到 7 点，针对新西兰热门新闻事件，有话就说，有怨就诉。专访政府官员、国会议员和 Kiwi 主流媒体，让主流社会关注华社舆论，让华社意见走入主流社会——知名律师霍建强亲自披挂上阵，保证让你耳目一新。每周晚 6 点钟，尽情锁定《南北时空》。"

居然找到了电台！张、何两位老总站在门口迎接。何先生和颜悦色，张先生张口就来："你是大爷，你是大牌，让全世界都在等你。"然

33

后忙不迭引我们一行上楼。他和我熟，见面常开玩笑。

直播室坐定，离开播不到 5 分钟。又是戴耳机，又是调话筒。我倒是大脑急速旋转，心想下车要找新闻主管郑经纬先生说件事，这会儿倒忘了。子非在对面当导播，门上的红灯亮了，意味是进入实播状态。这时我一下子想了起来。刚才仿佛播了好多遍的《南北时空》广告词就是郑先生写的。尤其听到"知名律师霍建强亲自披挂上阵"那句，我想告诉他——用他们台湾式的幽默——这样的措辞，恐怕要害许多人鸡皮疙瘩掉得满地都是。

但广告词说的却是对这档节目的要求：第一，要一线新闻，直接和当事人或政要连线，现场采访。第二，解读政府政策、法律，直接找相关部长和专家学者。第三，通过这种一线访谈，把华人社区的意见传达过去。第四，并入"洋人"媒体体系，过去一直是洋人媒体评论华人，现在是华人媒体理应评论洋人。第五，如果时间富裕，每期可适当开放热线，接进一些听众电话。

《南北时空》总共播出 65 期。播到第 4 期时，应听众要求在星期天重播。节目也逐步发展成自己的固定模式。一小时节目，插三节广告，节目就依次分成三个部分。第一部分，一周要闻综述。第二部分，重大事件解读。第三部分是"热线"专访。热线这个词，是我"早年"（1995—1996 年间）和张俪龄在另外一个电台做节目时用的名称。那时她还是奥克兰大学医学院一个年纪很小的高材生，现在俨然是一名大夫了。

《南北时空》对政府部长们的采访，基本沿用国会的"布阵"，有点类似中国古代打仗，兵对兵，将对将。同样的问题，先问总理，再问反对党领袖；或是先问反对党财政事务发言人，再问财政部部长。第一期节目，采访的就是国家党"公房事务发言人"，因为那时，就是否拿出一部分政府拥有的土地来开发新的住宅小区，朝野双方有不少争执。可惜华人电台由于技术限制，还达不到主流电台的那种自如，否则可以三方连线，同样的问题可以同时回答。那样会更热闹，因为朝野双方往往会就某个问题争执不下，主持人只用"挑动领导斗领导"，以媒体人的姿态，把自己扮作公众或正义的化身就行了。当然，西方民主社会，媒体作为"第四权"，对政府和社会层面的监督十分透彻、十分强悍。但这第四权的媒体又有谁来监督呢？"媒体审判"已经演变为西方民主机制中的一个很严重的问题，但政府和政客，往往宁愿讨好媒体而不愿开罪或挑战媒体。媒体也基本上衍变为封建制度下的"君父"，好坏善恶取决于自身的人格指数和自律程度。难啊！因为媒体和任何行业或商业行为一样，背后也是由某个机构、财团或公司支撑，它们也得有年终报告和财务报表，也得有收支平衡和利润百分比的压力。都是江湖中人，孰清孰浊，很难说明白——这是题外话。

《南北时空》对这样的题外话也有涉猎。英文《新西兰先驱报》针对当时工党政府推出的《选举财务法》，展开了一系列的批判。对媒体有监督职能的新闻署（Press Council），接到投诉后做出"英文先驱报社论误导"的裁决。《南北时空》2008年4月25日对《新西兰先驱报》的陈诉以及新闻署的裁决依据，做了详细介绍。

另一个跟新闻裁决有关的，是《南北》杂志发表的针对亚裔移民的一篇专题报道。文章的作者是行动党的一名前国会议员、资深媒体人。文章是这样开笔的："欢迎来到新西兰，一个为亚洲人贩毒、经营地下妓院、诈骗政府医疗福利、学生嗑摇头丸、商业诈欺以及走私鲍鱼的新家园。"矛头直指亚裔移民。

《南北》是一份具有一定影响力的英文杂志。这篇文章激起移民社区很大的反弹。可能也是新西兰有史以来，有那么多的个人和团体一起投诉。新闻署裁定，这篇长文"违背新闻报道的准确性和反歧视性原则"。

我在节目中把这次投诉，评价为"华人政治生活和新闻文化的一个里程碑"。华人1860年年初来到新西兰，百年来面对种族歧视，一向逆来顺受。自大的洋人很习惯这些。即使今天，不少洋人的潜意识里还残留着这样的印象。总之，骂中国、骂华人，颇能取悦一些洋人。华人当中也有一些人，以骂中国、骂同胞出名，或许以为这样可以讨点心理上的安全感。

新闻署的裁定是对媒体监督的一部分，但力度不够，是"无牙之狮"。况且投诉的程序以及裁决的取得，都不是一句话能说清楚的事。即使拿到裁决，往往也是事隔已久。不实报道造成的危害，以一种"印象"留在人们心目中，有时很顽固。这样的裁决固然可以还个清白，但遭玷污之痛，受害人往往只能默默忍受。

奥克兰大学叶宋曼瑛教授（Manying Ip）写了不少"口述历史"。《南北时空》介绍了她的新书《此心安处》。Otaki 这个小镇为表彰 100 多年前定居此处的华人杨姓家庭，特地将这一片小区命名为"玉霞园"（Jean Hing Place）。这样中英文对照的路牌，在新西兰还是史上第一次。叶宋教授的新书里记载了杨姓家族的艰苦创业史。

工党政府于 2007 年 10 月份颁布了白皮书《亚洲与我们的未来》，那么新西兰对亚洲的外交政策，会因为政府的更替而变化吗？这份白皮书能起什么样的作用呢？我专访了奥克兰大学政治系教授张勇进博士。他是我在安徽大学外文系的学长，也是 1949 年以后在牛津大学拿到政治学博士的中国大陆第一人。

2007 年 9 月分好几期评述的新闻"玩噱头'打假英雄'电视节目《靶子》成靶子"，也引起不小反响。"靶子节目"委托实验室检测一件衣物的总甲醛含量，然后将结果和其他国家只检测游离甲醛的数据相比较，于是得出结论：中国制造的衣物超标！消费者一片恐慌。《南北时空》专访政府消费事务部长以及进口商协会。他们的回答很智慧：《靶子》此举是蓄意的，"是拿苹果比橘子，然后指责橘子皮肤粗糙"。

与《靶子》新闻相匹配的则是玩具巨头美太（Mattel）的"中国产品瑕疵"事件。因所谓质量问题，在五个星期内回收 2 100 万件中国产玩具的美太公司，日前向中国正式道歉。所谓的质量问题来自于原始设计，中国制造商只是照单生产加工，质量瑕疵与中国制造商没有关系。中国有关方面表示，尽管这是一份迟到的道歉，但至少可以还中国制造商一个清白，也有助于打消国际消费者的疑虑。

2008 年 5 月 9 日，《南北时空》参与了吉尼斯世界纪录"24 小时不间断最多电台直访"特别节目。BBC、ABC 等国际知名电台均排到在采访时刻表中。在参加这个活动的全球中文电台中，《南北时空》打头阵，切入时间为晚上 6 时 20 分。我是和毛文婕一同主持这档节目的。

《南北时空》吸引了一批高质量的主持人和我合作。合作时间较久的除了文婕还有吴珮诗。毛文婕来自杭州，以前在电视台播新闻。吴珮诗来自台北，台大政治系学士、剑桥国际政治硕士。《南北时空》第三部分的热线访谈，每期被冠名为"直播间"，收录在《东方时报周刊》上，这一部分就是她整理的。通常都是我采访她记录，节目结束后她再整理成一篇对话式的短文。记录之完整，中英文之间转换之精确，让人赞叹。

另外一位主持人是雨霏，差不多是我的普通话语音教练。我不是北京出生，本能上不太注意前后鼻音。而她不但生在北京，在中国还通过了播音考级。训练之初，我会把原本能分清的前后鼻音彻底弄混。那时候最怕念张三影："风不定，人初静，明日落红应满径。"

《南北时空》还辟过一个栏目——翻成中文大致是"在希望的田野上"，专访国会议员 Judith Tizard MP，她是"红五类"，父亲曾任工党政府财政部部长，母亲曾任奥克兰市市长、新西兰总督。她父亲从中央政府退休后，2007 年又以 83 岁高龄竞选地方医管局董事。大家只看到他们的光环。她的先人是从苏格兰移民来的，早年也存在语言障碍。因为苏格兰口音听起来和外语没有区别。那他们的创业之初是怎样闯过来的呢？"在希望的田野上"就是通过这一类的实例，给大家一些启发。当然，这个标题和《南北时空》的主题曲亦暗合。

和这个栏目相交叉的是"青年领坛"，推出一批大学在校生。新西兰高考史上最高分的保持者是华人。和身为华人的"洋状元"访谈，可以看到移民新生代在他们那个层面的奋斗史。

有一段时间，和台湾的 TVB 电视金牌档岑永康、张佩珊有过合作。

他们的镜头感以及台湾式的快节奏，很有感染力。

《南北时空》播出的 65 个星期，我除了有一次因出席一个研讨会而不能进演播室，期期风雨无阻。当然圣诞和新年是法定假期，曾预录过几期。在陶波湖（Taupo）风景区度假，车载音响居然能收到远在奥克兰的"直播"节目。相信认出我的人肯定会很奇怪，你不是在这儿吗，《南北时空》怎么还在奥克兰直播呢？那几期都是一口气录成的，搭档的是汪君尊律师，节目中我们老老实实做了说明。

2008 年 7 月 25 日《南北时空》播出最后一期。那时虽然还没有确定大选日期，但我的候选人身份已渐明朗。以一个中性媒体人身份主持这样一个节目，显然有失公允，因此告诉电台管理层，我必须退出这个平台。

《南北时空》全套节目都保留在我的个人网站 www.huo.co.nz 上。随时点击，随时收听。当选国会议员后，我每周四早上 8 时 20 分出现 10 分钟，代表工党讲国会动态，栏目的名称叫《南北时空新篇章》。国家党国会议员则是周三同一时间讲 10 分钟。当然，这是 2009 年以后的事了。

主持《南北时空》有很多收获。其中有一个——正如我和家里人所说的——如果我每天花一段时间专门去操别人家的心，长此以往而不厌倦，或许就通过了做公众人物的基本测试。

很快地，大选就如火如荼了。我也离开大律师楼去了一家小律师楼，全职去竞选。这家律师楼不需要我坐班，不需要我填"收费计时表"，只要我的名字放在他们的网站上即可。真应了一位外交官对我说的话："什么叫政治？政治就是敌人越来越少，朋友越来越多。"这话对我有警示作用。

我倒是在 2008 年 11 月 7 日大选的头天晚上，一身晚礼服，代表这家律师楼，参加律师公会组织的律师事务所年度大奖颁奖典礼，我们获得了地产法和建筑法两项大奖。

放下奖杯，拿起宣传册，新的、更忙碌的一天又来了。

拜　票

"拜票"这个词港台用的多，的确很达意。新西兰采用"混合议员比例"选举制。选民手中有神圣的两票，一票给个人，一票给政党，但凭什么投给你呢？

在新西兰，成熟的政党都有各自的数据库，根据历年选民登记，将资料按地区归纳。大选前通过电话、通信或其他方式，敦促和提醒大家做选民登记、投票。我们组建了很有规模的华人义工团队，周末分几个班次，按不同区域，逐个"地毯式"拜票。

群众集会、政策说明及选民见面会，也是大选期间的家常便饭。用选民略带牢骚口吻的话说，连平常极不露面的政治人物，此时此刻也都是满脸堆笑地出现在各类场合。见到小孩子（尤其是婴儿）会抢着抱过来，然后拍照、见报……这些都是在西方用了一百多年的传统竞选方式。随着多媒体的欣欣向荣，"社会媒介"（social media，如 Facebook，Twitter）以及手机短信和群发电子邮件，等等，都在不同层面发挥着作用。

临近大选日就更热闹了。大幅照片的广告标牌下，候选人或支持者，会在上、下班的高峰时段向大家挥手致意。有的人开着宣传车，在大街小巷转。有的则是在过街天桥或繁忙路段，手举候选人照片或标语牌，拉拉队式地拜票。

当然，人人必做也是目前公认最有效果的，则是到选区挨家挨户去敲门。每个选区通常都是四五万登记选民，候选人一个人自然敲不过来。竞选办公室会有一张大的选区地图，将选区按街道划分，然后将义工团队编组，一条街一条街去落实。选民反应不一，有的热情，有的冷淡，极个别的很敌意。我记得有一次在奥克兰中区敲门拜票，一个年迈的骨瘦如柴的白人先生，两眼瞪得鼓圆："大选？我这辈子除了自己谁他妈的都不关我事！"然后颤巍巍地转身而去。还有一次，看名字像太平洋岛裔，敲开门，一个中年妇人满脸微笑，没等我开口便撂下一句："你现在就给我出去！"

有一次我和一个义工朋友同去敲一条街，我负责单号，她负责双号。一会儿她跑过来，满脸委屈，两眼噙满泪水。她刚敲门，屋主一大老爷们儿，看到她胸前佩戴的玫瑰花结形状的工党标牌，便将她推搡出来。

新西兰的政治和中国政治有很大不同。从年度财政预算到个人所得税、电费、汽油税以及学龄前儿童入学补贴等等，都是政府政策和国会立法范围，都是政治。不少华人，移民不久的常常会自发冒出一句"我对政治不感兴趣"，仿佛只有这样，才能显得他/她对"专业"感兴趣。定居久了，入乡随俗后才发现，新西兰政治很少有空头的。相反，它对生活方方面面的渗透力很强。

政府的权力可以简单化地概括为向公民收税。中央政府征公司税、个人所得税以及每购物一次便缴纳一次的"商品与服务税"（GST）等等；地方政府则征收地税，即每家每户按私有房产的价值和面积缴纳的税（rates）。而公民纳税的前提是"无代表、不纳税"（No taxation without presentation），这是民主政治的核心。选举就是选出自己的民意代表。全国大选选国会议员，获议席最多的政党取得组阁权，于是产生政府和总理。地方选举选出市长和市政议员，他们负责城市建设（大到市政规划，小到公园管理，等等）。和民众生活贴的更近的，包括每星期收垃圾、维护人行道旁的绿化带。你买块地想盖房子，也得先拿到市政府的建筑许可证，完工后得到市政府的合格证，否则日后没人敢买你的房子。这些都是实实在在的政治。否则今年的地税比去年涨了5％，凭什么？

所以，衡量一个人对新西兰了解多寡，往往可以从他/她的回答来判断。如果泛泛地说一些现成话，如"我对政治不感兴趣"、"新西兰节奏太慢"等等，说明他们的生活还浮在面上。当然，对政治不感兴趣也是公民的自由。如果对公司税、个人所得税、企业扩大再生产以及这届政府主张靠退税方式设立研发基金而那届政府不主张研发基金，还有高等法院判决认为 20 世纪 80 年代建造的漏水屋，除设计和建材外，市政检查不应当负责任，而市政赔偿金只能从地税中产生，于是意味着你今年应上缴的地税比去年多出很多而市政官员个人却不用负责，等等。这些问题（issues）统统摊开来而你依然不感兴趣，那说明你活出了境界。

敲门拜票是了解民情的最直接的方式。他们的反应大多数很强烈，遇到本党的支持者他们往往比你还着急："加油！一定要当选，否则国家会被他们给毁了！"遇到反方支持者，不客气的如前文描述；客气的会有理有节："你们在台上太久了，应该让别人试试。"

华人的反应大致分两大类。"老侨"（祖先是 19 世纪 60 年代初第一代华侨）融入的比较透彻。多数人只会英语或说一些广东话，在新西兰是"长相外国人，说话本地人"，到中国则是"长相本地人，作派外国人"。他们对政治和党派的判断有多年的沉淀，比较成熟。"新侨"指的是 20 世纪 80 年代初以来，以技术、投资、创业移民或团聚方式，来到这里定居的新华人移民。视大陆、港、台或新加坡、马来西亚、越南等不同来源地，带有明显的区域色彩。又由于原籍政治和生活背景的不同，处理问题作派各异。例如，把国会议员当"国家领导人"，见到总理、部长、议员会簇拥照相。或是把"公仆"当"私仆"，对政治人物一概敌对，尤其是在网上可以匿名发帖写"电子大字报"时，出手很凶，言必称"小人"、"无良政客"、"社会蛀虫"……

华人从政难，有时候是因为游戏规则不统一。有时候——套一句带有玩笑色彩的话——法律是只给守法的人制定的。

英文里有一个词叫"part and parcel"，对政治人物来说指的是有时被泼污水、扔鸡蛋，是民主政治生活的一个有机组成部分。国家党有一任党魁参加毛利人的庆典，被人扔鸡蛋，正中面额，他当即回脸，微笑着说"命中率不错"。媒体也随即评论，说那枚鸡蛋或许是"自己人"做的托儿，因为这一扔，扔出许多言外之意，也激发了许多人的同情，支持率反而攀升了。因此，民主政体下的竞选，经常会有一些超乎常规的事情发生。

但是参加选举，参加敲门、演讲，无疑是对自己心理素质的一大训练。卢梭（Rousseau）的《社会契约论》中的主权在民思想，是现代民主制度的基石。书中的一句话对我影响很大："人是生而自由的，但却无往不在枷锁之中（Man is born free, and everywhere he is in chains）。"每挣脱一次，就超越一次。

对我这个全国不分区的候选人来说，首选工作是抓党票，因为投给工党就意味着投给我。其次，我们必须拨出一定时间帮助分区候选人，因此出现前文所描述的敲门拜票。工党当时是执政党，总理海伦·克拉克除了自己的选区，还需要照顾到全国的选情。她需要巡回演讲，并在大城市的购物中心和选民见面。

已经记不清陪同总理走遍了多少个购物中心。有时一天赶五六场是常有的事。那天刚从电视上看到她在南岛的一个购物中心被椅子绊倒摔了一跤，几小时后她飞到奥克兰，和我们奥克兰的团队汇合，又去另一家购物中心。

有一天，早上 4 时 30 分起床赶电视台的早间节目。忙完再驱车赶到奥克兰南区的活动中心，参加一个很大的集会。总理办公室负责"社会媒介"的一个朋友，和我约好要拍一组电视录像，放到总理的 Facebook 上。今天要拍的是中文版短片，鼓励大家去选民登记。

我们从侧门进去，要穿过一个很热闹的剧场，再绕过一个很暗的备用小剧场，到后边的长廊，这样既可拍到背景人群，又可以避开风声、人声，是拍摄的最佳场景。

走过几道门，很暗很黑，有三两人围坐吃东西，恍然如同鬼影。再绕过一个拐角，一点也看不见。他从包里掏出手电，我拿出手机，一面说照照看，一面移步向前探路。突然一声巨响，等我反应过来，我已经躺在地上，眼镜飞到左边，右肘着地，只感觉背部、腰部和大腿被拧成几段，后脖颈（右侧）有大片痛点。也不知是怎么将眼镜戴上、手机放回腰间的盒套中。终于走到前厅，云里雾里的感觉。休息了十多分钟，微笑着将录像完成。事后回想，才意识到那时我正站在舞台的边缘上，一迈脚，便摔将下来。

到了场外，见到菲尔·高夫和一行人握手。看他握一下手，我的头便颤一下。人仿佛在飘浮。菲尔察觉到了，问了情况，说担心"迟缓性脑震荡"。随行的候选人 Brian Kelly 是一位 Chiropractor（脊椎指压治疗师），是新西兰治疗师学院院长。他把我带进场，找到一个安静的休息室，他脱下西装垫在地上，让我躺下，然后"咯哧"、"咯哧"几下，顿时觉得背和肩脱下一层厚壳，轻松许多。我回到车上，睡了半天才敢开车回家。回到家，昏睡良久。第二天检查，没事。命大福大！

"逼老投票"

从台上摔下充其量是个小事故，在大选中遇到一些哭笑不得的小插曲也是难以避免的事。

每届大选，许多人因各种原因，如交通、语言或急事出国而不能在大选当天投票。法律规定，选民可以在各投票点提前投票。各政党候选人也都会在选举说明会上，介绍提前投票的程序和规定。

2008 年 11 月 5 日，《新西兰先驱报》登出一篇报道，说工党候选人涉嫌"逼老投票"。这篇题为"Elderly Chinese being 'told to vote Labour'"（年长华人被要求投工党）。文章引用了一个所谓"72 岁的陈姓妇人住在 Botany 选区的女婿"的话，说这位女婿打算投诉，声称有一批老人家在和霍某人与其他候选人见面之后，"立刻被工党官员带到投票站并强迫他们投票"。Botany（有人沿用北京地名将其译为"奔腾里"）是奥克兰东部的一个选区。文章后半部又引用西部一个选民的话，说那边也受到同样的压力。文章在显要位置引用国家党（National）华人国会议员对这种作法的谴责："这是对老年华人因不了解大选程序而进行剥削。"

该报道有鼻子有眼地说，这位陈姓妇人被要求在"指定位置打钩"，她说："我觉得受到了欺骗，因为我没有机会听别的政党的政策。""我甚至不知道我投给了谁，我只是听从工党人的要求，我英文不好，所以他教我怎样填表——他就站在我身后。"

这则新闻见报后，紧张的不是我们而是该投票站的"监票官"（returning officer），因为冒充选民或陪同选民进投票亭是不可想象的。不但违法，操作上也不可能——投票之前要验明正身，并且投票都是一个人进去，否则何为"秘密投票"？

明眼人一看就会发现，这篇报道致命的漏洞是没有采访该投票点的监票官。中华电视网（WTV）当天就直接采访了相关监票官，事情很快水落石出，所谓"逼老投票"纯粹子虚乌有。

据说有关媒体早就接到匿名信，投诉工党"逼老投票"。涉及这一投票点的共有三份这样的投诉。第一份指名道姓，说是10月17日就发生了"逼老投票"。我们向当地华人组织了解，才知道第一场选举说明会原定10月17日，后因故取消。写投诉信的人显然知道我们要去拜票却不知取消这回事，可能是事先写好投诉信，不管三七二十一寄出去再说。

尽管中华电视网在电视和电台节目当中均做了澄清，但事情远远没有结束。那位女婿有系统、成规模地定期打电话给电台，先是指责霍某人"逼老投票"违法。真相大白后他指责得更有力度：如果仅仅是不违法就去操作，请问这是什么样的道德底线？

当然，再打电话时，他干脆略去了这样的提问，改为直接质疑霍某人的道德底线。

熟悉2008年大选的人都读过许多报道，也了解某些政党花重金雇佣"政治谋士公司"（political tactician）。该公司有一奇招，就是编排一些事情然后拼命给电台 call-in 节目（类似听众热线）打电话，反正无风不起浪呗。造谣只需要一分钟，辟谣恐怕要花成倍的时间可能还解决不了问题。

事后我接受媒体采访，我说的很坦诚："大选年我们见证民主，人人都是历史的见证人——谁说了什么，谁采取了什么方法，想必都可以作为日后的笑谈。"

　　大选当天，凤凰卫视驻悉尼首席记者杨海鹰来我家采访，问答结束，笑谈这些事。他冷不丁冒出一句："你是中共特务吗?"我一时愣在那里，不知如何回答。显然，可供"笑谈"的一些作料，连我自己都不知道。

　　国会大厦面对广场方向有三个大门。左边的向所有人开放，里面有安检装置。右边的供内部员工专用。正中的则带有象征意义，是国宾和其他客人的通道。高大的圆柱，古色古香的欧式穹顶。从广场到正门共两层，第一层有 20 级台阶，第二层有 15 级台阶。

　　有一天晚上，休会的铃声早已响过。看完第二天的文件，我一个人慢慢走过这些台阶，回头望去，惠灵顿的月亮若无其事地挂在天边。同样的月亮，不知道照过了多少时代、多少人……

第四章　朝九晚十的国会议员们

第49届国会开幕

2008年12月8日下午2时，首席大法官（Chief Justice）会同另外两名大法官，作为女王特使出席第49届国会的开幕式。三位大法官均着红袍，头戴披肩假发（wig）。我当年在奥克兰高等法院宣誓成为律师时，戴的是齐耳假发。假发越长"官"越大。以前出庭都是要戴假发的，新西兰取消这一制度也只是1996年的事。英女皇伊丽莎白一世以戴红色假发闻名，而男士戴假发之风，则是法国国王路易十三和路易十四兴起的，那是1620年以后的事。

开幕之后，当选的国会议员依次宣誓，宣誓之后便是选议长（Speaker）。国家党国会议员洛克伍德·史密斯博士（Dr Lockwood Smith MP）当选为议长。

议长着黑袍，国会开会期间为每天下午2时，议长由助理陪同，从议长办公室经国会走廊步入辩论大厅。开道的叫"Serjeant-at-Arms"（议会守卫官），肩扛象征皇权的权杖（the Mace），到达大厅中央便断喝一声"议长先生到"，然后是全体起立、低头，议长率全体议员祷告，请万能的上帝保佑国泰民安。

46

　　今天还不会有这样的仪式，因为议长只是"当选议长"，需谒见总督之后，才能正式确认议长身份。正式的"国典"级开幕仪式，是在全体议员宣誓并产生议长之后的第二天，由总督亲自主持，并发表"the Speech from the Throne"。这个词在中文里没有对应的翻译，我2009年出访日本众议院时，了解到他们也有类似的传统，只是在日文里称作"天皇演说"。都是指君主（或其代表）照本宣科，向全体国会议员宣读由政府起草的本届施政纲领。

　　9日上午，总督旗下的"黑杖传令官"（Usher of the Black Rod）来到辩论大厅，传唤全体国会议员到"立法议事厅"（以前新西兰上院所在地）参加由总督亲自主持的开幕仪式。黑杖传令官在上院行使的职能，与下院议长旗下的议会守卫官同。作为传统仪式的一部分，黑杖传令官需要在辩论大厅的门上敲击三下，才能进入辩论大厅。

　　如果说以上的程序只是带有传统色彩的仪式的话，接下来的"Address in Reply"就是动真格的了。这是国会的第一轮辩论，对总督代表女皇所做的"陛下演说"予以答复。这一轮辩论共19个小时，其中包括对新政府提出"不信任动议"（"no confidence motion"），这是政府能否通过信任投票的第一个测试，也是政府在通过测试后，权力渊源得以确认的一个标志。新科议员破天荒第一次的就职演说（俗称"处女演说"即maiden speech），就是在这一轮进行。按照惯例，新科议员在就职演说之前，是不能在国会讲话和提问的，但这一惯例有所放松，个别按耐不住的议员（尤其是反对党议员）已经在向部长们发问了。

　　国家党已经组成了政府。在大选中他们承诺，如果当选，会在100天内做一系列政治、经济和治安方面的大事。类似中文成语中的"新官上任三把火"。于是国家党政府宣布国会进入"紧急立法"状态。

紧 急 立 法

紧急立法（Urgency in the House）状态是相对于正常状态而言的。

在正常状态下，上午 9 时到下午 1 时是专业委员会时间（星期二除外，因星期二各党要开"政治局会"讨论大事），专业委员会主要负责审核法案的具体条款并召开听证会，听取公众对法案提出的书面和口头意见，然后写成报告，在规定期限内报国会审议。法案在二读之后三读之前需经的过程是国会"大会专业委员会"辩论过程。下午 2 时到 3 时半，是"提问时间"（question time），由国会议员向总理和部长发问，这是国会最热闹的时段。提问结束（大约下午 3 时 30 分）到晚上 10 时，则是各法案辩论时间。

　　紧急立法状态打破常规，有两点比较突出。第一，正常状态下，一个法案在每一个开会日不能通过一个以上的议程（例如，不能一读结束后接着进行二读）。紧急立法状态可以使一个法案一次性通过所有议程。第二，紧急立法状态作息时间是早上 9 时到凌晨，并且国会的开会日历不

国会银行调查，参加听证会。
图片提供 Progressive Party

变，也就是说即使开了四五天会，日历和所有记录均记载为宣布紧急立法当天的日期。

　　在国会讲的每一句话，都有电脑自动笔录，汇编成册，叫 Hansard，每周出一本书。这些讲话和问答汇编，都是大家歌颂和攻击一个国会议员的依据。因此，即使国会议员在辩论大厅里有"绝对特权"（即言论自由不受法律约束），但每一位说话都很谨慎，因为覆水难收，也不知会不会被人十多年后翻出老账来奚落。

　　比紧急立法还要狠的，叫"超常紧急立法"（Extraordinary urgency）。它没有时间限制，什么时候通过法案，什么时候才结束。2010 年初我们就碰到了一次。为鼓励戒烟，政府和各党达成一致提高烟价（加税就提价嘛），于是政府推出一部烟草加税法案。因为是在超常紧急立

法下辩论，需要辩论到法案变成法律才能休会。从下午开始辩论到夜深再到东方泛白，法案变成了法律。烟民第二天到商店买烟，发现价格已涨。这样想囤积居奇也来不及了。

就职演说

2008 年年底，我们刚上任就遇到两周紧急立法。幸亏有这两周，因为我们得到通知，所有"处女演讲"都必须在圣诞节休会前结束。于是，我和其他新科议员一样关起门来、搜肠刮肚赶写讲稿。这不是普通的演讲，在 15 分钟里，你要说明为何从政，有何理念，理想是什么，任期内怎样贡献你的才干……总之，这份演讲是你的一个标志。从某种意义上讲，"全国人民"是通过这份演讲了解你的半斤八两。因为是"处女演讲"，并且每位国会议员不管将来任期多久，平生只有一次，因此个人和本党都比较重视。我们是由工党政府期间任副总理和财政部部长，人称"辩才第一"的迈克·卡伦博士把关。我将自己关在办公室（因为紧急立法反正到凌晨才能下班），查看了近几年比较活跃的几位国会议员的处女演讲讲稿，尤其是那些有专业背景的国会议员（包括现任总理），写出了一稿，传给当时已到英国任教的张勇进教授，征求他的意见。他很快回复了，提出了一些修改意见。我写成第二稿交给卡伦博士。从他那我才知道国会演讲和提问时不能用"你"，因为国会开会，议长是主席，无论是"感谢你的帮助"还是"敦促你给选民做个交代"之类，指的都是议长。因此，想说谁只能用"他"或"她"。不过好消息是，依照惯例，首次演讲时——除非你主动发飙——是不会被别的国会议员插话（heckling）和打断。这种待遇仅适用首次演讲。否则上到总理下到普通后排议员，无论因程序还是内容，都有可能被别的议员插话或打断。当然久而久之适应了这种"抗辩"文化，一通讲话下来，如果会场鸦雀无声，会觉得自己讲话出了问题。有时倒是担心对方不来插话、找茬儿，可见，国会议员骨子里都有好斗成分。

2008 年 12 月 14 日星期天，收到卡伦回复，说讲稿"行"。15 日我从奥克兰飞回惠灵顿，在飞机上看了几遍讲稿，因为明天（2008 年 12 月 16 日）下午，就轮到我做首次演讲了。

这是新西兰 150 年以来，经正常大选程序而产生的第二位华人国会议员，在国会发表就职演说。

新西兰及国外媒体做了大量报道。有一篇是这样写的："当选国会议员以前霍建强是新西兰高等法院律师，他在演讲中援引曾代理的一桩案例，说明 1915 年关于采矿的一个立法，已经对现代经济尤其是地产开发产生负面影响，他表示对此法的修订，不但有助经济发展而且可以有效保护生态坏境。

作为一个亚裔移民，霍建强呼吁新西兰多元文化与种族关系之融合。他说同样在中文里可以理解为'种族'，但 20 世纪 70 年代以前，新西兰不谈'ethnic groups'，只谈'race'，对少数族裔的融入有排斥感。同时他也呼吁，少数族裔不但要保护自己的既有文化，更要融入社会大家庭，把自己当做一个'普通的新西兰人'。他表示融入是'双向交流，而不是单向申请'。"

另外一篇这样报道："霍建强语言严谨而不失幽默，回忆往昔又带着对未来的憧憬。演讲结束，前总理海伦·克拉克及工党新任领袖菲尔·高夫分别和他拥抱、握手。国家党领袖、现任总理约翰·基（John Key）特地从国会辩论大厅的另一侧走到霍建强议员的座前，热情握手、表示祝贺。国会电视频道、网络媒体、有线电视网及无线电视均做了实况转播。"

本书第五章，全文刊登了就职演说的英文原文，并将中文翻译附后。

国会专业委员会

国会所设委员会分两大类：专业委员会和专门委员会。专业委员会

(Select Committee) 是按政府部委所负责的方向划分的，共有 13 个。分别是：

1. 财经委员会（Finance and Expenditure）：顾名思义，主要审核政府财经事务、税收（revenue）和税务（tax），定期来述职的是财政部部长和储备银行（中央银行）行长及国税局专员（即国税局局长）。

2. 外交、外贸及国防委员会（Foreign Affairs，Defence and Trade）：负责外交、国防、商贸、海关以及裁军、装备控制等。

3. 医疗卫生委员会（Health）。

4. 教育、科技委员会（Education and Science）：教育、科学、技术、职业培训等。

5. 商业委员会（Commerce）：商贸、公司、消费者事物、能源、信息工程以及退休金计划和旅游部。

6. 政府行政管理委员会（Government Administration）：负责总理办公室及内阁，内政部、文化部、体育部、国会机关事务、政府机关事务、统计、妇女事务部及太平洋岛国事务等。

7. 司法与选举委员会（Justice and Electoral）：负责法院、司法及立法部、人权、选举事务。

8. 法律与治安委员会（Law and Order）：负责警察、廉政公署（打击重大诈欺和腐败）、惩戒部及刑法有关的部门。

9. 地方政府及环保委员会（Local Government and Environment）：地方政府、环境部及资源保护。

10. 初级生产委员会（Primary Production）：农、林、渔、牧、生物安全、土地及国土信息部。

11. 毛利事务委员会（Maori Affairs）。

12. 社会服务委员会（Social Services）：福利部、公房部、年长及青年事务部。

13. 交通及劳资关系委员会（Transport and Industrial Relations）：ACC（工伤意外保险），移民局、交通部及交通安全，劳动部及劳资关系，职业及工作岗位安全。

5 个专门委员会（Specialist Committee）分别是：

1. 事务委员会（Business）：主要负责国会的日常事务，包括专业委员会的规模、人员构成，专业委员会递交国会的报告期限，缺席国会议员缺席投票在何种特殊情况下可批准有效等等。

2. 国会官员委员会（Officers of Parliament）：主要涉及三个重要职位：总审计长（Auditor-General，总审计长办公室为独立机构，对官方机构进行年度审计），申诉专员（Ombudsman，专门受理公民对政府或其公务员的申诉）以及国会环保专员。该委员会负责向国会推荐这三个职位的候选人以及这三个机构的拨款预算。

3. 特权委员会（Privileges）：国会有许多特权，如"绝对言论自由"（absolute freedom of speech in Parliament），意味着在国会的讲话、辩论等等，享有司法豁免，如免于诽谤法方面的起诉。但如果在国会以外场合重复这些言论，则不受绝对言论特权保护。

4. 规章及条例审核委员会（Regulations Review）：负责规章和案例审核，其中涉及很多"二级立法"，即国会通过的法律，在一定条件下，可以经相关条款授权政府部长和有关部门制定条例，以更好实施相关法律。二级立法多涉及具体或技术方面的内容。

5. 议事规则委员会（Standing Orders）：负责国会议程。

专业委员会每周三、周四上午 9 时到下午 1 时开会（时间长短不一）。主要工作之一是审核法案。法案一读之后，送交相应专业方向的委员会，由委员会向全社会征求公众意见。意见可以由书面和口头两种方式向委员会反映。委员会审核每一个法案的期限大致为六个月，但视法案的规模和紧急程度，可延长或缩短。听取公众意见之后，委员会决定是否向国会建议就此通过还是予以修正。委员会因此将法案修正案（在原有基础上的修改文档版本）连同委员会报告递交国会大会。遇到重大分歧，反对党可独立递交"少数派"报告以表明自己的立场。但凡能组建政府的政党都是在国会占有多数席位的。委员会出具的报告自然代表"多数派"观点。委员会成员构成反映各政党在国会的席位。如财政委员会是最大的专业委员会，常委中国家党占 5 位，工党 4 位，毛利党、行动党、绿党各占 1 位。无论如何，国家党都有多数票（通常是 7：5）使自己的"多数派"报告得以通过。

除审核法案外，委员会还有以下几个职能：

1. 预算评估（Estimates）：每年 5 月政府财政预算案出台后，专业委员会有两个月时间对相关部门预算计划进行审议，相关部长通常会出席听证会、回答委员会的提问。这里有个名词叫"VOTE"，指的是对某一机构，如卫生部、教育部、警察部（新西兰的财政投入最多的三大部委）全年预算拨款总额，类似"spending package"（一揽子拨款预算）的意思，如 Vote Education，Vote Health 之类（不是公民"投票"的那个"vote"）。

2. 财务审核（Financial Review）：委员会每年要对 100 多个官方机构进行财务审核。财政预算中每年向这些机构拨款（如国税局、警察部），而政府拨款是经国会立法授权，财务审核是为了确保政府因拨款行为而对国会负责。

3. 请愿（Petitions）：民众可以就公共政策、法律或个人冤情，向国会请愿。请愿书交付相应委员会受理，委员会可举行听证会以及采取其他方式予以调查。委员会向国会递交调查报告，政府必须在 90 天内做出答复。

4. 国际条约（International treaties）：大部分条约都交由委员会审核，依惯例，政府批准条约前，委员会在 15 个开会日内递交审核报告。

5. 专业委员会调查（Inquiries）：如 2009 年 9—11 月由工党联合其他政党发起的"国会对银行业调查"（The Parliamentary Inquiry Into Banking）。到 2009 年年初，储备银行已经将"官方贴现率"（OCR）从以前 8.25％高点降到 2.50％，但是由澳大利亚银行控股的新西兰四大商业银行，并没有将银行贷款利率（包括商业及民用）做相应下调。这四大商业银行占新西兰全部银行总资产的 89.8％，它们的一举一动，关系到几乎每家每户的生活质量。从 2008 年第一季度到 2009 年第二季度，央行的官方贴现率下调 575 个基点（basis points），但同一时期银行的商业贷款利率只下调 243 个基点，而浮动利率只下调 408 个基点，固定利率仅 61 个基点。这样的结果是——据新西兰制造及出口协会（NZ Manufacturers and Exporter Association）统计——尽管各行各业均难免金融危机冲击，2008 年这四大银行的总盈利（32.6 亿美元）竟超过新西兰股市 50 强的总盈利（20.89 亿美元，不含 ANZ 和 Westpac 两家上市银行）。我自始至终参加了调查，收获甚大。

委员会听取公众意见或举行其他方式听证会时，均对民众和媒体开放，除此之外，则为"关门会议"。委员会有权传唤证人出席会议、提供资料和回答问题。

我参加的第一个专业委员会就是财经委员会。这是一个工作量很大，时时需要加班的专业委员会。财经委员会每周三上午开会。但遇到储备银行货币政策发布、关于"官方贴现率"的浮动与通胀关系以及其他与财经有关的政策说明（而又不在星期三固定开会的日子），就必须随时加班。工作量大则体现财经委员会涵括的内容之多。随手翻开 2009 年 7 月份的一次会议日程，上面是这样记录的：

10:00—10:05am：选举委员会副主席（主席通常由执政党国会议员担任）。

10:05—10:50am：央行 2009 年 6 月份货币政策说明。呈报委员会文件为《说明》草案以及央行行长回答委员会委员的提问记录。

10:50—11:45am：关于官方贴现率与短期利率之关系调查，央行副行长解答。

11:45—11:50am：关于银行业调查提议（正式动议）。

11:50—11:55am：财政预算审核"2009 财经策略报告"。

11:55—12:30pm：总审计长对国税局的审计报告。

12:30—13:00pm：国际税法逐条款审核专家解答之四。

毫无例外，会议结束时间"仅供参考"，也就是说届时延时别怪没打招呼，但到了下午 2 时必须告一段落，因为"国会提问"时间人人必须到场，如果议程没有讨论结束，则需要找时间加班。

我们花了差不多三个多月审核的一部法案是《税法（国际税法，人寿保险及其他统揽问题）法案》，共 825 页，涉及范围很广，大到海外开采油田的税率，小到义工车马费补贴征税额，专业性很强。因为关系到《京都议定书》所涉及的碳减排内容，故政策性也很强。有人在网络上用文言来描述《京都议定书》，是"与国各按己况，序减温室气体之释，以求稍息斯祸焉"。反映在新西兰，国、工两大党意见相左，工党政策体现在征税是为了减排或促进研发（R&D），最终达到环保目的。而国家党政策却最终落实在让纳税人买单而自己的核心支持人群利益却无大碍，能不能"稍息斯祸"就真的是仁者见仁、智者见智了。

有趣的是，碳减排单位量（ETS units）是可以上市交易的，当然这是另一个专业委员会——商业委员会——审核的内容。2009 年年初，我成为财经委员会工党的四大常委之后没多久，便又受命，替另外一名也是律师背景的同事兼任商业委员会的委员。他曾是环保专业方面的律师，所以去了和《京都议定书》关系更直接的一个委员会。

商业委员会每周四 9—13 时开会，这一年多兼任商业委员会委员期间，参与审核了版权法、专利法、公司法以及全国所有国企的财经审核（国企即 SOE，全部由商业委员会负责），也了解到新西兰除了羊毛、牛奶，原来重工业（如采矿）、能源（如中央供暖余热发电）和环保（如炼钢厂烟尘颗粒抓取、净化再回放大气）等产业，是那么的活跃和成功！这两年虽然忙碌，有时甚至没有时间吃午饭，但的确开了眼界、长了见识。

在财经委员会和商业委员会，除了需要阅读法案的一稿草案以及央行及财政部起草的经济及货币政策外，大量的时间是花在阅读公众意见上。大的法案如《国际税法》会吸引大量的公众意见，尤其是涉及自身利益的，如大银行和大的保险公司，有庞大的律师团队，专门从事这方面 lobby（中文译作"游说"）工作，因为"公众意见"这个环节，是将自己观点呈现给委员会的主要过程，只有这样，法案的某些条款才有可能按"公众意见"得到修改。听证会上，这些律师、会计师或各行各业专业人士，会尽全力陈述自己的观点。希望自己的观点能打动委员会成员以及各部委负责起草和修改法案的专职官员。国会有专门起草法案的办公室，但相关部委（如财政部、经济发展部、国税局等）都设有法律和法案团队。起草一部法案，会牵动许多部门。公众意见听证是审核法案的一个重要过程，陈述意见的个人和机构代表每人 15 分钟，一般 5 分钟陈述，10 分钟问答。结束后，专业委员会委员们和相关部委专职官员、政策顾问以及国会负责起草法案的律师再归纳、总结，以决定哪些意见可以接受、哪些不可以接受。下一次议事时，打印出来的就是修改过的二稿。这样反复讨论，直到委员会出具报告，并将最终定稿连同报告在规定期限内递交大会。

涉及货币政策、财政及经济发展方向以及各大国企述职的，都是由央行行长、财政部部长、负责国企的部长连同国企老总，一同到委员会述职。这些议程都是向公众和媒体开放的，还有人专门做这方面的报道，记录哪些委员问了哪些问题。从这个意义上讲，"拷问"是双向的。

当然，依民主体制之游戏规则，政府部长、央行行长、国企老板来专业委员会述职，代表政府的委员们是要尽量想办法让他们过关，而反对党的委员们，则是尽量找到问题和问题的症结，让他们不好过关。有时为了想出一个有理有节却难以回答的问题，倒是需要绞尽脑汁。试想，能坐那些位置的人十之八九千锤百炼，因此，和他们交手，不但是民主监督的一个程序，也是一个学习的过程。那些有料人士，对有质量的对手都是很尊重的。

国会讲话

　　每天下午 3 时 30 分 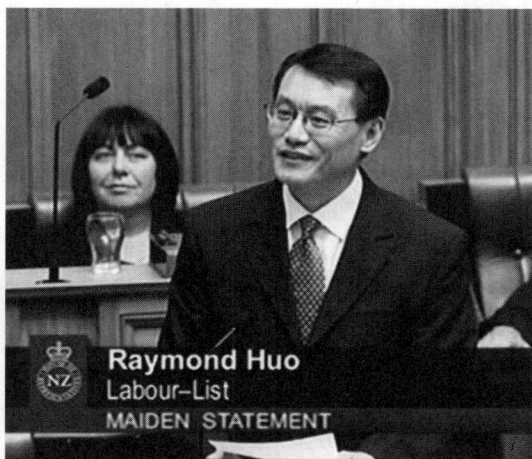 "提问时间"之后到晚上 10 时，便是各个法案的辩 论时段。党鞭办公室依照 专业委员会所受理的法 案，将国会议员按专业编 组参加辩论。一个法案， 国、工两大党通常都是一 轮四人出阵。首先是政府 部长进行一读或二读、三 读讲话，然后由工党连同 其他小党进行一辩、二辩

国会讲话：NZ Parliament TV 国会电视截图

或三辩。工党一轮四人，一次 10 分钟。

　　因为我是财经委员会常务委员又兼商业委员会委员，涉及的法案不 光多而且五花八门，有证券法、反洗钱法（反恐法案的一部分）、破产 法、保险法、商标法、版权法、国际税法、双边及多边贸易法。又因为 是律师出身，因此又经常临时受命去讲诸如诉讼时效法、选举法以及一 些涉及法官工资定额以及司法廉政建设的法案。辩论之余，回味内容， 俨然一位"一言九鼎"式的人物。

　　但国会讲话很少有内容及发挥双双亮色的。第一，因为议程一个接 一个，很少有时间准备讲稿。因此，不是怕走调而以法案条款为主线 （这样的讲话很乏味），就是脱开法案讲一些针砭时弊的内容（这样会被 其他议员封堵或被议长强行拉回主题）。第二，国会讲话不是做文章， 更不是绘画绣花，很少有人客气地听你讲话的。插话以及"程序性动 议"，有时让你一动口就被封住。仿佛体育场上竞技，对手有多少人封

堵，恰恰反映你讲话对对方的"被讨厌程度"，客气话叫"威慑力"。

我在国会讲了那么多话（所有讲话均在我的个人网站上转载，点击www. huo. co. nz 就可看到），自我评估一下，比较喜欢的还是 2009 年 5 月 28 日关于《政府财政预算法案》的一个三读讲话。录前几小节如下，看双方团队是如何较量的：

国会讲话，时常还要回应对方提问，要斗智斗勇。

Taxation（Budget Tax Measures）Bill《财政预算（税举措）法案》

Third Reading 11：20 AM Friday 29 May 2009 Unedited Copy
三读，2009 年 5 月 29 日上午 11：20 原始记录，未经编辑

RAYMOND HUO（Labour）：Mr Speaker. On the 5th day of the 5th month of the Chinese lunar calendar，which fell on yesterday，Budget day，Chinese people worldwide celebrate the Duanwu Festival or Dragon Boat Festival. The Dragon Boat Festival has also been celebrated in Japan，Viet Nam，Korea and other East Asian nations. Here in Wellington，the Dragon Boat Festival is celebrated as a great sports event [*Interruption*].

霍建强（工党）：议长先生，昨天是中国农历五月初五，和财

政预算案公布的日子巧合。全球华人这一天都在庆祝端午节，也叫龙舟节。日本、越南及其他东亚国家也过端午节，在我们惠灵顿，端午节也是被当做一项很棒的体育运动项目来庆祝【发言被打断】

Mr SPEAKER：We have brought up other colleagues for straying well off the track. I ask the member to bring his comments back to the content of this very narrow bill.

议长：一直以来，如果议员们发言离题太远，我们会把他们拉回来。我请霍议员只就预算本身这个很窄的法案发表评论。

RAYMOND HUO：The reason why I cited the Dragon Boat Festival is that it is very relevant to the *Taxation（Budget Tax Measure）Bill*. According to legend，in 278BC the Chinese statesman and great poet Qu Yuan drowned himself in the Mi Lo River to protest the corrupt regime of the Chu Dynasty whose King was found to have constantly broken his promises. To save the legendary statesman who threw himself to the river — [*Interjections by National members*]

霍建强：我之所以提起端午节，是因为它和《财政预算（税举措）法案》很有关系。根据传说，公元前278年，伟大的中国诗人和政治家屈原，为了抗议楚国国王屡屡食言无信、抗议楚国的黑暗统治，跳汨罗江自杀。为了救出这位投江抗议的富有传奇色彩的政治家——【国家党议员们插话打断发言】

Mr SPEAKER：I have asked the member to come back to the bill. We are on a current bill. History is quite fine，and I also learn a lot from it，but I ask the member to come back to the bill.

议长：我已提醒霍议员回到法案的讨论。我们谈的是现在的法案。历史当然重要，我也从中学到不少，但我还是要请这位议员回到法案上来。

Hon Trevor Mallard：I raise a point of order，Mr Speaker. I think the point that the member had just come to was that this was an ancient and very important case of breach of promise, as this bill is.

特雷弗·马拉德：我提出一个程序性动议，议长先生。我想霍议员刚刚提到，说这是一个发生在古代、却是有关违背承诺的一个非常重要的例子——就像我们现在正在讨论的税务法案，正是背信弃义的。

Mr SPEAKER：I thank the member for the history lesson. We have had a minute and a half so far of his speech, and as I said, we are on a very narrow content of the bill so I would ask the member to continue in that vein.

议长：我谢谢霍议员给我们上了一堂历史课。我们已经听了一分半钟他的演讲，刚才我说过了，我们是就这个法案的很小范围的内容进行讨论，现在我要请霍议员就法案内容继续他的发言。

RAYMOND HUO：I will come back to the bill. I had two interviews yesterday afternoon with the Auckland-based World TV network and Radio Chinese Voice before heading to the Finance and Expenditure Committee meeting — [*Interjections by National members*] —

霍建强：我会回到法案本身的。且说昨天下午，在参加财经委员会会议之前，我分别接受了中华电视网和华人之声广播电台的专访——【国家党议员插话打断发言】

RAYMOND HUO：I raise a point of order, Mr Speaker. As a new member I am starting to enjoy the interjections, but if Mr Paul Quinn —

霍建强：我提出一个程序性动议，议长先生。作为新议员，我开始享受发言中的各种插话和干扰，不过如果保罗·奎因先生——

Mr DEPUTY SPEAKER：That is not a point of order. Interjections are allowed. I ask the member to continue. That is not a point of order. Could he please carry on.

议长：这个不是程序性动议。发言中打岔是允许的。肯请霍议员继续。

RAYMOND HUO：I raise a point of order, Mr Speaker. This is a new point of order.

霍建强：我提出一个程序性动议，议长先生。这是一个新的动议。

Mr SPEAKER：I hope the member is not trifling with the Chair.

议长：我希望这位议员不要和主席打哈哈。

RAYMOND HUO：If Mr Paul Quinn wants to exercise his opera-singing skills, he should return to his own seat.

霍建强：假如保罗·奎因先生想要练习他的歌剧演唱技巧的话，他应当回到自己的座位去。

Mr SPEAKER：That is not a point of order. I ask the member to continue with his speech. That is not a point of order.

议长：这不是一个程序性动议。请继续你的讲话。这不是一个程序性动议。

Hon Darren Hughes：I raise a point of order, Mr Speaker. This is a new point of order. You might have missed what my colleague was saying. He was saying that if the member opposite is going to interject on him in the way he has, he should resume his own seat in order to do so. That was the point Mr Huo just made.

达伦·休斯：议长先生，我提出一个程序性动议。这是一个新的动议。你可能错过了我的同事刚刚说的话，他说如果坐在对面的议员想要以他的方式那样插话，根据辩论规则，他应当回到自己的座位上去。那才是霍先生提的动议。

Mr SPEAKER: I do not need any help here. The slate is clean. We will start again. The member has 8 minutes left.

议长：就这个问题我不需要任何帮助。此事不再议。我们重新开始。现在霍议员还剩下 8 分钟时间可用。

RAYMOND HUO: Before heading to the Finance and Expenditure Committee meeting to discuss the allocation of the 2009—10 estimates，［...］We were talking about the Dragon Boat Festival ［...］To prevent his body from being eaten by fish，they beat their paddles furiously on the water and threw zong-zi，which are large rice wraps，as a sacrifice to his spirit. One constituent called me and said he felt he was eating his "humble rice wraps" — he meant to say "eating his humble pie" because he said he had voted for National for tax cuts and now felt let down and regretted doing that.

In terms of the tax cuts for which Mr John Key signed his personal guarantee，we the members remember that in December this honourable House was rushed into urgency in order to have these tax cuts put into law. [*Interruption from National members*] — I thank members for that. Now，nearly 6 months later，this honourable House has been rushed into urgency again for the introduction and passing of this bill to the effect that these tax cuts are cancelled.

霍建强：在参加财经委员会关于 2009 年至 2010 年财政预算分配会议之前，【……】我们之所以谈端午节，因为据传说，那位传奇政治家屈原跳江以后，当地渔民争先恐后划着船赶去救他，可惜太迟了。为了不让江鱼吃掉屈原的身体，渔民们以桨狂击水面，又向水里掷粽子———一种用叶子裹米的点心———祭献给屈原的灵魂。有位选民打电话给我，说他现在面对端午节要吃的粽子好比"味道鲜美，却难下咽"———正应了一句英语成语"eating his humble pie"——意思是说"后悔莫及"——因为他说他投票给国家党是因为国家党承诺减税，如今觉得被耍了，十分懊悔投错了选票。

减税是约翰·基以个人签名方式担保的，我们这些议员们都还记忆犹新：去年 12 月，这个尊贵的国会火烧火燎地紧急立法就是为了以立法方式，保证国家党领袖个人签名担保的减税。【国家党议员插话、鼓掌】——谢谢诸位。如今，事隔 6 个月，这个尊贵的国会又再次火烧火燎地紧急立法，却是为了通过现在这个法案取消减税【略】

（注：但凡名字前面带有"Hon"字样的，指现任部长或曾经担任过部长的国会议员。以上发言节选中文由陈陶然翻译。）

法案如何变成法律

一个法案（a Bill）变成法律（an Act）要经过七个步骤。首先，提出议案（Introduction），然后是一读（First Reading），专业委员会（Select Committee），二读（Second Reading），大会委员会（Committee of the Whole House），三读（Third Reading）和御批（Royal Assent）。

之所以要经过这些程序，是希望公众能够获得足够的时间和机会，参与法案的制定并对法案的制定起监督作用。"提出议案"是履行一个程序，只有在国会提出议案（通常是宣读议案名称）才能进入立法程序。议案提出后不得少于三个开会日，才能开始法案的一读，因为这样才有可能让各党国会议员有时间了解法案内容并在党内讨论决定支持还是反对这个法案。检察总长（Attorney-General）也得以有时间审核该法案是否与《新西兰人权宪章 1990》原则一致。检察总长的司法意见是法案成型的一个重要步骤。一读后，进行投票，表决通过，法案递交相关专业委员会审议。表决不通过，法案便就此了结。

专业委员会通常以广告方式向公众征询意见，并审议书面陈述、举行听证会。专业委员会修改法案后连同书面报告递交国会。

二读同一读、三读一样，都是每人十分钟讲话。专业委员会提出的修改意见，如果获得每一位委员的支持，那么修正条款自动包括在法案中，投票时视为一体。如果未获每一位委员的支持，则在二读后，每一项都必须单独表决。如果二读未获表决通过，法案就此终了。若获通过，则交大会委员会，逐条审议。这一阶段每人讲话五分钟，因为是逐条辩论，虽然每次发言简短但通常没有次数限制。这一阶段可以引入修正案，大的法案在这一阶段往往要花上好几天才能辩出结果。有了结果，打印出法案的定稿版本，进入三读阶段。

三读通常是总结性讲话。政府要通过这个法案，讲话中多带有"这是新西兰人民高兴的一天"；反对这个法案的，讲话中的措辞多为"这是新西兰人民悲哀的一天"。总之，各有各的立场。因为有先进的语音记录系统，在国会讲话，不但人人出口成章，而且句句覆水难收。每周出一本辩论汇编，每年出版几部大部头精装版本。围绕法案的种种讲话，不但在政治和政策意义上使每一位国会议员"文责自负"，在法律上也有实际意义。一部法律，即使措辞再严谨，也有挂一漏万的时候，尤其是涉及不可预测的情势。法官解释法条时，迷惑不解并且在文字上得不到帮助的时候，通常会找到立法过程中的辩论记录，从正反双方的立场找到立法的本意，依照本意，就能比较准确地解读落实在法条文字当中的意义。

四种法案

法案共有四种：政府法案、议员法案、地方法案和私人法案。

政府法案（Government Bills）：是国会立法的主干部分。政府靠立法来贯彻实施自己的政策。政府法案由政府部长提出议案、负责制定。2010年共有83部政府法案通过三读变成法律；63部法案通过一读递交专业委员会；54部法案已由专业委员会审核完毕报告国会进入下一个程序。

议员法案（Members' Bills）：涉及公共利益和政策但又不在政府立法范围内，可由国会议员提出议案。但国会拨给议员法案的时间和空间有限，一读法案总量一次不得超过6部，因此国会采用抽签制，议员们戏称"国会六合彩"。抽中的，开会日每月的第二个星期三为议员法案日。议员法案是很有意思的一个现象。如果法案反射的政策没有太强的公信力，政府多半不理不睬，这样的法案也就悄然无声自生自灭了。但是，如果真有很强的公信力，政府会"店大欺客"式地照章起草一部，以政府法案方式提出。但无论如何，好的、得民心的议员法案，不但给政府压力，也给自己带来认可。

地方法案（Local Bills）：大多涉及地方政府事务而这些事务又未能涵括在中央政府立法范围。比方说，涉及地方市政小范围的行政区划，城镇名称标准化，以及很具体的一些事务如市中心某一区域禁开按摩院等等。地方法案通常由本地国会议员负责。

私人法案（Private Bills）：这类法案目前越来越少，而且趋向针对法人或团体相关具体事务。也有一部分私人法案是为了解决法律在不可预见的情况下遇到的尴尬。例如，近亲（如兄弟姐妹）不可以结婚，但这种兄弟姐妹关系是因为"领养行为"而产生，之间并没有血缘关系。这种情况下，私人法案是相对简单的解决办法。

我的三部个人立法

"个人立法"指的是"members' bills"即国会议员法案，不能和"私人法案"混淆。

第一部叫《超级奥克兰市亚裔顾问委员会修正案》，已经被媒体炒得沸沸扬扬。许多标题都用了"58∶64惜败"字样。

2010年奥克兰市与周围卫星城及区域市议会合并，构成"超级奥克兰市"。2009年9月国会推出《地方政府法修正案》。我的个人立法就是在这个时候推出的。推出的理由很简单。新西兰人口450万，奥克兰就

65

占了 140 多万，占全国人口的 31％。而亚裔占奥克兰人口的 14.6％，其中华人占 42％（2006 人口普查数据），其次是印度裔（31.8％）、韩裔（9.1％）、日裔（2.3％）。未来人口增长预测，到 2016 年，亚裔将增长 51％（相比全国人口增长 46％）。

亚裔在奥克兰地方选举中显然严重失衡。2007 年的选举，奥克兰市政议员中 84％为欧裔，9％为毛利人，太平洋岛裔与亚裔各占 4％。2010 年地方选举的确切数字尚未公布，但因为"超级奥克兰市"的独特性，亚裔当选比例看起来比往年更糟。

人口比重大而话语权微弱是我推出个人修正案的主要原因。皇家委员会在规划未来超级奥克兰市报告中，提出设立太平洋和其他少数族裔或亚裔顾问委员会。然而国家党政府在通过《地方政府法（2009）修正案》中，却没有设立体现这个精神的相关条款。我的《亚裔顾问董事会修正案（Asian Advisory Board）》是修订《地方政府法（2009）修正案》，确保亚裔在奥克兰市政决策过程中有发言权。2009 年 9 月 16 日，我的修正案在国会激辩数小时后投票表决，结果是 58 票赞成，64 票反对。

工党的三位亚裔国会议员
左 Dr Ashraf Choudary MP
右 Dr Rajen Prasad MP，
两人当选前均为梅西大学教授
Rebecca Papprill 摄

起草这部法案，我和我的团队颇动了一番心思。从前律师楼一位研究地方政府法的同事提出了许多意见。为征询社会意见我总共写了两个版本。版本一为《地方政府（奥克兰市议会）亚裔顾问董事会（Asian Advisory Board）修订条例》。版本二为《地方政府（奥克兰市议会）亚裔顾问委员会（Asian Advisory Committee）修订条例》。

　　两个版本不同之处在于对亚裔顾问组织名称的界定。"亚裔顾问委员会"是依据《地方政府法（2002）》中附录 7 第 31 条，仿照曼奴考市议会的"太平洋岛裔顾问委员会"模式，在市政府内设立，即当选的市政议员中就可以产生这样一个委员会，委员会可以直接依据第 31 条的程序反映意见。我的法案还规定了亚裔顾问委员会的作用，并确定《地方政府法（2002）》第 52 条为其运作模式。

　　而"亚裔顾问董事会"在技术操作层面要比委员会复杂。在选举董事会成员的规定方面，将由市政管理层在征询亚裔社区及意见领袖的基础上，投票选出（不少于四名董事会成员）。

《亚裔顾问董事会修正案（*Asian Advisory Board*）》分两部分：第一部分是修正《地方政府法（2009）》，新加一个

和奥克兰市长 Mayor Len Brown
参加"中国主题"研讨会。周疆摄

Section 12B 条，设立"亚裔顾问董事会"。在原法案的 12A 部分，提出未来的市政府在处理亚裔相关议题时需要征询亚裔顾问董事会意见。第二部分则修正《Tamaki Makaurau 重组法（2009）》，要求"奥克兰市政过渡当局"针对奥克兰地方政府重组议题，需征求亚裔社区意见。

　　6 票之差未获通过，虽"惜败"但在意料之中。这并不是一个了不得的议案，堂堂一个政府也不可能让别人去抢这个风头。果然，在第二轮超级奥克兰市系列立法中，国家党政府将"亚裔顾委"改成"少数族裔顾委"，将类似法案纳入自己的立法体系。"少数族裔"好是好，只是更难定义，不知道谁是少数族裔。当初我提出"亚裔顾委"的想法，是参照了皇家委员会对毛利和太平洋岛裔的界定模式。况且亚裔在新西兰人口普查中是单独列项的，尽管华人、印度人、韩国人有许多不同，但

文化和习惯上相对比较接近，在市政管理上参政议政，是有一定族裔代表性的。

我的第二部个人法案叫"*Immigration（Migrant Levy）Amendment Bill*"，对《移民法 2009》进行修订。

每一位移民申请人获得申请批准、拿到居民身份之前，要缴一笔"安置费"。每人 300 元，每户最多缴 1200 元（太平洋岛裔则是每人 150 元，每户不超过 600 元）。这样，政府哪怕是"光景不好"、批准人数不多的年份，也可征收上千万元这样的"安置费"。截至 2009 年 6 月 30 日，新西兰政府当年实收 10 450 000 元这样的"安置费"。对普通市民而言，有两个问题：第一，不知道每年收上来多少这样的份例，如果当年使用不完，余款经年累月算作什么名目、存在国库什么地方？第二，也是大家非常关心的，这每年上千万元的进项用在什么地方？

当然，历届政府对钱财的管理都有一定的透明度。2009 年当年，这笔钱中的 240 万元（约 21.5%）用作移民的英语再培训（ESOL）；250 万元（约 22%）和不到 70 万（约 6.2%）分别用作移民方面的专题研究。

但是有两件事迫在眉睫。政府在 2010 年 5 月财政预算中，对"成人社区教育"（ACE）和移民英语教学（如 ESOL）有大量削减，此其一。其二，亚裔失业率今年创历史新高，达 10.5%（相比工党执政时期的 4.7%）。因此我的个人立法主要想达到两个效果：修改《移民法》第 399 条，在第 2 款中增设 2A 和 2B，分别规定将移民"安置费"中的 30% 用作移民英语培训（类似免费教育），另外的 30% 用作就业再培训。

英语水平和就业技能很大程度上是相辅相成的。这部个人立法，用中文里常用的字眼，叫"取之于民，用之于民"。

第三部个人立法是我迄今为止的得意之作。全称叫"*Education（Export Education by Registered Private Training Establishments）Amendment Bill*"，可勉强译作《教育（注册私立教育培训机构出口教育产业）修正案》。

有几个概念需要说明。新西兰有八所国立大学和为数不少的大专院校、培训机构，其余均为私立。私立教育培训机构有很多质量一流，但总体而言，鱼龙混杂。到目前为止，并没有任何成文法规定私立教育培训机构必须注册登记（这里的注册登记和课程认证注册许可是两个概念），造成了管理上的混乱。一批质量有瑕疵的机构，专门在招生上下工夫，给中介投入大量佣金，于是出现了一个怪现象：质量好的学校反而竞争不过质量差的。国会议员办公室几乎定期就收到类似的投诉。

第二个概念就是"出口教育"（export education）。工党政府 1989 年修改《教育法》，开放了留学生市场，大量的国际留学生（尤其是来自中国、印度、韩国、日本和拉美地区）涌入，学费加消费，每年平均给新西兰带来 23 亿元（约合人民币 117.3 亿）的收入，因为是"创汇产业"，所以称其为"出口教育"。

据市场调查和业内反映，目前新西兰在出口教育的管理尤其是立法领域，有很多漏洞。最明显的例子是私营学校的命名问题。《教育法 1989》、《公平交易法 1986》以及"新西兰资格管理署指导纲要"均有法律规范作用，但明显感到立法赶不上市场发展，这些现有的条款是按照二十多年前的市场状况起草的，现在用起来隔靴搔痒难起作用。因此，这十来年，不管何等规模、何种水平，新西兰雨后春笋般涌现了一批诸如"国际英语学院"、"新西兰英语学院"、"太平洋培训中心"、"奥克兰国家学院"之类的大小私营机构。这些学校往往名不符实。但远在海外的留学生们，网上搜寻，很难判定哪些是货真价实、哪些是冒牌误导。

关于这类现象以及引发的后患，我在 2007 年的一篇文章里已详细说明（见第二部分《记者》第五章第一篇 "*Foreign students learning the hard way and NZ suffering because of it*"），在此不赘述。这篇文章是我起草这部个人立法的依据。

这部个人立法，试图对新西兰出口教育行业进行全面改革。截至今天（2010 年 12 月 4 日）写作第一部分第四章（这本书的写作不是按既定顺序），这部个人立法已经修改了 8 稿，目前还在业内征求意见过程中。

第8稿版本中，共设9条14款。比较重要的条款有：

第5条，修订现行《教育法》，设立新条款s232，规定"为国际留学生设列的课程必须质量担保"。

第6条，修订s236（1），要求学校命名必须符合规定，否则执法机构有权取消对该校的资格认证。

第7条设新条款s236AB，规范了私立学校命名的标准和要求。

第8条设立全新18AA章节，规定私立学校必须依法注册，同时通过设立和确定有司法权限的"私立教育培训行业公会"（不同于普通社团）以及"行业操守规范"，达到业内自治及相互监督作用。

第一轮"公众意见咨询"结束，我会写信给总理，将这部个人立法"让"给他。也就是说，如果他认为这部立法符合他的要求，可以纳入政府立法框架中，是否冠上我的名字不重要。

从中可以看出，对新西兰出口教育市场的管理是多层面的。往往不等问题出来，就会有许多自发的能量，帮助解决问题、开拓新的领域。这样，政府和民间形成一股合力，确保这个行业的质量。这也是为什么，新西兰作为一个国家虽小，但无论是国立还是私营，教育质量总体而言，在世界名列前茅。我的这部个人立法和许多其他举措一样，目的是为了新西兰的留学行业变得越来越好。

二十多年过去了，在新西兰学有所成的国际留学生，已经形成了自己的社区，世界各地都有不同规模的校友会和其他与新西兰有关的协会。奥克兰大学和北京大学还联合建立了"新西兰研究中心"。我2010年6月参观设在北大的这个研究中心，才了解到"新西兰文化和历史"已经作为一门课程，登陆北京大学。

无论是语言学习、技术培训还是本科或研究生深造，新西兰给人的印象是学风严谨、学术自由和崇尚多元。于细微处能感受到英国传统在每个层面留下的烙印。

我在祖籍国中国读了两个学位，在归化国新西兰也读了两个学位，没有师长和学校的培育，就不会有今天。这也是我为什么把捍卫教育质量当做己任的主要原因。

　　下一章是我的"就职演说"中英文对照。从中可以看出，新西兰这个蓝天白云之乡，貌似祥和，而政治和人文历史的发展，却也丰富多彩、并不简单。

2009 年陪同工党领袖菲尔·高夫
在南岛西海岸考察

2009 年 4 月海伦去联合国任职前在国会办公室
和她惜别。海伦·克拉克 1999－2008 年间任新
西兰总理，在她任上新西兰和中国签订自由贸易
协定，而签字的正是时任贸易部长的菲尔·高夫

第五章　就职演说

国会议员就职演说限时 15 分钟。这里的英文原文摘自《国会每周辩论汇编》第 651 卷，第 742 页。

Raymond Huo：Maiden Statements

［Volume：651；Page：742］

RAYMOND HUO（Labour）：I congratulate you, Mr Speaker, and your associates, on your appointments, and I wish you all the best for the term of this Parliament. Greetings to all members and to the diverse group of citizens that each member represents. 你们好! Greetings to you all.

It is a privilege to stand and present my maiden speech to this forty-ninth New Zealand Parliament. I wish to recognise the Governor-General and the dignified calm that he brings to that office. I should like to pay my respects to the Rt Hon Helen Clark, the former Prime Minister and leader of the New Zealand Labour Party. I am very proud to have been a part of the recent campaign under Helen Clark, upon whose vision and leadership I believe history will look back favourably.

Her vision and leadership have strengthened my Kiwi identity and made me proud to be a New Zealander. Equally, I am very proud to have now become the first Chinese member of the Labour caucus, serving here under the Hon Phil Goff. I recall that my very first meeting with a Labour Cabinet Minister upon seeking the nomination to run for Parliament was with Phil at his Mount Roskill electorate office. I thank Phil for his support.

I owe my presence here to many people whom I consider to be my mentors. To name names unfairly omits others, but some do need special mention: the Hon Chris Carter, for his passion to fight for the values the Labour Party stands for, and for his trust and confidence in me; the Hon Dr Michael Cullen; the Hon Lianne Dalziel; the Hon Darren Hughes; the Hon Judith Tizard; the Hon Maryan Street; and the Labour Party president, Mike Williams. I also pay tribute to the Hon Parekura Horomia and, through him, to all our Māori colleagues in the House, and to Aotearoa's tangata whenua. It is to them that we owe a profound debt for the foundation they laid for a bicultural nation that is now multicultural. Kia ora.

Thanks also go to many of my free-thinking friends, intellectuals, and teachers: Professor Yongjin Zhang — with whom I am proud to be a fellow alumnus — and Mr Gavin Ellis, the former editor-in-chief of the New Zealand Herald, who duly became my first employer in New Zealand. I followed Gavin's advice of listing all the pros and cons and adding them up to help draw a conclusion when I was not certain about vacating my legal profession in order to run for Parliament. He did not give me an answer, but he showed me how to get one. That reminded me of the way Gavin taught me, in the news room more than 10 years earlier, to distinguish between news and views when writing articles.

However, sadly it appears that few media in this country appreciate the difference nowadays.

My most heartfelt thank you is extended to my wife, Yunfang, and our children. Thank you, xiao fang, for all the love, support, and wisdom that you continue to share. I know you are watching this on the Sky TV network together with other friends and supporters at home and abroad. I am thrilled to learn that the live broadcast has been arranged via the Internet as far away as Beijing, Hong Kong, and Taipei. Thank you for your support. 新西兰工党第一位华人国会议员，在这里向全世界华人问好! I offer my sincere greetings to Chinese all over the world from me, the first Chinese MP of the New Zealand Labour Party.

I am not sure whether it is appropriate, on this occasion, to thank many of my loyal clients. They often fall into a category of the most ideal clients of any law firm: rich and always in trouble. Some had troubles that were not of their own making. For instance, a young Chinese couple purchased a residential section in Auckland, but their development of this section, which was purely for residential purposes, was hampered by legislation passed in 1915 that meant consent for the required works — in this case, the excavation or cutting of less than the 40-degree minimum — could be granted only by the Governor-General. The Auckland Volcanic Cones Society demanded that work stop on the affected slope, citing the 1915 legislation. Others, however, strongly argued that the relevant provision should be repealed simply because of its redundant role.

I have just learnt that a bill is currently before Parliament that was postponed because of the election. Under the proposed amendment, the Minister of Conservation would be able to delegate responsibility to his or her officers, thus making the process a lot more streamlined.

Currently, people must go to the Department of Conservation, then to the Minister, and then to the Governor-General, all because of a 93-year-old Act that was designed primarily for mining. This change would be beneficial for all affected parties. As one reporter following the case correctly suggested — showing a strong sense of humour — my election to Parliament represents some level of comfort both to the Auckland Volcanic Cones Society and the developers like my clients, because from now on my service to all parties is free.

Cases like this one make my transition from lawyer to parliamentarian much easier. I have a sense of obligation to work with all parties to create durable and effective laws. Clearly, my focus is to become the best possible advocate that I can possibly be, for the best interests of our peoples, our communities, and our society. In that regard, I trust that my fellow parliamentary colleagues from a variety of ethnic backgrounds share with me the same sense of mission — that is, to bring our migrant community members closer to mainstream society. "Mainstream" may be the wrong word, but without integration, alienation will inevitably follow. So our job, among other things, is to help communicate, build bridges, and bring people together.

Many will recall that much was made of the concerns of Kiwi Asians about crime rates leading up to the election. The related press coverage prompted around 15 000 people to take to the streets in Auckland to air their fears. This was despite police statistics showing an overall drop in crime, although referring to such statistics would get any messengers, including myself, into trouble. But what cannot be denied is that these people were genuinely concerned about their safety, and that they took exception to the police's priority policy. They argued that sometimes we cannot distinguish between property-related crimes and life-threatening ones, as was demonstrated with the death of Joanne Wang after her handbag was snatched in Manukau.

Many Asians have migrated from countries with civil law jurisdictions, where the inquisitorial system enables the courts to determine the truth in the first instance. When the prosecution is successful, sentencing is delivered to fit the crime and its specific circumstances, but here in New Zealand many Asians do not understand or appreciate our adversarial system of justice, or due process. When their expectation of a speedy and fair delivery of justice is not met, they often become frustrated. This is where we as MPs can help guide our new New Zealanders to understand and appreciate these differences.

I want to promote in this House the value of looking forward, not backward. But it is worth noting that the process of migrant integration, or settlement, requires two-way communication, not one-way application.

Until about the early 1970s, New Zealanders did not talk much about ethnic groups, what rights they might have, and how a variety of them might be accepted or incorporated into the political arrangements of the country. Rather, they thought about race. As Professor Andrew Sharp said at the Learning and Practising Democracy symposium in 1996, when we had our first election under MMP: "Chinese and Indians were thought of as races too, indeed as 'race aliens' — the point of saying which was to deny that they could assimilate into the population at large." On the other hand, Professor Sharp went on to suggest that "the more you think of yourselves as not 'ordinary New Zealanders' the less you will feel your interests and your cultures to be represented."

I am confident that New Zealand can, and will, do remarkably well — indeed, it has already done reasonably well — in constructing a multicultural society. The rationale — if I have not oversimplified it — is that, for example, we are free and encouraged not only to be Chinese, or some variation of racial, linguistic, and ethnic Chinese, but also to be an ordinary New Zealander. To celebrate our differences is to promote our common purposes. Positive media will therefore play an important role. The ability for ethnic minorities to move from the margins of social and political life relies, largely, on the willingness of mainstream opinion to hear their voices, and the ability of the media to correctly report their differences.

To some extent, ethnic minorities are vulnerable. If we allow ourselves to satisfy the appetite of the commercial mass media for stereotypes in whatever form, we are facing a risk of inflating intercultural misunderstandings rather than alleviating, minimising, and overcoming them. After all, this is not just your home; this is not just my home; this is our home — our Aotearoa!

I came to New Zealand in 1994, and, after some initial cultural shock in terms of settling in, I came to appreciate and celebrate the differences. I regard myself as someone who is extremely lucky to have been a witness of change and transformation, not only of China under reform but also of New Zealand in an increasingly globalised era, when multiculturalism has become entrenched and when New Zealand's identity is consistently shaped and reshaped.

I taught myself to speak English when I was a teenager in China by listening to the radio. This was furthered by my middle-school teachers in Qianshan and my brother-in-law, Professor JianmingXu. Of course, he was not a professor at that time. He had the same fate as his peers, and at the age of 16 he was sent to a remote countryside to be "re-educated". He taught himself English and science, and 20 years later he graduated from two top medical schools with one bachelor and two doctoral degrees. I followed that DIY spirit and was lucky enough — and successful enough, if I may add that — to be one of the very privileged few to attend university in China in the early 1980s.

My upbringing plays a big part in who I am today. My father was a doctor and my mother was a head nurse at that time. In their early 30s, they volunteered to move from the big city to a remote countryside town to help locals fight a parasitic disease known as Schistosoma, or blood fluke. On many occasions I witnessed how my parents resuscitated patients and saved them from death. This was approaching the later stage of the Cultural Revolution. Being a medical doctor working in harsh conditions in a remote countryside town did not mean you were immune from persecution. My father, like other "intellectuals", was ordered to stand still at the main entrance to the hospital, holding a wide whiteboard with his name painted in black, followed by the title "counter-revolutionary medical expert". Sixty minutes a session, three sessions a day—those in power believed that this would help him to be scrutinised by the public, which would eventually help him to "purify" his mind.

Like any naughty 5-year-old boy could and would do, I duplicated a smaller whiteboard and voluntarily joined the roster. I even invited my father to write my name and my title on the little whiteboard with something like "little counter revolutionary medical expert". And guess what? He did! The Cultural Revolution ended shortly afterwards, and from then on I secretly believed that it was me who brought the nationwide political turmoil to an end with my little whiteboard.

In hindsight, my journey to this honourable House stretches back to my birth in that small rural town, from that small stage I once shared with my father and from the desire for free will that I inherited from my parents. That experience was relevant. It influenced — and will continue to influence — my politics and world outlook. I have learnt to be resilient. I have learnt to be kind, caring, and more philosophical when confronting difficulties. To those who have asked me of my secret weapon behind successful careers in Beijing and now in New Zealand, I say it is a simple one: double your efforts, halve your expectations.

Let me borrow from what the Hon David Cunliffe said in his maiden speech in February 2000: "Where there is a wrong, right it; where there is injustice, fight it; where there is hunger, feed it; and where there are no jobs, find some." I am so proud to be part of the Labour team that has striven for those very principles under the great names, including Michael Joseph Savage, Peter Fraser, Walter Nash, Norman Kirk, David Lange, and Helen Clark, and that will now continue to do so under Phil Goff. Kia ora. 谢谢! Thank you.

首次演讲成功，工党国会议员全体起立向我祝贺。
总理约翰·基也特地走上前来，和我握手、向我祝贺。

国会就职演说。Source：NZ Parliament TV，Zee Wang 国会电视截图

就职演说中文翻译

（涉及的内容及人名，均以原文为准。中译本仅供参考）

首先，我要恭贺议长、副议长及您的助理就任新职，并预祝诸位在这届国会任期内一切顺利。我要向各位议员以及各位所代表的多元族群同胞问好。我要用中文说一声："你们好！"谨在此向你们所有人致意。

我很荣幸能站在这里，向新西兰第 49 届国会发表我的就职演说。我首先想要提到的是总督以及总督给这份职位所赋予的沉稳和荣耀。我也想要向前总理暨新西兰工党领袖海伦·克拉克（Rt Hon Helen Clark）女士致敬。我非常自豪能成为海伦·克拉克所领导的刚刚过去的大选竞选团队中的一员。我相信，历史未来在回顾她的远见及领袖魅力时，将会有正面的评价。她的远见及领导力强化了我的新西兰认同感，并使我为成为一个新西兰人感到骄傲。同样地，我也非常自豪能成为工党有史以来的第一位华人国会议员，在菲尔·高夫先生的领导下，在国会服

80

务。我仍记得第一次与工党内阁部长会面以寻求国会选举提名，就是和菲尔一同在他的 Mount Roskill 竞选办公室。我在此向菲尔的支持表示感谢。

我今天能站在这里，要归功于许多我视为精神导师的人。——点名难免会有所疏漏，但有些人确实需要特别在这里提及：克里斯·卡特（Hon Chris Carter），感谢他为工党所代表的理念持续奋斗，也感谢他对我的信任与信心；还有迈克尔·卡伦博士（Hon Dr Michael Cullen）、莉安·达斯尔（Hon Lianne Dalziel）、达伦·休斯（Hon Darren Hughes）、茱蒂·提塞（Hon Judith Tizard）、玛莉安·史崔特（Hon Maryan Street）以及工党主席麦克·威廉斯（Mike Williams）。我也要向帕里库拉·霍洛米亚（Hon Parekura Horomia）致意，并透过他来向众议院我们所有的毛利同仁以及新西兰的本土之民（tangata whenua）致意。正是他们作为原住民，为我们国家奠定了基础，使其从一个二元文化发展为今天的多元文化。我们为此深表感念。

另外也要向我许多思想开放的友人、知识分子及老师致谢：包括张勇进教授——我很荣幸与他同为校友——还有曾担任《新西兰先驱报》总编辑、也是我在新西兰第一位雇主的盖文·爱理斯（Gavin Ellis）先生。当我不确定是否离开法律界以从事国会竞选时，我遵照盖文的建议，将所有的优缺点一一列出，并加以总结以得出最后结论。他没有给我答案，但教我找到答案的方法。这让我想起 10 多年前从事新闻工作的时候，盖文教我在写报道时如何区分新闻与观点。然而令人难过的是，现今国内的媒体似乎不太重视这种区别了。

我要向我的内人云芳以及我们的孩子们致以最衷心的感谢。小芳，谢谢你一直以来和我所分享的所有的爱和支持与智慧。我知道你正与我们在国内外的朋友及支持者在 Sky 电视网络上收看这场演说。我很兴奋地得知，网络的实况转播将这场演说传送到远达北京、香港及台北等地。谢谢大家的支持。我要用中文说："新西兰工党第一位华人国会议员，在这里向全世界华人问好！"我以新西兰工党第一位华人议员身份向全世界华人致以最衷心的问候。

我不确定适不适当在这个场合向我许多忠心的当事人表示谢意。他们常常属于律师事务所最理想的一类当事人：富有并且总是有麻烦。有些人的麻烦并不是他们自己造成的。例如，有一对来自中国的年轻夫妻在奥克兰购买了一块住宅用地，但他们为了纯住宅用途而开发这块用地时，却因1915年通过的一个法规而受阻。这条法规规定，这类土地开发所涉及的工程许可证——本案中指低于最低40°坡地的挖掘及切割——需要总督的特批才能取得。奥克兰火山锥协会引用1915年的这条法规，要求在受影响的坡地上停止工程。然而，却有其他人强烈地主张，相关的法规已经失去其存在价值而应被废止。

我不久前得知，有一条法案已经提交国会正等待审议，但因为大选而受到延迟。在修法提案中，资源保护部部长可以将职权分配给下属官员，使得整个过程更有效率。在现况下，民众必须先向资源保护部申请、然后报部长审批、再到总督，全都因为93年前通过的一项法规，而这个法规主要是为当时采矿需要而制定的。这项法规修正案将使所有受影响的各方都受惠。正如一位追踪报道这个案件的记者正确而又极富幽默感地评论道——我的当选，对奥克兰火山锥协会及像我当事人这样的开发者来说都有一定程度的宽慰——因为从现在开始，我对各方的服务都是免费的。

像这样的案子让我从律师身份转换成国会议员的过程容易了许多。我有种义务感要与各方合作，制定行之有效又持久有用的法律。我的工作重心很清楚，就是要尽我所能成为最好的代言人，为人民的最佳利益、我们的社群及我们的社会发出自己的声音。在这一方面，我深信来自各个族群背景的议员同僚和我都有同样的使命感——那就是让我们的移民社群与主流社会更加亲近。"主流"也许不是正确用字，但如果没有融合，被边缘化就不可避免地会出现。因此，我们的工作之一，就是要促进沟通、架起桥梁，用凝聚力让人们更亲近。

众多的亚裔族群在大选前夕对治安恶化表达了严重关注，许多人对此仍然记忆犹新。相关的媒体报道促使约 1 万 5 千人走上奥克兰的街头游行，表达他们的恐惧不安。尽管警方的统计数据显示犯罪率整体下降，但他们仍走上街头。虽然引用这类的统计数字可能会让包括我在内的讯息传递者惹上麻烦，但不可否认的是，这些人确实没有安全感，并对警方的"犯案分类"政策感到不满。他们认为，有的时候我们不能将"财物类犯罪"以及"生命威胁类犯罪"硬性区分开来，王剑女士在曼奴考区因提包被抢而导致不幸死亡一案即为一例。

许多亚裔人士来自民法司法体系的国家，其审判式制度让法院能在第一线判定事实。在起诉成立之后，法院依照罪行及其个案情况判定刑责。但在新西兰，许多亚裔人士并不了解或不太能接受我们的抗辩制诉讼制度。当他们对迅速而公平的司法审判期待落空时，他们往往会感到挫折沮丧。这是我们身为国会议员可以引领新移民认识并理解这些制度差异的地方。

我希望在国会倡导一种价值，那就是向前看、而不是向后看。但值得我们注意的是，移民融合或安居的过程，需要的是双向沟通，而不是单向申请。

在 20 世纪 70 年代初期之前，新西兰人对于少数族群讨论的并不多，他们可能有的权益、各种不同族群如何为这个国家的政治制度所接受以及其融入的方式等等。他们思考的反而是"种族"。正如安德鲁·夏普教授在 1996 年我们第一次实行 MMP 选制时在"学习及实行民主"的研讨会上所说："华人与印度人也被当成种族、甚至是被当做'外来种族'来考虑——这种观点实际上旨在否定他们有能力与其他族裔融合在一起。"另外，夏普教授进一步表示，"你越多地把自己当做'非普通新西兰人'，你会越少地感到自己的权益及文化被代表"。

我有信心，新西兰在建构一个多元文化社会方面，有能力也有意愿做得很好——事实上新西兰已经做得相当好。其理性推理——如果我没有将这个问题过分简单化的话——就是，比方说，我们不但可以自由自在地并且是受到鼓励地做回华人或者任何种族、语言及族裔意义上的华人，而且还可以做一个地地道道、普普通通的新西兰人。欣赏我们之间的差异也就是促进我们目标的共同性，所谓存异求同。正面的媒体报道因此扮演一个重要的角色。少数族裔会不会从社会及政治领域边缘脱离，大体取决于主流意见是否愿意聆听他们的声音，以及媒体是否有能力正确报道他们有别于主流的地方。

在一定的程度上，少数族裔比较容易受到伤害。如果我们容许自己去迎合商业大众媒体的口味、以不同方式的陈规偏见和固定模式去报道，那我们就承担了夸大不同文化之间误解的风险，而因此无法缓和、减少并克服这些差异。毕竟，这里不只是你的家园；也不只是我的家园；而是我们共同的家园——我们的长白云之乡 Aotearoa！

我在 1994 年来到新西兰，在经历创业之初所经受的一些文化冲击之后，我学会欣赏这些差异。我认为自己何其幸运，能够成为社会改革及变更的见证人，不仅见证了中国的改革，更同时看着在一个日渐全球化时代中的新西兰，多元文化主义渐渐根深蒂固，新西兰的识别标志不断地在被塑造及再塑造中。

在中国度过的青少年时期，我靠着收听收音机自学英语。经过潜山中学老师和我姐夫许建明教授的指点，我的英语日渐进步。当然，我的姐夫在当时还不是一名教授。他和他的同伴有着一样的命运，在 16 岁的时候被送到偏远的农村接受"再教育"。他自学英语及理科，在 20 年之后从两所顶尖的医科大学毕业，取得一个学士与两个博士学位。我追寻了他那种"自己动手"的精神，非常幸运——也非常成功地——如果我能做这点补充的话，成为一个佼佼者，能在中国 20 世纪 80 年代初考上大学。

我的成长背景在相当程度上造就了今日的我。我的父亲是一名医生，我的母亲在当时则是一名护士长。他们在 30 岁出头的时候，自愿从大城市请调到一个偏远的乡村，以协助当地人治理一种名为血吸虫的寄生虫病。有好几次，我看着父母将病人从"鬼门关"救回来。这时已经接近"文化大革命"的晚期。身为一名在条件困难的偏远乡村行医的医生，并不代表你能免遭政治迫害。就像其他的"知识分子"一样，我的父亲被命令站在医院的大门口，挂着一个大白板。白板上面用黑漆写着他的名字，名字后面写着"反革命医学专家"。每次站一小时，一天三次——掌权者相信这会让他接受公众的监督，能最终帮助他"洗脑"。

就像任何一个淘气的5岁男孩会做、能做的一样，我找了一个较小的白板，并自愿加入罚站示众行列。我甚至请父亲在小白板上写上我的名字和头衔，类似"小反革命医学专家"之类。你们知道吗？他真的帮我写了。不久之后"文化大革命"就结束了，从那以后我就暗自相信，是我那个小白板让这场全国性的政治动荡画上了句号。

现在回顾起来，我步入这个庄严众议院的旅程，起步于我出生的那个乡间城镇，起步于我和父亲共享的那个小小平台，起步于我从父母那继承的对自由意志的渴望。那个经验是相关联的。它影响了——也将会继续影响——我的政治观和世界观。我学会了坚韧不拔。我学会了善良、关爱，并在遭遇困难的时候能更豁达。过去在北京、现在在新西兰我在事业发展上取得成功，许多人问我有什么秘诀，我回答说，这其实很简单：努力加倍，期望减半。

首次演讲成功，国会议员们排着队来祝贺，
图为菲尔·高夫和我握手。图片：Zee Wang

85

让我借用戴维·康利夫（Hon David Cunliffe）在他 2000 年 2 月的就职演说时所说的："当有错误时，纠正错误；当有不正义时，匡扶正义；当有饥饿时，供之以食；没有工作时，创造就业机会。"我非常自豪能成为工党团队的一员，工党在一批伟大领袖的带领下，一直在为这些基本原则而奋斗。这些伟人包括麦克·乔瑟夫·萨维奇（Michael Joseph Savage）、彼得·费瑟（Peter Fraser）、华特·纳许（Walter Nash）、诺曼·寇克（Norman Kirk）、戴维·朗伊（David Lange）以及海伦·克拉克（Rt Hon Helen Clark）。而现在工党在菲尔·高夫的领导下，将会持续奋斗下去。谢谢各位！

（中文版翻译：台湾大学吴珮诗）

我和许建明教授在安徽医科大学。1999 年秋

第六章　东方视点

　　前五章介绍了新西兰的政体、国会运作以及 2008 年全国大选中我的一些亲身体会。主要是通过"我",来看新西兰的社会机器是如何运转的。第六章则是从社会层面,看一看在这种体制下派生出什么样的社会生活。

　　第三章简要介绍了我在中文电台主持的《南北时空》栏目,这个栏目大致分成三个部分:新闻综述、要闻点评和焦点访谈。节目结束后,将这三个部分组成的"小套餐"稍加整理,便成了每周一篇的时评。因当时发表在奥克兰出版的《东方时报》,故此冠名为"东方视点"。

　　这里所选的 17 篇,主要反映社会生活的不同层面,大致涵括了2007－2008 年间新西兰发生的、华人比较关心的主要新闻事件。需要注意的是,其中几篇如"新中自由贸易协定","纽币创新高:下滑,央行再加息:暂罢"等,有较强的时效性,只能体现相关事态当时的发展动向。因此,现在阅读起来,最好把它们当"故事"来读。若想获得更多实用参考价值,则需要留心相关事态的最新发展。在此说明一下,权作"disclaimer"(免责声明)。之所以选登这些"旧闻",是因为沉淀了一段时间,这些事件以及对事件的评判(前四篇主要是评论),显得比较中性、冷静、客观,参照起来不至于偏颇。

DEBATING CHAMBER

AS AT 10 MAY 2011

GOVERNMENT   OPPOSITION

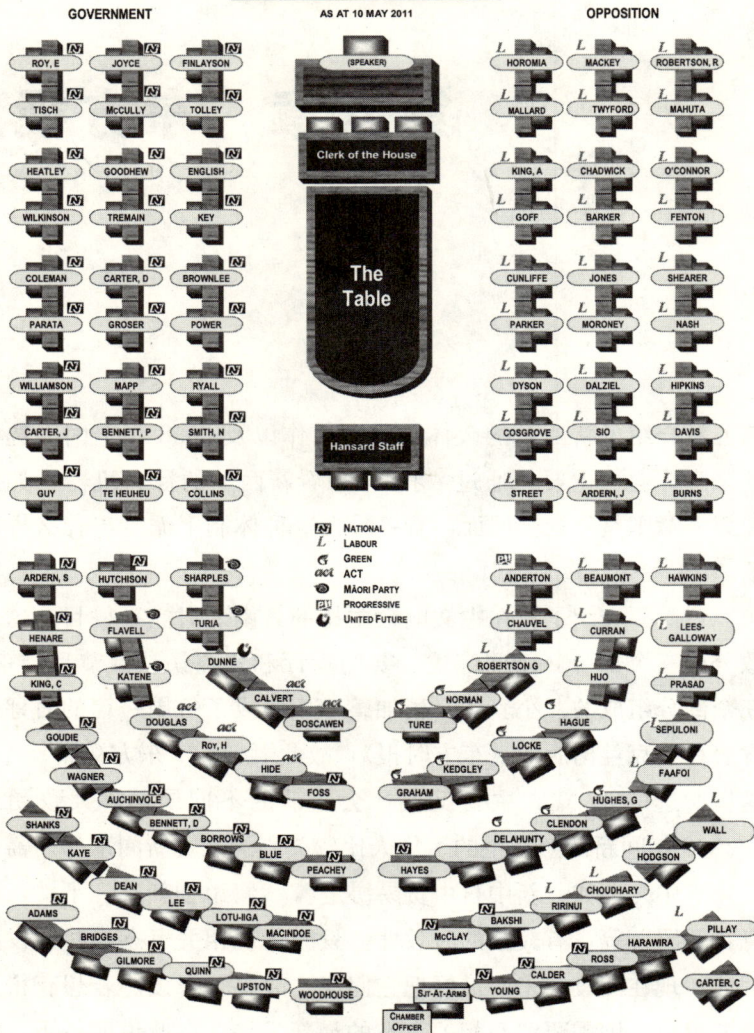

国会座次（2011 年 5 月）：国会座次体现议员在党内排名，第一排都是内阁部长，资历越浅越靠后（共六排）。图左是政府席位，图右是反对党席位，议长居中靠上。图左靠议长方向第一排从上往下第四个标有"Key"的是总理位置；对面是反对党/工党领袖"Goff"；副总理对面则是工党副领袖，依此类推。我的位置在图下靠议长方向的第二排第三，标有我姓氏的汉语拼音。Source：NZ Parliament

01. CCTV 不是 CCTV： 什么时候 "中国中央电视台" 不再是 "闭路电视"？

巴黎震撼

来自巴黎的震撼是无声的，更是极具渗透力的。1990年第一次去巴黎，街道两旁古色古香。尽管不知道哪一块砖是属于哪个年代，但扑面而来的 "原汁原味"，让你一下子贴近了历史。套一句学究气的话，就是一下子让你体会到那种文化底蕴！尤其是你刚刚离开北京，刚砌的长城，愣要你想象那是秦砖汉瓦，更有导游们的高音喇叭，一会儿是 "十五的月亮"，一会儿 "郎呀妹呀"，何来文化品味？

等参观完卢浮宫（Musee du Louvre），巴黎的这种文化冲击就不单是一种扑面而来的震撼，更是一种挑衅和法国人独有的自信、自大和文化自豪！

别的不说了，卢浮宫每一件馆藏介绍，抑或普通标牌，都是毫无商量余地的纯粹法文。难以想象卢浮宫会来个中国故宫式的双语对照：好端端的漂亮中文，偏要安上不文不白的英语，仿佛只有配上洋文才能显出身价！

回到巴黎街道，法国朋友就打趣地劝我不要说英文，因为 "English is so easy a language — even Americans can speak."（英语是这么简单的语言，连美国佬都会讲）。

CCTV 不是 CCTV

不知从什么时候开始， "中国中央电视台" 有了洋名：CCTV，自然是 China Central Television 的缩写。

CCTV 不像 "美国之音"（VOA）那样主要是给外国人设计的媒体，难以想象中国十几亿人会把英语当做第一语言，否则为什么堂堂央视会用英文而非母语做标识？作为 "党和国家喉舌" 的中国第一大电视台，自然不会涉及像航空公司那种"国际管制",因此不存在什么"世界惯例",非要统一用英文或其他语言起名字的道理。

那么中国中央电视台为什么不可用中文缩写为"中视"、"央视"或"华视"呢?中文字原本就是象形文字,设计个 Logo 应该是顺理成章的事。

偏巧 CCTV 作为英文,最直接最常用的意思是"closed circuit television"(闭路电视)。留心一下奥克兰街头,时常会见到一辆不大不小的面包车,车身刷着"CCTV",那是专管安装和维修闭路电视的。

试想,拥有全球最大收视群,有几十个频道,借助空中卫星和地面转播站几乎覆盖全球的中国中央电视台,却天天顶着一个"闭路电视"的标识,这是个多么典雅的幽默呀!

仓颉若是有知,一定后悔当初没有直接用拼音来创造汉字!

当然也有人会认为 CCTV 作为"闭路电视",只是在英语为官方语言的地方才会被误解(或曰正解),在中国,CCTV 早就是"中国中央电视台"了。这种解释也有道理。但更可怕的解释是,原来 CCTV 作为中国央视的英文缩写,只有给不讲英文的人看,才会不被误解!

中文、汉语、普通话、国语、华语?

"自由的百科全书"Wikipedia(维基百科)将"中文"列出了以上不同说法。根据维基百科,大致有以下几个要点:

1. 现代汉语标准语承继自始于北宋、定命于元、明朝代的"官话"体系。

2. 1909 年,清政府设立"国语编审委员会",将当时通用的官话正式命名为"国语"。这是汉语标准语首次得到官方命名。

3. 1911 年中华民国建立,汉语标准语推动计划被重新进行。1913 年的中国读音统一会制定了史称"老国音"的国音系统,其特点是"京音为主,兼顾南北"。

4. 1924—1926 年,增修国音字典委员会将国音修订为"以北京的普通读法为标准",即"新国音"。

5. 1932 年 5 月,教育部正式公布并出版新国音为准《国音常用字汇》,这代表着现代汉语标准语第一个系统——国语系统的正式成形。1949 年以后的国语系统、普通话系统、华语系统,均源于这个时期的国语。

6. 台湾地区 1945 年至戒严结束,一直以 1932 年以来大陆时期的国语发音作为汉语标准语。尽管带台湾味国语发音与邓丽君式的"标准国语"相差甚远。

7. 东南亚华人小区,习惯称汉语为"华语"(以上摘自维基百科)。

看来秦始皇统一文字的工作,还远远没有结束。

中国央视的责任

但有几点是确定的:

第一,尽管汉语发音不同(指方言文化群),但文字除简繁之分外,几乎完全相同。

第二,要想外国人尊重我们,我们首先得尊重自己,而尊重文化语言是起码的第一步。

第三,中国中央电视台如果非要用英语作为标识不可,那也应该想一个没有明显漏洞的英文缩写,如 CTV 就比 CCTV 好。

总而言之,作为中国电视传媒龙头的中国中央电视台,带头表示一下对祖国文字的喜爱,责无旁贷。

抛砖引玉

无论是商号、标牌还是其他什么,凡事中洋文对照,在中国也流行二十几年了。就像二十几年前,中国大街上流行大盖帽一样,瘾过足了,就可腾出手做些修正。我们海外华人,作为"主流中文"体系中的一个弱势群体,这样呼吁一下,不知能不能起到一些抛砖引玉的呼吁作用。

91

此砖引出的第一块玉，出自 John Morgan 之手。他 20 世纪 70 年代从新西兰赴北京学中文，还给自己起了个中文名字"穆茂盛"。他听了我的电台节目后给我发来一封电子邮件，相关段落照录如下：

In the truly brilliant first chapter of The True Story of Ah Q, and to a less brilliantly satirical degree throughout the rest of his writings, Lu Xun complained by obvious implication of the tendency of Chinese affairs to go around and around in loops.

One wonders how the party responsible for giving Zhong Guo Zhong Yang Dian Shi Tai the English name CCTV meant to relate to that complaint of Lu Xun's. Do they mean to affim his point or negate it?

It is true that it can be gratifying when situations go around and around in loops，but，I submit，only when they do so with subtle and interesting variations.

The English term "closed circuit television" contains the words "closed circuit" and those words have to my mind a chilling suggestion of situations that go around and around in loops with no variation whatsoever，subtle or otherwise. Thus I don't like the term "closed circuit television" even in its ordinary English usage and I certainly do not approve of implicitly linking it with a Chinese television service，especially a major one.

关于"CCTV"不是"CCTV"的话题，让这位热爱中文的"洋人"联想到鲁迅先生的《阿 Q 正传》。于是，从他理解中的中国"兜圈子文化"，到"CCTV"英文中的原意乃至演变成"中国中央电视台"再还原"闭路电视"本义，论证了他的观点：此电视非彼电视，这个洋名不适合中国中央电视台。

穆茂盛的这篇英文写得很智慧，译成中文怕失去原汁原味，因此一字不动地照录。（2007 年 12 月 14 日）

02.　修佛与马甲

"马甲"作为一个名词，商周时期就流行了。因为主要用来保护战马的前胸，因此东汉时期也称为"当胸"。现代社会，也有一些人把女生用的胸罩称作"马甲"，从功能上看，想必有一定道理。

"马甲"作为网络名词，应该和中国笑星赵本山大叔有关。他说有一只老虎追赶一条蛇，蛇逃进池塘跑了。过了一会儿一只乌龟若无其事地爬上岸，老虎一把按住，哈哈一笑："可逮住你了，别以为换了件马甲老子就不认识你了。"

从此，"马甲"成了专门名词，泛指网络上同一个人的不同 ID。网络空间的虚拟性，有很大原因是通过马甲，许多人变成了三只手、两张脸……尤其是基于某种需要，这几只手可以相互博弈，几张脸可以交换不同表情，真乃世上本无事，马甲弄虚张！

又有人将马甲依功能分成五类：

第一，造势类：用来顶自己的帖、掐敌人的帖，没什么事，但瞬间就能制造山雨欲来风满楼的心理效果。

第二，造反类：通常是造对手的反，"凡是敌人拥护的我们都要反对"。当然造反全是以"人民"的名义。如果新帖掀不起波澜，有时也会造自己的反，小骂一两声不等，多半引起同情或共鸣，于是人气飙升。

第三，分类类：如用来发主干文章的（代表作者的力度），用来写带火药味的，用来谈情说爱、还原马甲女生用途的……

第四，克隆类：也称复制或起死回生类，主 ID 被封，小马甲立马起用，恢复功能。

第五，搞笑类：也称小丑类，主要起中国曲艺三句半中那半句效果，有时"很黄很暴力"，但有时也很娱乐。

马甲的常用战术，网络上有文章具体介绍，主要的有"无中生有"，"笑里藏刀"（如"知道某某有问题，有种就说出来"之类），"瞒天过海"及"指桑骂槐"等。

马甲和修佛有什么关系呢？

第一，两者都在一个近似"虚拟"的空间运作。

第二，套一句"超物理"天文概念，两者都是一种"无中生有"。也就是从无到有，再回归涅槃境界。

随着科学技术和人类智商的发达，人的"第二天性"也越来越显现。什么叫第二天性？一听到贝多芬第五交响曲，不管多大的孩子都知道"命运敲门了"——这就是第二天性。因为是从书本上读来的，或别人告诉你的，不是悟出来的。

许多人读了禅宗公案，听到青蛙"扑通"一声蹦到水里，便宣布自己开悟了。或许有很多大师的确是听到青蛙那"扑通"一声悟道的，但你不行，因为你的宣布是缘"第二天性"而来，而不是悟道而来。也就是说是假的，不是真的。

许多人玩马甲把自己玩进去了。因为左手写一句"鸿鹄大志"，右手加一句"直笔谠论"，再用其他马甲贴上"景仰"之类的赞词，久而久之真地以为自己就是那样正直，那样大志了。

殊不知修佛是要靠实证的，打坐的空间一点儿而也不虚拟。南怀瑾大师云：先学做人后学佛。因为需要先做一个好人，改掉恶习，才能炼禅修佛。

一个人正直与否，也是靠实证而不是靠宣布的。马甲一串，跟帖无数，又总爱搬弄，"sneaky around"，窃窃私语起是非，就像苍蝇见到血，终归白搭。解决的办法是将复杂还原为简单，"一切治生产业，皆与实相不相违背"。在现代社会就按现代社会的游戏规则行事，就有了言论自由，有了名誉保护……

当然"假作真时真亦假"，说了半天马甲，奥克兰华文媒体政治评论中常出现的笔名"周四哥"、"周一哥"到"周六哥"，周家六少全是马甲。但真诚还是虚浮，就看"当胸"后面的那颗心了。

03. 曾国藩的 "八宝饭"

读中学以前，不喜欢曾国藩，因为那时我是个"乖学生"，对曾国藩的了解仅限于中学历史教科书所解读的范围。后来"杂书"读的多了，尤其是毛泽东主席早年的一些文章，让我对曾国藩有了了解、有了敬畏。

"昔人有言：欲通一经，早通群经，而首贵择书，其书必能孕群集而抱万有。曾书道与文二者兼之，所以可贵也。"曾国藩之所以成为近百年间为许多英雄豪杰顶礼膜拜的人物，毛主席上述那番话，说出了一个理由。

曾国藩的八字家规——俗称治家"八宝饭"——被后世称作可以传诸子孙、以至无穷的治家法宝。

这八个字是："书，蔬，鱼，猪，早，扫，孝，宝。"

"书"：就是读书，但有两层含义。"把祖宗一炷清香，必诚必敬；教子孙两条正路，宜读宜耕。"耕读之家，最能长久。耕，代表生产基业、经济基础；读，代表学问技能，"上层建筑"。除了精神因素，更代表一个人的时代感和现代素质。也就是说，科举时能写得一手好八股文，在现在又通电脑，懂基因工程……总之，"站在时代的前列"，通晓那个时代的科学技术。

"蔬"：指蔬菜，"手植而手撷者，其味弥甘"，用新西兰人的话说，就是 DIY（Do It Yourself）。大到盖房子、修车，小到种花植树割草，DIY 是新西兰田园生活的一个必不可少的内容。

"鱼"：按曾国藩的话说，"家中养鱼养猪种竹种蔬，皆不可忽，一则上接祖父相承以来之家风，二则望其外有一种生气，登其庭有一种旺气"。"鱼"是"蔬"理念的一种动态延伸。

再延伸下去，便是第四字"猪"。猪多是因为粮多，强调的是自给自足。许多人说新西兰体制民主，因此政治人物"亲民"，不但没架子，而且很纯朴。这和 DIY 的概念是相吻合的。许多事情你亲历亲为，你就变得没架子了、实在了；喜欢和周遭融成一体，也就自然了。

"早"，顾名思义指的是日出而作，日落而息，意思是勤勉。不必教条，毛主席那种白天休息、晚上加班的作息，也是一种勤勉。

"扫"，扫除、洒洗。家不扫，何以扫天下？也就是说为人行事要实在，凡事从我做起，才能心忧天下。

"孝"，指祭祀。追念远祖不是做样子，言教不如身教。你如何对待父母，你的子女就会如何对待你。

"宝"，源自"人待人，无价之宝"，就是要善待亲族邻里，和大家处好关系。

这八字方针，是曾国藩治家体系中的一个脉络。和他的家书一样，其家训民间流传，百年来许多家庭因此收益。身居海外，多接触中国文化中鲜活的东西，能让我们生活得更像中国人。

（2008 年 4 月 17 日奥克兰）

04. 牢骚、大唐及新西兰政党

一

发牢骚大抵有两种情形。第一种是忧国忧民或者真的是日子没法过了，发发牢骚，一吐心中之快或不快。这种牢骚是值得听的，因为它真实。

第二种牢骚是故意，它是借社会问题之名，通过牢骚的形式，达到一定目的。当然，最直接的效果是让人们看到他或她在 perform，在做事，可是在制造和渲染恐怖之余，让大家觉得这日子真没法过，却又不告诉你这日子应该怎么过。听完这种牢骚，心情好的会变得不好，心情不好的会变得更糟。

二

提起中国历史上的唐朝，没有人会怀疑它的强大。而今海外华人熟悉的名词"唐人街"、"唐装"皆由此而来。但太宗李世民立国之初确实饱经罹乱，忍辱负重。"大汗"颉利常常依兵强马壮南下扰民。唐太宗便桥之盟倾国库将大汗"请"了回去，已是奇耻大辱。随后大汗又围住绥州，企图引唐二十万大军进他的埋伏圈。守城的大将范兴得知援军赶来正钻进敌人的伏击圈，他又冲不出重围送情报，便急中生智地打开城门。城池陷落了，大军自然就停止了前进，因此才化险为夷。

冲进城内的蛮兵烧杀奸淫。但大汗的世子却冲着穿官服的范刺史说，你只要跪下求情，"我就放了他们"。于是刺史下跪了，这一跪是有沉重代价的，因为他知道着官服而向敌人下跪，按唐律是要治死罪的。

摆在唐太宗面前的是两个问题：杀还是不杀？

这仿佛英国法系里的普通法（the common law）和衡平法（equity）。法讲的是"约法三章"，违法就是违法，非常直接。例如"大草坪不许驶入机动车辆"，这是法，违法就要被制裁。衡平法讲"良心"（conscience），违法不一定犯罪。机动车冲进大草坪是为了救人，你能说这违法犯罪吗？

作为一个征战多年的明君，他深知范兴开城门丢了城池等于拯救了二十万大军；而着官服向敌人求情却又救了一群无辜百姓。太宗自然不肯杀他。但满朝的遗老遗少，那些"永远正确"的人，却不依不饶，偏要以唐律，逼皇上杀人，并且跪在殿上发牢骚，做忧国忧民状。

当然范刺史作为一个忠臣，知道以大局为重，毅然喝下一碗毒药，不但成全了保他的皇帝，也成全了害他的群臣。

这帮"永远正确"的人安的什么心呢？他们真的那么看重"大律"吗？否！他们的用意很简单，就是虽然没做什么实事，却要获得做实事的效果，因此牢骚是发给别人看的。

三

无论历史还是今天，华人中永远不乏那种永远"正确"的发牢骚的人。也不知道为什么，这些永远正确的人总能找到永远批评别人的理由。

时下新西兰也有这样一批人。如当年新西兰优先党（The New Zealand First），是靠渲染亚洲移民带来的恐怖，唱哀了整个国家的移民气氛。因为"亚洲移民带来犯罪"，尤其是华人，又聪明、又勤奋、又节俭，还"抢走了你们的工作"，自然激起社会的反弹，因为这样的牢骚渲染了事态，制造了恐怖。

四

大选年这帮永远"正确"的人更起劲了。他们渲染了社会问题却又提不出任何治理方案。

绿党（The Green Party）除了炮制了一部"反打屁股法"，现在更是以西藏问题要挟政府，硬是要将所谓的人权与自由贸易协定（FTA）挂钩。

毛利党只为毛利子民负责，但骨子里是排斥移民的。

新西兰优先党因其党魁被任命为"内阁以外的外交部部长"，反移民又碍着官身；不反移民民调又上不去。真是左右为难！也真佩服总理海伦·克拉克（Rt Hon Helen Clark）的大智慧，至少华人耳根清静了三年，温斯顿·彼得斯（Winston Peters）老实多了。

"团结未来党"（United Future）既不团结，也没有未来。它早些时候折了一员大将（辞职单干组建了一个新的党）；党魁 Peter Dunne 现在又以西藏事态为由，拒绝参加在北京的自由贸易协定（FTA）签字仪式。这样漠视中国历史的人，在华人中有未来吗？

而行动党（Act）呢？也难见其有什么行动。低迷了两三年，不得已搬出创党元老 Sir Roger Douglas，希望借他余威而重整旗鼓。

行动党诞生于一个怪胎，它既不喜欢中偏左的工党；又看不上中偏右的国家党。而现任党魁 Rodney Hide 上次大选却从国家党地盘夺走了 Epsom 席位。看来这是 MMP 选举制度的一大特色，也显得国家党选民的政治成熟度。行动党也想到了和国家党合作，但国家党党魁已明确表示 Sir Roger 不可能进其内阁任职。

这也给国家党和行动党带来两难：行动党和国家党依赖同一个大票源，雄心勃勃力求单独执政的国家党，最怕的就是行动党来搭便车、抢选票。

因为行动党每多得一票，国家党就少一票。原因是他们全是"右派"，工党的支持者和这两党的支持者是绝对谈不到一块去的。行动党回天有术，当依赖国家党民调下降。国家党欣欣向荣，就意味着行动党萎缩不振。对喜欢右倾政策的选民来说，行动党民调不到 1%，投给它还是投给国家党，选民心里自有一本账。因此，行动党生死存亡，就取决于 Hide 能不能保住 Epsom 选区。

到目前为止，国家党的政策是奏效的，只要渲染社会问题，调动选民发牢骚的积极性，就能影响民调。

（2008 年 4 月 10 日）

05. 早期华人和毛利人之色与戒

"色"，是因为早年华人移民几乎清一色"男人世界"。用《新西兰先驱报》（*New Zealand Herald*）书评的口吻，这些男人需要找毛利女人，因为有性的需求。"戒"，有两个方面。其一，整个社会对早年的华人是不认同，总的趋势是歧视的。其二，即使是"二等公民"，毛利人也不情愿自家的女儿嫁给社会地位更低的华人。但这些华人——多半是菜农——似乎有钱。因此，"性福生活"有经济基础的铺垫。而这样的性福生活又不同于那种赤裸裸的商业交易。有感情，甚至有孩子，但又不是普通意义的夫妻关系。这段早年华人与毛利人之间的历史，不但微妙,而且鲜为人知。

奥克兰大学教授叶宋曼瑛博士(Professor Manying IP)新书 *Being Maori Chinese*,再现了这段历史,给后人解了一个谜。

叶宋教授表示,促使她写这本书的原因,是因为这段历史几乎被人们所遗忘。主流"正史"没什么记载,而毛利人及华人历史学家们也倦于问津。

毕竟是个敏感话题,许多华人"羞于"谈论,而毛利人也一样。

在研究之初,一位毛利酋长就得出结论,叶宋博士研究不会有什么收获,因为话题沉重、内容敏感。

但就叶宋博士来说,她作为一个学者、作家和一个在小区不遗余力为消除种族隔阂而呐喊的人来说,她赢得了许多理解、接纳和支持。

但过去五年中,她和七个毛利—华人家庭密切合作,以真实故事的方式来叙述他们所代表的历史。

"和某个人分享他(她)的过去永远都不是一件容易事。对受访者来说,他们的经历不仅仅是如何抗争来自社会的种族歧视,更多的是抗争来自家庭的非难。"

叶宋教授说,这本书或许不仅仅会诉说他们是谁,更重要的是这本书会帮助我们了解我们是谁以及新西兰社会将来会变成什么样子。

如果说毛利人和华人有什么共同点的话,那就是我们都曾经是新西兰的"边缘群落"(Marginalised Communities),都曾经被视作令人生厌而不被欢迎的人。因此,建立一个对自己正面的认知,十分必要。

叶宋教授出生贵州,香港长大,1974 年来新西兰,在奥克兰大学取得中国文学硕士和历史学博士。主要著作有《同桌异客》、《龙在云乡》、《也是家乡》。*Being Maori-Chinese* 由奥克兰大学出版社出版,2008 年 4 月发行。

(2008 年 4 月 4 日)

06．双语呈祥，"玉霞园"成路牌华人面上有光

新西兰第一块中、英文对照路牌日前揭幕。

卡皮梯海岸区（Kapiti Coast District）Otaki 镇为表彰 100 多年前定居此地的华人 Jean Young 家庭，特地将这一片当年他们辛苦耕作、种植蔬菜的地方，命名为"玉霞园"（Jean Hing Place）。现在的玉霞园已经是新的开发地，发展成新的生活小区了。

Young 太太说，"玉霞园"变成路名，无疑是对早年华人艰苦创业、移民安家的一种褒扬。她的父母也曾缴过人头税（Poll Tax），早年的移民生活是非常艰辛的。

当地政府表示，华人是 Otaki 历史的一部分，尽管不乏传奇人物（如毛利酋长 Te Rauparaha），但多元文化是值得庆贺的。

Otaki 镇居北帕和惠灵顿之间，面对大海，春暖花开，环境宜人。人口在 7 000 人左右。

1882 年开始修铁路（Wellington-Longburn），1886 年 11 月 3 日通车，1890 年开始蔬菜业发达，华人移民的智慧和勤劳使这个小镇增色不少。1912 年建成一个城区，1921 年人口共 2 496 人。

Otaki 最出名的莫过于有"毛利拿破仑"（Maori Napolean）之誉的酋长 Te Rauparaha，据说他个子很矮（不到 5 英尺），但骁勇善战、充满智慧。1840 年 5 月 14 日，他和其他来自惠灵顿的酋长签署《怀唐宜条约》（Treaty of Waitangi）。

Ω 直播间访谈

霍建强：叶宋教授是研究华人在纽历史的专家，主要著作有《龙在云乡》、《也

奥克兰大学教授叶宋曼瑛博士

是家乡》、《同桌异客》以及《此心安处》。"玉霞园"变成地名这在新西兰是第一次,那么这位 Young 姓家族在当地为什么这样受尊敬呢?

叶宋教授:他们是第一批定居在 Otaki 的华人移民。因为勤劳聪明,华人推动当地的 market gardening［商业用途的蔬菜种植业］发展起来。Otaki 是全国西红柿生产中心。年纪大一点的人都记得,但凡谈起西红柿,好的品种和产品都来自 Otaki。我为写华人口述历史,还专门到 Otaki 去实地调查。

霍建强:中英文对照地名和路牌,这在所谓的"主流社会"引起什么样的反响呢?

叶宋教授:写那篇报道的 NZ Herald(《新西兰先驱报》)记者打电话给我,说中英文对照的路牌引起一些反弹。我查了 Herald 的网上发帖,发现有些人不问青红皂白,就质问说"你要是只看得懂中文路牌,来新西兰干吗?回中国去!"

霍建强:看来那些喜欢反弹的人,是彻底弄拧了。

(2007 年 9 月 4 日)

07. 华人政治生活和新闻文化的一个里程碑

2007 年 6 月 11 日星期一,是新西兰华人在政治生活和新闻文化层面的一个小里程碑。

新西兰新闻监督署(New Zealand Press Council)做出裁定,对《南北》杂志(North & South)长篇反亚报道所引发的投诉予以支持。新闻监督署裁定,《南北》杂志的这篇专题长文,违背新闻报道的准确性和反歧视性原则。

这篇充斥血腥味,并以万彪凶杀案所涉及的皮箱以及另一桩命案所用大砍刀为插图的长篇报道,是由前行动党国会议员(ex-Act MP)、资深媒体人 Deborah Coddington 撰写。发表在《南北》杂志 2006 年第 12 期(11 月份出版),并冠以大幅标题:"亚裔［带来的］焦虑:是不是到了该遣返一些的时候了?"（"Asian Angst：Is it time to send some back?"）

新西兰亚洲基金会（Asian New Zealand Foundation）媒体顾问 Charles Mabbett、梅西大学（Massey University）新闻系主任 Grant Hannis 以及华人作家莫志明（Tze Ming Mok）联同其他 18 人分三批投诉。

报道充斥血腥味

这篇文章很长，密密麻麻印满 9 页，并配有 5 幅插图，开篇是这样的：

"欢迎来到新西兰，一个为亚洲人贩毒、经营地下妓院、诈骗政府医疗福利、学生嗑摇头丸、商业诈欺以及走私鲍鱼的新家园。"（"Welcome to New Zealand, the new home of Asian drug runners, illegal suburban brothels, health cheats, student P pushers, business crooks and paua smugglers."）

正文的第一段，便不胜唏嘘："奥克兰，这个昔日以太平洋岛民为集散地而著称的城市，现在已大不一样了，占全市人口 18% 以上的亚洲人，已永久改变了这个拥有千帆之都美名的城市。"（"Auckland, once known as the Polynesian capital of the world, is a very different city now. Asians, more than 18 percent of the city population, have changed the City of Sails forever."）

在随后的篇幅中，Coddington 极尽渲染之能事，列举了近几年几乎所有的恶性事件，来证明亚裔（多数指华人）带来了凶杀、黑帮、贩毒、娼妓、绑架……除此以外，她还描述了华人是如何进行商业诈欺的，如伪造文凭、进口标识不符的衣物以及冒用死人护照骗获免费手术等。

因此，她得出结论：亚裔带来了恐惧和焦虑，而且犯罪率持续上升。"亚裔犯罪继续单调而有规律地向我们迎面而来"，"我们度过每个星期又总能听到又一桩拘捕新闻，而拘捕的又和一个听起来像华人名字的人相关"。（"The Asian menace has been steadily creeping up on us", "Asian crime continues to greet us with monotonous regularity ...", "as each week passes with news of yet another arrest involving a Chinese sounding name."）

这位身兼前行动党国会议员和资深媒体人双重身份的 Coddington 得出的结论是有煽动性的：

"翻过这一页页的犯罪档案，可以清楚地看见，亚裔所带来的威胁与恐惧感，正持续而稳定地在我们身边蔓延。"（"A flick through the crime files shows the Asian menace has been steadily creeping up on us."）

投诉

Charles Mabbett 于 2006 年 11 月 20 日写信给《南北》杂志主编 Robyn Langwell——该主编已于 6 月 13 日"被迫离职"（"Forced out of the job"：NZ Herald，June 13，2007），是否与该事件有关，不详。在这封信中，Mabbett 公开并详细说明为什么他认为这篇报道存在"重大缺陷"（major flaws）。莫志明、Grant Hannis 随后分别投诉，一些学者和意见领袖如奥克兰大学的叶宋曼瑛博士（Dr. Manying IP）以及华人国会议员 Pansy Wong MP 也加入签名、投诉行列。

投诉的依据大致分五部分：

第一，《南北》杂志用耸动性图片和标题极尽渲染、煽动之能事。而且又拿出反移民的老一套，动不动要将移民遣送回去。对移民获得的永久居留权和公民的亚洲移民来说，无论现实还是法律意义上，新西兰是我们安居乐业的新的家园。动不动叫嚷将"他们"赶回去，分明是骨子里根本不接纳亚裔移民。

该报道还提到司法援助问题，意思是亚裔移民的涌入，不但带来了罪恶和犯罪，也浪费了纳税人的钱，因为被控告自然要通过法律援助来抗辩。这是严重误导的，因为谁能申请法律援助是有系列明文规定的，

"亚裔重犯"并未享有优待。

第二,报道严重失衡,观点一边倒,根本没有什么亚裔自己的声音。据 Mabbett 的投诉信,当时 Coddington 也采访了 Skykiwi 网站的 Justin Zhang 以及 iBall 杂志的两位编辑 Lincoln Tan 和 Charles Chan,但是在发表的文章中,只引用了 Rosemary Jones 和 Lincoln Tan 的观点。Mabbett 的投诉信说,"In Mr. Tan's case, although he was interviewed by the author, she only quotes from one of his NZ Herald columns". Jones 的观点读后不知所云。而 Coddington 只引用了 Tan 在《新西兰先驱报》一篇文章中的话来证明她的论点:"在过去的 12 个月中,只有几个孤独的亚洲人声音开始直言抨击新移民的〔不良〕行为。一个定期提出批评的则是奥克兰的 Lincoln Tan,在他《新西兰先驱报》每周一次的专栏里定期抨击亚裔犯罪"(第 42 页第 5 段)。

第三,选择性引用数据,Coddington 在长篇报道中强调,亚裔犯罪率在 1996 年只占 1.9%,但到 2005 年就上升到 2.6%。

事实是,在同一时期新西兰的亚裔人口,从 3.8% 增加到 9.3%,也就是说,亚裔人口增长了三倍而犯罪率才增加 1/3。Coddington 的报道只引用犯罪率增长而不提人口增长,自然平添一种耸动效应。

第四,报道对亚洲人充满敌意。整篇文章营造了一种气氛,将亚裔和一些恶毒字眼紧密相联,如"异类"、"凶残"、"隐秘"、"威胁",大有一副新的"黄祸"降临之势。

第五,报道缺乏新闻起码的可靠性。而这篇专文却出自该杂志的"高级记者"之手,不禁让人怀疑该杂志的起码专业水准。

杂志及作者的响应

该杂志曾发表发行人 Debra Millar 的一封信,表示该报道发稿前花了两周时间去编辑并核实数据和引语。

作者 Coddington 也解释说"其他族群之犯罪亦可作同样归类"("the crimes of other ethnic groups could be catalogued in a similar way")并表示她也做过类似的动作，抨击毛利人虐待儿童。

她说她的报道是披露"新西兰鲜见的、秘密的、地下黑帮犯罪"但这些并不是她的"观点"，而是其他专家的"观察"。

她还说引用的词如"gathering crime tide"（"犯罪潮流之集聚"），只是她的一个隐喻（a metaphor），潮涨自会潮落，只是没明说潮落而已，这话听起来好像是说我们英文不好，体会不出其中精妙，何必怪她呢？

至于数据问题，Coddington 承认犯罪率当然和人口增长率有关，但她认为不必一起说，因为她"不想污辱我读者的智商"（"did not intend to insult the intelligence of my readers by putting ..."）

新闻监督署结论

结论很长，但观点很明确：虽然人人享有言论自由权利——该权利是由《新西兰人权法》确定的——但言论自由不是毫无限制的。人权法就明确禁止任何方式的歧视。体现在新闻监督署原则第 8 条，就是："所有的出版物不得在性别、宗教、少数族裔、性取向、年龄、种族、肤色及残障或智障方面做无故侧重和渲染。尽管如此，但凡相关且涉及公众利益的，出版物可以就这些领域进行报道并表达自己的观点。"（"Publications should not place gratuitous emphasis on gender, religion, minority groups, sexual orientation, age, race, colour, or physical or mental disability. Nevertheless, where it is relevant and in the public interest, publications may report and express opinions in these areas."）

直播间访谈

Ω 新西兰亚洲基金会媒体顾问 Charles Mabbett

霍建强（以下简称霍）：这次你代表 Asian New Zealand Foundation 向新闻监督院投诉《南北》杂志，你在这个基金会的角色为何？

Charles Mabbett（以下简称 Mabbett）：我是基金会的媒体顾问，

主要负责管理一些计划，赞助新西兰的新闻从业人员到亚洲参访，另外也负责与本地的亚裔及华人媒体联系交流。

霍：Deborah Coddington 说以你的身份提出投诉，有利益冲突（conflict of interest）之嫌，你对此如何回应？

Mabbett：这是因为她不了解我们的角色。我们基金会的主要宗旨之一就是为媒体代言发声，这次的投诉完全是属于我们的职务范围内该做的事。

霍：你有因为这件案子受到任何压力吗？

Mabbett：没有。基金会的理事会与主席 Philip Burdon 都非常支持这次的行动。我们本周稍早也对此裁定结果发表新闻稿，认为《南北》杂志应该道歉。我认为他们虽不太可能正式道歉，但我们这次的行动已经表达了我们的立场。当时刊登这篇文章的总编已经离职，该杂志与 Coddington 的合约即将在下个月到期，据说新的管理阶层也不打算与她续约。

霍：我在节目导言前曾说，这次向新闻监督署的投诉案可说是华裔社群乃至主流媒体圈里的一个里程碑。你的评价如何？

Mabbett：我认为这对华裔社群是一大士气上的鼓舞与胜利。作为新西兰人，我对此结果感到很高兴。这是一个象征，传达的讯息是所有的族裔在媒体中都应受到公平、公正的对待。监督院的裁定结果没有拘束力，它们唯一能做的是要求该杂志刊登监督院的裁决结果，藉此提供一个平台，把正确的讯息传递出去，那就是：有心想要挑动族裔议题、对此做文章的媒体或新闻从业人员都应对此有所警惕。

Ω 国家党国会议员黄徐毓芳（Pansy Wong MP）

霍：听说王小选和 Coddington 短暂同事期间，Coddington 从不理他，两人堵在电梯里——就两个人——她还是不理他，你在国会中有没有因为你的华裔背景而有什么不愉快的经历？

黄：没有的事。我在国会里叫"小辣椒"，其他的议员都对我很尊重。要不要跟他们讲话，还要看我心情。有一次在飞机上碰到 Deborah

Coddington，我坐在靠通道的座位，她偏要说是她的座位，我就毫不客气回敬她：看看你的机票。我们要先尊重自己，别人才会尊重我们。

Ω 前行动党议员王小选

（前行动党议员王小选曾有与 Coddington 同乘一座电梯但受到冷落、对方连招呼都不打的经历。我们也采访了王小选谈谈那次的情况）

霍：听说你和她的交往经历后，我们甚觉遗憾。当时你为什么不去挑战她呢？

王：那时我刚进国会，忙着进入情况，当时觉得那不是我个人问题，因此并没有放在心上。现在回味起来才觉得有那么一回事。

霍：可是大家同在一个党为民效力，这可不能算是个人问题吧？

王：在一个社会里，总是会有这样的人；国会也是个复杂的小社会，我不会去与他们计较。

Ω 主持人总结

这次新闻监督署的裁决以及所引发的反响或许是一次很好的机会，让我们讨论华人在新西兰的政治生活和新闻文化问题。不要以为我们是"少数民族"或是"弱势媒体"就没有人盯我们。举例来说，《东方时报》头版报道 Press Council 决定这则新闻，第二天就收到一位自称为 Seamus Harris 的读者投诉，投诉报纸误导华人，因为 Coddington 的文章标题"把亚洲人送回去"用的是"?"，以问句为标题而不是陈述句；而且是把"some"（一部分）送回去而不是全部。看来这位的语言解释功底不在 Coddington 本人之下。

我就跟《东方时报》总经理说，不要担心，这样的投诉是好事，说明人家在注意我们，注意我们就说明我们显示了实力。一篇报道、一份报纸引起争议是正常的，但是《南北》杂志不是引起什么争议，他们被新闻监督院裁定为违背新闻工作的大原则，是误导他们的读者。他们现在该做的就是向亚裔、向华人道歉。我们拭目以待。

［以上访谈内容由吴珮诗编译整理］

（2007 年 6 月 19 日）

08. 玩噱头"打假英雄"电视节目《靶子》成靶子

一向以保护消费者利益为已任、以"打假英雄"而自居的电视三台《靶子》(Target)，最终因"玩噱头"而把自己变成靶子。

新西兰进口商协会和零售商协会谴责《靶子》节目为提高收视率，不惜"在完全知情的前提下，蓄意欺骗大众"（"conning the public, knowingly and deliberately，to improve the program's rating"）。这样的欺骗手法和不实报道，不仅在本地造成不必要的恐慌，也对新西兰的国际声誉产生负面影响。

连印度这样一个对中国产品没有太多好感的国家，其《印度时报》下的大标题颇能说明问题："新西兰电视对中国产织物测试瞎胡闹"（New Zealand TV channel goofed on China cloth test）。

此前，为了证明中国生产的服装和纺织品"危险"、"对身体有害"，《靶子》委托实验室检测一件衣物的总甲醛含量（total formaldehyde），然后将结果和其他国家只检测游离甲醛（free formaldehyde）的结果相比较，于是得出结论：中国制造的衣物的甲醛含量超过国际标准数百倍。节目在电视三台播出后，舆论哗然，消费者一片恐慌。

现代纺织业，添加甲醛已是常见的工艺之一。服装中的甲醛，只有活性（游离）甲醛释放出来与服装中其他物质混合才会对人体有害。因此，国际上通行的、正确的甲醛检测方法是释放量检测法，而非《靶子》电视节目那种总量检测法。

《靶子》拿到检测结果后，兴奋地在播出前就打出广告，警告消费者之余，还夸张地大声背颂他们常用的台词："羞死你!"（Shame On You!）

替《靶子》做测试的实验室却非常担忧。一方面声明是应《靶子》节目要求才进行的总量检测；另一方面则以书面意见的方式，通知《靶子》这样的检测结果是不能做出衣物不安全这样的结论的。

可惜《靶子》一意孤行，照播不误。

新西兰零售商协会和进口商协会将随机选取的服装交由新西兰农业研究所（ArResearch）、上海 SGS 纺织品检测中心和香港 Intertek 检测中心进行独立检测，结果显示中国服装甲醛含量完全符合国际安全标准。

《靶子》被曝光后，其制作人承认检测结果有误，但不认为他们有错，因为新西兰没有检测标准和规定。

这样的解释正可谓巧言令色，强词夺理。既然没有规定，为何指责中国衣物"违规"呢？那么违的又是什么规呢？

进口商协会认为《靶子》此举是蓄意的，是拿苹果比橘子，然后指责橘子皮肤粗糙。

因政府消费者事务部的委托，AgResearch 针对抽样衣物的游离甲醛含量进行测试。政府消费者事务部总经理 Liz MacPherson 表示，政府已于 8 月 29 日起就市面上抽样的 100 件衣物进行测试，测试预计要花数周时间完成。

新西兰进口商协会以其人之道还其人之身，对《靶子》节目说：
"羞死你！"

（2007 年 9 月 7 日）

09. 玩具巨头美太（Mattel）向中国道歉

设计瑕疵使中国制造业蒙冤

因所谓质量问题，在五周内回收 2 100 万件中国产玩具的美太公司（Mattel），日前向中国正式道歉。所谓的质量问题来自于原始设计，中国制造商只是照单生产加工，质量瑕疵与中国制造商没有关系。

中国有关方面表示，尽管这是份迟到的道歉，但至少可以还中国制造商一个清白，也有助于打消国际消费者的疑虑。

Mattel 道歉

美太公司国际运营常务副总裁托马斯·德布沃屋斯基（Thomas A. Debrowski），是在 9 月 21 日星期五在北京向中国质量检验局局长李长江（Li Changjiang）正式道歉的。德布沃屋斯基说："美太公司对这些回收玩具承担完全责任，我向您个人、向中国人民以及所有购买我们玩具的顾客表示道歉。"（"Mattel takes full responsibility for these recalls and apologises personally to you, the Chinese people and all of our customers who received the toys."）他说，绝大多数回收玩具都是因为设计瑕疵，错在美太，而不是中国制造商。

中国媒体反应

《中国日报》（*China Daily*）发表社论说，道歉虽迟，但应该有助于打消疑虑，尤其是对那些对"中国制造"心存怀疑的美国消费者。

中国官方《人民日报》说，道歉可以说明西方媒体对中国出口产品质量问题的指责是不公正的。《人民日报》援引美太玩具加工中心驻广东的一位行业协会负责人的话说："如果中国玩具仅仅依赖低廉价格而不确保质量，我们不可能像现在这样在全世界赢得这么大的市场。"因此，这样的举动以及媒体的不实渲染，对中国制造、加工及供货商是极其不公平的。

《广州日报》社论说，美太的道歉虽迟，但至少洗刷了中国玩具制造业蒙受的不白之冤。但是"说我们因此而满意，想必为时过早"。

新华社出版的一份报纸，则呼吁美国煽风点火的传媒，也拿出勇气来向无辜的中国玩具制造业道歉。

西方媒体反应

路透社（Reuters）9 月 24 日报道的导语是这样写的："中国借美太道歉，强调他们的出口产品总体是安全的，西方媒体和政客不公正地渲染了对质量问题的恐惧。"

澳大利亚媒体（news.com.au）除就道歉报道外，还说美太道歉之后发表了一纸声明，称德布沃屋斯基的道歉"被错误描绘"（mischaraterised），因为他的道歉是冲着购买他们玩具的消费者说的。

英国广播公司（BBC）的报道援引了美国参议员 Sam Brownback 的话："中国制造现在已变成了一个警告式的标签。"另一位参议员则指出美国的检验系统"没有达到它应有的强度"。

《纽约时报》9 月 26 日的报道则引用来自纽约的参议员 Charles E. Schumer 耸人听闻的言论："［美太的］道歉就像一个抢银行的向一个同伙道歉而不是向受害人道歉——［美太］是在中国玩政治而不是做它该做的事。"

几乎所有的报道都是前半部分说道歉，后半部分却笔锋一转，爆料说中国某某地方又发现假货。

网络媒体 BreakingNews.ie 在报道"中国某些月饼有问题"之余，还说新当局"破获并没收2 597瓶假茅台"。

孰不知，中国国内（和任何其他国家和地区一样）存在的假冒伪劣问题，和出口产品的所谓质量问题是两回事，况且那帮制造假冒伪劣产品的个人或团体，目标一向是自己的同胞，这跟外贸产品的生产或加工，无论程序还是性质都是两个概念。

道歉之余仍不老实，看来起到的作用只是给中国媒体对西方"恶意渲染"的指责，增添一个佐证。

新西兰媒体

目前还没有看到新西兰媒体对美太的道歉有什么反应。

政府消费事务部部长 Judith Tizard 说，她会寻求机会在国会"说说此事"。

（2007 年 10 月 5 日）

10. 消费事务部部长：中国生产的衣物安全

2007 年 9 月 7 日《南北时空》及《东方视点》推出"玩噱头'打假英雄'电视节目《靶子》成'靶子'"专题。新西兰进口商及零售商两家协会谴责电视三台的《靶子》节目，为提高收视率，不惜"在完全知情的前提下，蓄意欺骗大众"。这样的欺骗手法和不实报道，不仅在本地造成不必要的恐慌，也对新西兰的国际声誉产生负面影响。而对无辜的中国生产商而言，不但蒙冤，而且蒙羞。更有好事者，不问青红皂白，跟着讨伐，一时间骂中国产品似乎成了一种时髦。

在《东方视点》文章中，我们告诉大家，新西兰政府消费事务部为了弄清究竟，已于 8 月 29 日起就市面上随机抽样的 99 件衣物进行测试。测试的结果已于 10 月 17 日出炉。

电视三台《靶子》测试

为了证明中国生产的服装和纺织品"危险"、"对身体有害"，《靶子》委托实验室检测一件衣物的总甲醛含量（total formaldehyde），然后和其他国家按国际标准只检测游离甲醛（free formaldehyde）的结果相比较，于是得出结论：中国生产的衣物及纺织品甲醛含量超过国际标准数百倍。《靶子》节目在电视三台播出后，引起消费者一片恐慌。

替《靶子》做测试的实验室非常担忧：用书面意见的方式，告诉《靶子》凭借这样的检测结果，是不能得出衣物不安全这样的结论的，但《靶子》却一意孤行，照播不误。

政府检测

与政府消费事务部检测同时，新西兰零售商及进口商两协会将随机抽取的服装交由三个独立实验室检测，结果显示中国服装甲醛含量完全符合国际安全标准。

113

此次政府检测，采用的也是国际通行的正确的甲醛释放量检测法。

现代纺织业，添加甲醛防皱是常见做法。服装中的甲醛，只有活性（游离）甲醛释放出来与服装中其他物质混合才会对人体有害。因此通常正确的检测方法是释放量检测法，而非《靶子》电视节目那种总量检测法。

政府抽样的99件衣物中，97件完全合格，剩下的两件中，有一件不是中国生产的，而是洪都拉斯生产的。但两件稍微用水透过，便可达到安全指标。

政府消费事务部证实："《靶子》电视节目使用了错误的测试方法，因此它们的检测结果如此戏剧性的不同。"

政府将进一步颁布甲醛标准说明，以正视听。

电视三台拒绝道歉

《靶子》制作人 Laurie Clarke 认为"没必要道歉"，原因是新西兰当时并没有检测标准和规章。

当然明眼人会质问她，既然没有标准，你为何谴责中国衣物违规呢？违的又是谁的规？

Laurie Clarke 的原话是这样的："We don't just arbitrarily go off and do testing off our own bat. We have a testing laboratory and we talked to them and it was decided that the tests that we would do would be for total formaldehyde. So we do place our faith in the scientists as well. In retrospect, now that there are standard in place, Sure, we would test for proof of formaldehyde."（NZ Herald，October 18，2007）。

这句话有三个层面的意思：第一，她说她们不是没事找事；第二，她们是仰仗实验室，尊重科学和科学家嘛；第三，唔，当时没标准，现在有了，以后就按标准查甲醛呗！

比较有水平的是第二个层面。她用的是被动语态"it was decided"，也就是说检测甲醛总含量的是"被决定";但她并不说出是被谁决定的。等谈到尊重科学、相信科学家时〔不看上下文，单从这话来看，谁能说这话有错呢?〕至少给大家一个印象，这个决定是由那帮科学家做出的。

但《靶子》的制作人没有想到，此前媒体已经报道过，实验室里的科学家是以"书面意见"方式通知《靶子》，这样的检测是不能支持他们那个耸人听闻的结论的。

英文语法有被动语态，对这帮人来说，真乃方便!

当然，也有一派说法:《靶子》不道歉，是因为没有让他们道歉。中国文化里有一个奇妙又奇怪的心照不宣:别人骂你，忍字当头!

《靶子》检测、政府正名，作为新闻很快会淡去，但"中国纺织品有问题"作为陈见，会流毒很深、很远……

(2007 年 10 月 19 日)

11. 新中自由贸易协议

历史性协定，功德无量

2008 年 4 月 7 日，《新中自由贸易协议》(*Free Trade Agreement*) 在北京人民大会堂签署。总理海伦·克拉克说:"今天的签字仪式将 3 年 15 轮的谈判推向高潮。新西兰是和中国进行自由贸易协议谈判的第一个发达国家。"

总理说，FTA 最终将导致免除新西兰出口中国的 96％产品关税。新西兰对中国的出口收入每年将达 2 亿 2 千 5 百万到 3 亿 5 千万美元左右。

因此，FTA 的签署对新西兰来说，取得了一个重大成就。它不但创造了新的机遇，让更多的新西兰企业与中国合作，也使现有合作关系得到进一步拓展。FTA 将在产品、服务和投资领域，增进新中两国的合作。

"总体来说，FTA 缩小了和中国贸易的屏障，在一个宽广的经济领域促进两边合作，并且在政府、文化及人民等各个层面的进一步交往上，提供了一个平台。"（"Overall, the FTA reduces barriers to our

115

2008 年 5 月我和刘云芳陪同总理海伦·克拉克
参加华人社区活动，总理身旁是先生戴维斯教授

trade with China. It promotes co-operation in a broad range of economic
areas, and also provides a platform for further engagement at the
governmental, cultural, and people-to-peopoe levels. ")

新中还将启动一个"工作假期计划"（Working Holiday Scheme），
每年可见这样的"勤工观光客"来新西兰。同时，每年还望有1 800名中
国"技术工人"（"Skilled Workers"，主要指中医、中文教员、中餐厨
师、武术师傅、导游及其他领域专门人才）来新西兰工作。

最大的英文报纸《新西兰先驱报》（*The New Zealand Herald*）4
月 8 日发表社论，呼吁商界抓住机遇，社论对工党政府在 FTA 取得的
成就，给予很高评价，尤其是对总理海伦·克拉克和贸易部长菲尔·高
夫付出的努力给予肯定。社论还对反对党国家党以大局为重，支持政府
FTA 政策之举表示赞赏。

新西兰的四个第一

新西兰是第一个和中国就世界贸易组织（World Trade
Organisation）签订《加入协议》（*accession agreement*）的国家。所谓

《加入协议》，指未签署国在条约生效前，表示完全接受而参加该条约的一份协议。

新西兰第一个承认中国为"市场经济"（Market Economy）。

新西兰是西方发达国家中第一个就双边自由贸易协议和中国谈判的国家。

新西兰是和中国签署自由贸易协议的西方第一国。

中国对新西兰意味着什么

上述四个第一是有坚实基础的。除去政治及人文因素，中新两国的特别关系，是有强烈的市场依托的。

第一，中国是新西兰国际留学生第一输出大国（2006 年共32 000名）。

第二，中国是新西兰第二大进口产品来源国（2007 年共从中国进口55.9 亿美元）。

第三，中国是新西兰第三大贸易伙伴。

第四，中国是新西兰第四大观光客输出国（截至 2008 年 1 月，共122 000人次/年，增长 15%）。

第五，中国是新西兰第五大赢利出口市场（2007 年共出口 10.59 亿美元）。

除此之外，中国在新西兰商界心目中是这样的印象：

中国比新西兰国土面积大 36 倍。人口多 300 倍。中国每 7 年经济规模翻一番。

出席中国国庆 60 周年大型文艺演出给工党领袖菲尔·高夫戴上中国国徽

117

迈向 FTA 的 "万里长征"

"长征"的第一步，是从 2002 年胡锦涛就任中国国家主席时迈出的。2003 年 10 月，胡锦涛主席和海伦·克拉克总理达成共识，同意就经贸合作进行框架式谈判。

2004 年 5 月，框架达成，新西兰认同中国为市场经济并同意就自由贸易合作寻找"着陆点"。2004 年 11 月，海伦·克拉克和胡锦涛主席拍板，双边谈判启动。

2004 年 11 月第一轮谈判开始。2006 年克拉克总理在首都惠灵顿会晤温家宝总理，双方同意全部谈判两年内完成。2006 年 12 月，第 15 轮谈判开始，2007 年 3 月结束，4 月 6 日协议定稿、签署。

关税减免：新西兰产品

减、免以至取消的关税，涉及新西兰 96％的产品。主要涉及：

第一类：乳制品。婴儿奶粉、干酪素、酸奶及乳清将在未来 5 年来实现减、免、取消关税。中国对黄油、牛奶（非奶粉类）和干酪征收的关税，将在未来 10 年内逐步取消。脱脂及全脂奶粉关税，在未来 10 年内取消。

第二类：肉制品。对牛、羊肉以及下水（offal）征收的关税将在 9 年内取消。

第三类：水果。苹果关税，将在 2012 年取消。猕猴桃（Kiwifruit）在未来 8 年内取消。目前对猕猴桃征收的关税是 19％，2008 年逐步削减至 15.2％；2009 年到 11.4％；2010 年到 7.6％；2011 年到 3.8％；2012 年为 0％。

第四类：酒。目前为 14％；2008 年削减到 11.2％；2009 年到 8.4％；2010 年到 5.6％；2011 年到 2.8％；2012 年为 0％。

第五类：羊毛。免税配额 25 000 吨加 450 吨封顶，随后每年增加 5％，持续 8 年。

第六类：木材和纸张。原木及初加工和部分松木均属"优待范围"。

中国从新西兰得到的益处

2016 年前取消所有关税。目前，有 37％的中国出口产品在新西兰享受免税待遇。从 2008 年 10 月 1 日起，另外占出口新西兰产品 2％而目前征收 5％或不足关税的，一律免除。

成衣、纺织品、鞋类及地毯的关税，将在未来 7 年内免除。钢材、塑料制品、家具及家电的关税，将在 2012 年、2013 年逐步免除。

国、工合作，小党捣乱

FTA 的成功是因为工党政府禀承自己的一贯政策。2007 年 10 月 24 日政府发布的白皮书《亚洲与我们的未来》，就强调要对新西兰人进行一次了解亚洲、接受亚洲的"扫盲"教育。中国已毫无疑问地成为新西兰的大市场。

因此，任何不带偏见、没有居心的人都不会怀疑新中合作对我们未来意味着什么。

FTA 签署后，政府将提交国会专门委员会，听取民众意见和反馈。随后进入立法阶段。立法草案将再递交专门委员会，听取民众意见后，进入立法程序，各党进行投票。相关立法可望在 10 月 1 日完成。因为国家党的支持，立法已是"Done-Deal"。

小党中，团结未来党党魁虽杯葛签字仪式，但不会投反对票，新西兰第一党虽在签约前未露反骨，但身为外交部部长的党魁已注销广告，呼吁抵制与中国的自由贸易协议，而理由之一是中国属"低廉劳动力经济"。看来这些"保守"政客，不但观点保守，知识面和对世界的了解也是"保守"的。和不少美国人至今仍有反对中国是因为"女人裹小脚"一样，他们的世界观是停滞不前的。

（2008 年 4 月 11 日）

119

12. 纽币创新高：下滑，央行再加息：暂罢

纽币兑美元　25 年新高

储蓄银行行长埃伦·博拉德博士（Dr. Alan Bollard）在 2007 年 7 月 26 日周四早间例行发布会上，不出所料又大出意外地将官方贴现率（Official Cash Rate，OCR）调升 0.25 厘至 8.25%。宣布加息前纽币对美元为 US80.36C 但很快跌落 US79.90C，11 时 20 分左右，又回升至 US80.17C。两天前，纽币对美元达 US81.6C，创 25 年新高。此间舆论认为，纽币冲上 US81.6C 高位，可望将这一轮的 5 年上扬周期画上一个休止符。

不出所料

博拉德博士作为央行行长，此举不出所料。他的前任、前国家党领袖 Dr. Don Brash，在接受我们《南北时空》现场采访时就反复强调：第一，目前纽币相当高，"对消费者是好消息"；第二，财政部部长放话要引用《储备银行法》进行干预，Dr. Brash 说，政府如果干预，不但会导致汇率下降、利率大升，而且破坏了储备银行的独立性。因而会引起公众两种想法，一是认为通货膨胀没有想象中的严重；二是认为政府不在乎通货膨胀会变得更严重。这两种想象都会有损央行的独立性。

因此呼声一片，认为你央行行长要是有种，就不要屈服政治上的压力。博拉德博士于是一如既往，铁青着脸，将 OCR 升至 8.25%，真是不出所料！

大吃一惊

出口商已经伤痕累累了。据顾主与制造商协会（Employers & Manufacturers Association）统计，相较 6 年前纽币对美元为 1：US40C 时，现在的出口商的收入只是 6 年前的一半。

　　而对许多中、低收入又要还贷供房的人来说呢？OCR 为 8.25％就意味着银行贷款率（mortgage）直冲 10％以上了。因此央行行长调升官方贴现率美其名曰是为了将通货膨胀率控制在 3％以下，同时为了让更多的人买得起房子而使过热的房价降温，但经央行行长这么一帮忙，使中产和中产收入以下的人士，每周口袋里的钱却越来越少了。

　　财政部部长上周以来虽然慷慨激昂，扬言要动用鲜为人知的《储备银行法》第十二条，干预央行对于利率调节以控制通货膨胀的决定——所谓干预也就是敦促央行行长不要死抱着控制通货膨胀为唯一的衡量标准而已。可惜财长被包括反对党在内的反对呼声一吆喝，便不了了之了。

　　别忘了，政治倾向和经济利益一碰撞，经济利益永远是百姓考虑的第一要素。怪不得有人预测，但凡大选在即，mortgage rate（银行贷款率）居高不下，百姓生活水平受挫的，执政党难保其位；银行贷款率低，百姓囊中大方的，在野党便难夺位。难怪有人说，国家党前领导人和现领导人不约而同警告政府不要干预储备银行"独立作业"，个中"小九九"就不难揣测啦。

　　存在以上诸多因素，博拉德博士毅然决然再加息一次，难道不让人大吃一惊吗？

　　更重要的是，他自己也是自相矛盾。一方面加息加息再加息；另一方面又毫不掩饰地让世人知道他对纽币的反复攀升也是倍加担忧，以至于调动上亿纽币在市场上抛售，试图将纽币再拽下来。到头来呢？上亿纽币在市场上只打了个水漂，倒乐得无数日本老先生老太太投资商，赚了个正着，笑掉了假牙。

　　通经济的人士因此发明了一个新词汇："impossible trinity"（不可能的三位一体），也就是说不可能单靠加息的办法，同时解决通货膨胀、兑换利率和自由流通这三个问题。

官方贴现率（OCR）

　　OCR 这个概念在新西兰是 1999 年引进的。OCR 是由储备银行制定的利率，主要用以控制通货膨胀。OCR 通过对借贷价格的影响，对经济行为和通货膨胀起调控作用。

许多经储备银行批准注册的商业银行，在央行都设立交割账户，各银行间在当日运营结束后，用以交割和履行彼此间权利义务。举例来说，你买一台计算机开出一张支票，你的银行给付给收款人银行。银行间依官方贴现率，就交割数额给付利息以及就当夜借贷收取利息。

因此市场利率基本依 OCR 浮动。市场利率提高，人们相应消费减弱；人们储蓄增强，物价增长压力便相应减低，OCR 因此起到宏观调节作用。

储备银行每年对 OCR 可以进行 8 次调整，如遇意外情形（如 2001 年的 9·11 事件），也可例外调整。

2007 年的 8 次调整日期均安排在周四：

1 月 25 日；3 月 8 日；4 月 26 日；6 月 7 日；

7 月 26 日；9 月 13 日；10 月 25 日和 12 月 6 日。

在过去的 12 个月中，储备银行对 OCR 的调整，情形是这样的：

7 月 26 日（本周四）：升 0.25 至 8.25%；

6 月 7 日：升 0.25 至 8%；

4 月 26 日：升 0.25 至 7.75%；

3 月 8 日：升 0.25 至 7.5%；

1 月 25 日：不变；

2006 年 12 月 7 日：不变；

2006 年 10 月 26 日：不变；

2006 年 9 月 14 日：不变；

2006 年 7 月 27 日：不变。

Ω 直播间访谈 Westpac 西太平洋银行首席经济分析师 Brendan O'Donovan

霍建强（以下简称霍）：储备银行行长 Alan Bollard 博士周四暗示，这次加息可能是这一轮的最后一次。你的看法如何？

Brendan O'Donovan（以下简称 O'Donovan）：这是他们的希望，不过也仅止于希望。新西兰的经济情况常常瞬息万变，例如，过去六周乳制品的价格每周上升 2%。这些收入增长的刺激都会促使利率有上调的压力。储备银行希望加息能到此为止，不过展望未来一年，利率仍有可能上调，而不会下调。

霍：Bollard 博士非常努力要控制通货膨胀的压力。财政部部长 Cullen 威胁引用《储备银行法》第 12 条，以促使 Bollard 在考虑 ORC 时不要将通胀当成唯一考虑因素。究竟储备银行行长应不应该将通胀压力当成唯一的考虑因素？

O'Donovan：通货膨胀并不是储备银行唯一的中程目标。财长当时并没有威胁引用第 12 条，这样会向外界送出错误的讯息。储备银行有其他目标要考虑，但是中程来说，他们将焦点放在控制通胀是好的，这在过去 15 年里达到很好的效果。

霍：不久之前，储备银行决定大量抛售纽元——一方面加息，但又同时想以抛售纽元的方式压低纽元——那样的做法是明智之举吗？

O'Donovan：这是拿自己的左手打右手。储备银行也像一般的公司一样，要考虑资产与负债损益平衡。但是对纽元进行干预会导致货币政策模糊，这样做的风险是向市场送出错误讯息。

霍：专家评论指出，要同时抑制国内通胀、控制汇率又要顾及跨国资金自由流动是不可能的任务，他们称之为"不可能的三位一体"（impossible trinity）。你怎么看？

O'Donovan：一点都没错。汇率其实是新西兰经济的一个缓冲，因为新西兰的经济规模小，商品价格很容易受到外界因素的影响。这些变化因素如果不是借由汇率来调节，由企业来承受，就会反映在经济的其他面向，例如一般经济活动与就业市场。这对于民众的生活会有更大的冲击。

霍：我们会不会看到各家银行趁着这次加息，借着提高房贷利率来赚一笔，比方说提高到 10% 或更高？如果是，时间会多长？

O'Donovan：其实不会。因为增高房贷利率也会使银行的各项运行成本上升，所以银行不会因此大赚一笔。浮动的房贷利率有可能上调25点，固定房贷则会维持不变。

[以上访谈内容由吴珮诗编译整理]

（2007 年 7 月 31 日）

13. 寻短见，年轻妈妈打电话临终告别
脱口秀，著名主持送温暖空中救人

一个苦于不能争夺儿子监护权而欲寻短见的母亲，服下药，躺在车里，然后给她喜欢的电台主持人打了一个"临终电话"。主持人却极其亲和地稳定了她的情绪，通过导播查出她的方位，然后发出救援信号。同时收听的各方听众从四面八方赶去，约有 20 多人赶到离奥克兰市中心三四十公里的西区原机场附近，砸开车窗，救出那位母亲，送到医院，目前她状况稳定。

事情发生在星期四（2007 年 9 月 13 日）上午 10 时左右，一位名叫 Clare 的女士打电话给"脱口秀"（talkshow）电台 NewstalkZB，正在直播的是名主持人雷顿·史密斯（Leighton Smith）。Clare 说她为了争夺儿子监护权已经精疲力尽，倍感疲惫，实在是不想再挺下去了。但她却不肯说出她现在在哪里："如果我告诉你我现在在哪儿，你无非是要我再挺下去，我实在是不想再挺下去了——太累了，太可怕了。"

雷顿·史密斯回答说："你说的情形这会儿可能的确如此，但明天也许是完全不同的新天地呢。Clare，告诉我，你从车窗外看出去能看见什么？"

与此同时，雷顿·史密斯让导播火速联络急救中心追踪手机信号，查出她在西区 Whenuapai 机场附近。在对话过程中，雷顿还轻声地对她说："亲爱的小可怜，听我说——如果你不让我帮助你，你永远也见不

到你儿子了，是不是？你儿子也再见不到你了，而这是多么可怕的一件事！"

最先冲到西区机场附近的是 Melissa Phillips，紧接着赶到的是 David 夫妇。他们看到一辆灰色 BMW，远远看去空无一人，近处细看才发现 Clare 躺在里面。他们用灭火器砸开车窗。同时又赶来一个注册护士，实施了现场救护。David 太太赶紧告诉电台导播：Clare 找到了，救下了！

雷顿·史密斯是 NewstalkZB 电台的一名资深主持人，观点犀利但谈吐亲和。他的节目以深度访谈而著称。而他本人对美酒、美食和音乐的爱好，也常常给他的节目增添不同的品味。他的节目时段是早间 8 时 30 分至 12 时。

"脱口秀"救人，是新西兰这一充满人情味的绿色天堂又一支令人温暖的小插曲。

（2007 年 9 月 18 日）

14. 说不尽的《隐私法》

跟大家生活贴得很近，但许多人却茫然不知；立法的原意是保护大家，但被保护的人却感到平添烦恼；常识性的东西一旦套上这个法，就变得百思不得其解。因此，从媒体报道来看，立法十几年以来被骂得最多的一部法大概就是——

The Private Act 1993《隐私法》

《隐私法》1993 年 7 月 1 日生效以来，让许多人感到困惑。媒体上常见的例子有：16 岁的女儿离家出走，移民自南非的父母心急如焚，找遍了大街小巷，报警后有了下落，但警察却不肯告诉家长女儿的下落，因为《隐私法》有规定。

父亲持有未成年儿子的有效授权书，向医管局索要一份验血报告，医管局不给。因为《隐私法》。

留学生有案底，惩戒部却及时通报给移民局，致使移民申请未果，惩戒部为什么这么做？因为《隐私法》。

一群本地居民抗议开发商建地，开发商保安公司把他们全部录像。他们索要录像带，坚持半天，开发商只给一小部分剪辑的录像带。开发商侵犯隐私吗？只提供残缺影带合理吗？答曰：合理。为什么？因为《隐私法》。

为什么要立《隐私法》？

是为了"促进和保护个人隐私"（the promotion and protection of individual privacy）而依据 OECD（经济合作和发展组织）1980 年颁布的指导纲要而起草通过的。

《隐私法》共立 12 个大原则，分别处理有关信息收集、保管使用和披露事宜。12 个原则同时赋予个人"知情权"以及"更正错误记录权"。这些原则或许和其他法规相重叠，但并不因此妨碍其他法规在个人信息收集、使用或披露方面的界定。

《隐私法》的实施及相关行为操守的制定，统一由"隐私法专员"负责。

雇主首先注意

"隐私法专员"对雇主如何依法办事，有一系列指导性意见。大致有以下几组问答：

第一，面试新职员我能问些什么？

答：可以问申请人私人问题，但这些问题得和工作相关，套一句废话，就是该问的才问，不该问的不问。

第二，涉及案底问题，申请人可以不告诉我吗？

答：可以。2004 年通过的《刑事案底（干净记录）法》（直译，*The Criminal Records（Clean State）Act*），使那些犯罪行为不严重的人在定罪七年后，若未再犯，在符合该法规定前提下，可以"还自己一个清白"。这样她或他就可以不用跟你啰唆过去的那些尴尬事了。总之，这些尴尬事不是原则性的问题，是不影响大局的。

同理如果警察在"diversion"前提下（即"念及初犯不予追究"之类的轻微违法犯罪），雇主也不必去问当事人或警察，问了也白问。

第三，我能在办公室（含车间、仓库等）装闭路电视或者监视员工的 E-mail 及上网状况吗？

"隐私法专员"的回答带有哲理性：如果此举不伤员工的自尊、不影响员工的士气又有充足理由，当然可以啦。但是有几个步骤需要履行：

1. 制定相关政策，列出操作细则；
2. 相关政策在员工中传阅；
3. 和员工或他们的工会讨论；
4. 听取意见并进行修订。

当然，紧急状况下，譬如发现员工有"家贼难防"的情况，先兵后礼也是情理之中的事。

几个案例

第一，学生签证持有人案底被曝

惩戒部爆料给移民局，不违背《隐私法》，是因为原则第 11 条规定"持有个人信息的某一机构不得披露该信息除非特殊情形。"

移民局负有"护法"职能，不了解这样的案底便有损护法行为之实施，因此属特例。曝料不但不违法，反而是有关部门之义务。

第二，本地居民抗议活动被录像，开发商只提供剪辑过的残缺影带，符合《隐私法》，理由有两个：

1. 原则第 1 条规定"某一机构不得收集个人信息除非此举是为了合法目的且和其活动行为相关。"开发商的录像是为了识别那些能"干扰商业运作"的捣乱人士，以确定是否寻求法律途径采取行动。况且录像是由保安人士在公众场合拍摄。

2. 原则第 6 条赋予个人权利向有关机构索要本人相关信息。开发商只提供残缺影带是因为原本就不是"全程录像"，而且涉及其他非示威人士和未来买家。因此，开发商公司将录像带进行剪接再提供出来，是有法律依据的。

第三，父亲替独生子向医管局要验血报告，医管局拒绝有理，是因为：

《健康法 1956》（*The Health Act* 1956）第 22F 条规定，任何个人或其代表，可以索要本人健康信息。但是《健康信息隐私法规 1994》（*The Health Information Privacy Code* 1994）第 11（4）、（16）（i）规则有一个硬性规定，就是医疗机构可以拒绝向当事人披露有关信息"如果披露该信息导致和该个体之个人权益相悖"。

医管局管辖下的实验室认为向这位父亲提供验血报告不妥，因为实验室不清楚提供给这位父亲验血报告会不会与他独生子的权益相抵触。谁能做合理判断呢？当然是这位独生子的 GP（家庭医生）。因此找 GP 要验血报告是最妥当的。

行文至此，恍惚之余，猛然觉得这《隐私法》，执行起来真叫一个累！

当然"隐私法专员"通知这位父亲，他有权将此事递交"人权审议庭"。但估计这位父亲以头撞墙的可能性，比上诉到"人权审议庭"的可能性更大。

（2008 年 1 月 25）

15. 24 小时不间断电台直访慈善机构欲破世界纪录

一项欲破吉尼斯世界纪录"The Most Radio Interviews In 24 Hours"（24 小时不间断最多电台直访）的活动在今天早上新西兰时间 7

时开始，截止到上午 11 时，已经有 19 家电台参与采访活动。

接受采访的是两位重量级选手，分别是新西兰问题赌博基金会（Problem Gambling Foundation of NZ）的首席执行官 John Stansfiled 和吉尼斯世界纪录保持者 Alstair Galpin。

吉尼斯世界纪录规则

Guinness World Record "24 小时不间断最多电台直访" 规则主要有：

第一，访谈不得少于 5 分钟；

第二，主持人需要向两位选手提问，但问题不能属于辩论性质；

第三，提问基本上围绕选手本身；

第四，每次访谈，每位选手至少回答一个问题；

第五，所有采访及播出必须在 24 小时以内；

第六，因为是全球范围进行，访谈前必须报出新西兰时间为起始时间；

第七，因时差必须预录的，必须在 24 小时以内播出。

Stansfiled 和 Galpin 均表示他们 "头戴耳机，整装待发"，"不必担心叫醒我们"，因时差的缘故，24 小时内不会耳根清净，而他们的目标是 24 小时内接受最多的电台采访。

到目前为止，包括英国广播公司（BBC）、澳大利亚广播公司（ABC）、"伦敦之心"（London's Heart）、荷兰广播电台（Radio Netherlands）以及新西兰本地的 "实况电台"（Radio Live）、"时事漫谈电台"（NewstalkZB）在内的知名电台均排列在采访时刻表中，届时依次切入。

"华人之声广播电台" 中文电台打头阵

在参加这个活动的全球中文电台中，由霍建强律师主持的 AM936《南北时空》节目打头阵出场，切入时间为 5 月 9 日晚上 6 时 20 分；

FM958 粤语切入时间为晚上 8 时 45 分。

由霍建强律师（Raymand Huo）主持的《南北时空》是每周一次的新闻综述节目，也是电台推出的一个中英双语、直击政府官员和新闻源头的新型栏目。

新西兰问题赌博基金会（Problem Gambling Foundation of NZ）

基金会成立于 1992 年，是赌博问题世界同行中规模最大的，拥有 60 位来自欧裔、毛利裔、华裔以及韩裔社区的职员，宗旨是"摒弃赌博"。

1998 年 9 月成立了亚裔赌博问题服务部，主要提供心理辅导和公共健康服务。开设免费而保密的服务热线：0800 TO BE HAPPY（0800 862 342）。

John Stansfiled 是社区服务领域的一位学者，2002 年出任基金会的 CEO，可谓受命于危难之际。

拥抱纪录

Alistair Galpin 拥有 26 项吉尼斯世界纪录。最近的一项是 2007 年 7 月 13 日，在首都惠灵顿，与 TV One *Good Morning*（《早安》）节目合作，创下的"一小时拥抱 624 人/次"纪录。

吉尼斯的规则要求，一人只能被拥抱一次，而且必须是双臂并用式的"真抱"。此前，Galpin 非正式纪录是每小时 700/人次。

另悉，霍律师周五晚的访谈，会有新的爆料。如 Alistair 曾经策划了一场"公益节目"，以一架直升飞机吊起五台老虎机，然后空中摔下砸个粉碎。此次冲击世界纪录，又有什么新的花样呢？

（2008 年 5 月 9 日，摘自综合报道）

16. 科学与政治的较量

英国高等法院的一宗判决，使原本"不便的真相"，变得更加方便去理解了。

英国一个普通家长，在美国前副总统艾·戈尔（Al Gore）"纪实片"《不便真相》（*An Inconvenient Truth*）获奥斯卡大奖，在全球闹得沸沸扬扬之际，将这部片子推进伦敦高等法庭。原因是英国政府决定将这部讲"全球气候变暖"的"科教片"派发给每一所公立学校。这位家长作为原告，认为这部影片既非纪实，亦非科教，因此派发给学校，实际上对学生只起到一个"片面灌输"和"洗脑"作用。

伦敦高院裁决

这位家长叫 Stewart Dimmock，是两个儿子的父亲，也是所在地学校的一名校董。

审理这桩不寻常案件的大法官 Justice Sir Michael Burton 也是一位环境科学专家。

他的裁决有以下几个要点：

第一，尽管影片总体来说是确切的，但观点偏颇，而且至少有九个科学上的错误。

第二，在原告提出该片实际上会起到给学生"洗脑"作用前提下，这些偏颇的观点不得不引起关注。法官举例：影片说因南极洲西部及格棱兰冰雪融化，会在不久的将来使海平面上升 6 米，这种说法"无疑是耸人听闻"（distinctly alarmist）。法官说，如果这要发生，也是千年等一回的事。

至于东非乞力马扎罗山（Mt Kilimanjaro）积雪消融，目前也有说法，证明这并非如影片所说直接归因于地球变暖。

影片还栩栩如生地煽情："北极熊长距离游泳 100 公里只是为了找冰以致淹死。"但法官说，科学研究报告显示，"只有四只北极熊淹死了，而且是因为一场风暴"。

第三，鉴于以上理由，除非有反方观点作出平衡倡导，否则这部影片是不能单方面派发每一所学校的。

法官判被告（英国政府）将律师费 20 万英镑（NZ＄530 800）中的 2/3，赔偿给原告。

全球媒体跟进

因为这部影片和戈尔的名字太有文化含量，媒体用足脑力拿名字开玩笑。《独立报》巧妙地借这部讲全球变暖的影片写了一个标题："（全球）因戈尔错而升温（*Temperatures rise over Gores flaws*）……"

而英文《新西兰先驱报》则将片名和戈尔名字糅到一块儿。"Gore"作为名词，意思是"血块，淤血"；动词则为"（兽）用角抵死，用獠牙刺"。影片名是《不便真相》。合到一起就成了："Judge inconveniently gores green documentary."

为何引起关注？

原因大抵有两个：第一，从理性角度而不是追星族角度，会发现这部影片并不是一部纯客观的科教片。戈尔是一位技艺高超的政治人物，而这部影片在谈论全球变暖等环保问题的同时，也悄悄把影片的主人推到一个他想推到的层面。

影片对科学的解读也过于简单化，例如，影片用图解方式说明过去六十万年二氧化碳升降与气温升降的关系。气温升降或许和二氧化碳含量升降的确有关，但绝对不是那么单一的因果关系。

戈尔就是这样对十分复杂的科学问题，用轻描淡写的方式一带而过。因为影片被处理得震撼感极强，所以看完影片，似乎科学已经不十分重要，观众反倒只记住戈尔这个环保大英雄了。Steve Connor 这样的专栏作家也就得到这样的印象：这部影片不是科教片，倒像是政治影片。不说明这一点，以政府派发方式，很有可能助长学生们对影片盲目的"信仰"，况且科学的精髓在质疑和求实。这也正是伦敦高等法庭判决的主旨。也就是说影片不是不可以看，但要告诉学生真相。

这就涉及第二个问题：如何对待学生现在所面临的各路知识呢？是

放任法让他们爱看什么就看什么，还是督导法必须对他们的读物进行一定审核呢？

(2007 年 10 月 25)

17. 移民精神：《南北时空》的主题音乐

听众来信

一位叫 Jade 的听众朋友来信，认为《南北时空》的主题音乐是"大不列颠国歌"，"应该得到应有的尊重。"这位朋友说，这件事让她回想起若干年前，新西兰国家电台无意间播放了某一个国家的国歌，以为是一首普通乐曲。当时还在学校念书的 Jade 和她同学，打电话通知电台，电台不但立刻停播，而且向听众郑重道歉。

Jade 认为《南北时空》节目用这首"国歌"不妥，应该学国家电台，做妥善处理。

Land of Hope and Glory

这首歌曲的名字可直译为"充满希望和荣耀的土地"，自然让我联想到当年上大学时常听的一首歌："在希望的田野上"。简单来说，当初选择这首曲子主要是因为它的名字。对移民来说，远离故国，来到一个陌生的地方打拼创业，希望赖以生存的是一片"充满希望和荣耀的土地"，可能是比较普遍的一种心理。

Elgar 和 Benson

这首曲子出自两位大师之手。爱德华·埃尔加爵士（Sir Edward Elgar，1857—1934）1902 年创作的《威风堂堂进行曲一号》（*Pomp and Circumstance March No.1*）并没有填词。这些词是随后由大诗人本森（A. C. Benson，1862—1925）加进去的，而他的那首长诗原本是为埃尔加"加冕歌"（Coronation Ode）而作。当然，填词之后乐曲也作了相应调整，字词与节奏合拍，便成了今天我们熟悉的"充满希望和荣耀的土地"。

前四句是这样的：

Land of Hope and Glory,
Mother of the Free,
How shall We extol thee,
Who are born of thee?

这首曲子家喻户晓，是每年伦敦夏季音乐会（Proms）的保留曲目，通常被喻为颂扬英国（相对不列颠）的一首爱国歌曲。

The Proms

是每年夏季在伦敦 Albert Hall 举行的系列古典音乐会，往往要跨好几个星期，是伦敦生活的一部分。Albert 大厅内许多空间不设座椅，这样可用"廉票"方式，让许多年青人就地站立，欣赏古典音乐。

The Proms 是伍德爵士（Sir Henry Wood）在 1895 年创办，因此音乐会的全称就是：The Henry Wood Promenade Concerts。最后一场（The Last Night of the Proms）通常分两部分，第二部分歌、曲大多为保留曲目，因此参与者众。每年最后一场总归都会在电视上转播，而"充满希望和荣耀的土地"作为压轴曲目，必唱不可。

英国：大不列颠联合王国

United Kingdom 联合王国由英格兰、苏格兰、威尔士和北爱尔兰组成。联合王国始于英格兰王国，由三个联盟法令建立：1536 年与威尔士，1707 年与苏格兰，1800 年与北爱尔兰。在 19 世纪政权达到顶峰时，它统治的帝国跨越全球。

联合王国（UK）的国歌是《上帝拯救女皇/国王》（*God Save the*

Queen/King)。第一段歌词是这样的：

> God Save our gracious Queen,
>
> Long Live our noble Queen,
>
> God Save the Queen!
>
> Send her victorious,
>
> Happy and glorious,
>
> Long to reign over us,
>
> God Save the Queen!

在联合王国"内部"，尤其遇到体育赛事时，英国、威尔士和苏格兰等往往选择一些有代表性的歌曲，以示区别。威尔士通常选《Land of my Fathers》；苏格兰有两首：《Flower of Scotland》和《Scotland the Brave》；英国有两三首：《Jerusalem》、《Swing Low》，以及《Land of Hope and Glory》。

尤其在大英国协（英联邦）运动会（the Commonwealth Games）上，英国队喜欢以"充满希望和荣耀的土地"这首曲子来代表英国，以区别来自联合王国的其他代表队。

这首曲子还常常被当做英国保守党（the Conservative Party）的非正式"党歌"。但这首曲子用得最多的场合，是美国和欧洲一些国家的大学毕业典礼。

《南北时空》主题

选择圣诞/新年特别节目来讲这个题目，一是对 Jade 听众朋友来信做一正式响应；同时也说明一下我们选择这首曲子的初衷。

我们经常讲要融入主流，对许多亚裔移民来说，融入主流存在一个"知彼知己"的过程。语言、文化抑或经济、法制都不是一朝一夕的工夫。奥克兰大学教授、牛津大学博士张勇进老师经常提到，牛津之道在于"熏",也就是说在潜移默化中了解精髓。

《南北时空》中的南北,就新西兰本土而言,指南岛、北岛,宏观来说,指南半球、北半球。入乡随俗而不失本体,是移民文化的核心。华人的心智加上新西兰体系是生存之必需。《南北时空》节目能量有限,如果能起到"熏"的过程中的一缕清新气息的作用,便是编导、主持人和各位客座嘉宾的荣幸了!在 2008 年新年第一期,在《南北时空》节目开播第 36 期之时,借主题曲稍做发挥,算是本节目迟到的一篇"刊首语"。

(2008 年 1 月 25 日)

第一部分附录：
近看霍建强（专访四篇）

按：霍建强在"四重天"创业过程中，在不同的职业状态下接受过不少记者专访。选择与本书内容相关的，录四篇如下。

第一篇　不停奔驰的骏马，一步一个惊叹号
——我所认识的霍建强

◆　作者：胡致华（Eva Hu）

（曾任台湾《联合报》记者及编辑。著作：《寻访中土世界——新西兰电影之旅》《新西兰的影视与数字制作》。

Blog：http://tw. myblog. yahoo. com/newzealand-eva)

认识霍建强

认识霍建强，远溯至 1996 年。

当时他还是英文《新西兰先驱报》编制下的中文《新西兰先驱报》记者，而我则是台湾《联合报》记者，奉派远道而来奥克兰，采访亚太影展。记得当年台湾代表参赛的电影是《今天不回家》，编剧正是大导演李安的弟弟李冈，他也得到当年最佳编剧奖。这部电影的女主角是因主演李安的《喜宴》等电影而世界知名的归亚蕾。

　　透过朋友介绍，我和霍建强成为了采访搭档。他以地主之便，协助我东奔西跑找新闻，我则以台湾"影视通"的角色替他"补习"，协助他为《新西兰先驱报》采访影展消息，包括专访归亚蕾、杨贵媚等明星。一周的"新闻战友"建立了革命情感，不过再次见面则是两年之后的1998年，我也移民到了新西兰。再次见面，还是为了新闻。

　　落地奥克兰，东西南北还摸不着头绪的时候，《联合报》就派给了我第一个采访任务——英美两大流行巨星 Elton John 与 Billy Joe 的联手演唱会。第一时间就想到向这位已经在英文《新西兰先驱报》（*The New Zealand Herald*）工作的"老战友"求助，而他也毫不犹豫地伸出援手。我邀请霍建强与我一起欣赏演唱会，这是一向只听古典音乐的他，第一次被拉进喧闹的西洋流行演唱会场，我们各端着一杯红酒，随着音乐起舞，他笑称是上了人生的第一堂"摇滚"音乐课。

　　同时间，我进入奥克兰大学影视系攻读硕士学位，他则半工半读在奥大进修媒体学硕士，我们不时在奥大校园碰面，互相打气鼓励；在新闻工作方面，我们也不时交换意见。我来自新闻系科班，在台湾有十多年新闻工作经验，他则是透过直接进入西方媒体的工作历练来补足新闻学分。我知道霍建强的英文在此地华人圈堪称数一数二，但他还总是认真地跟我讨论新闻写作，虚心地告诉我，他的英文到了新闻实务上还有许多学习改进的空间。从这里，我了解到他的优秀是来自于他的永不自满，永不停止学习。

近看霍建强

　　远看霍建强，他优秀带着骄傲，礼貌带着距离。近看霍建强，优秀是因为他既有先天的学习资质，像海绵一样的吸纳能力，又有后天不畏惧自我挑战的人格特性；"到位"是他常挂嘴上的字，他觉得做什么事都要"到位"。

　　骄傲和距离感，其实是因为那一点点棱角，产生对人际关系的一丝不安。他无法为了八面玲珑而放弃原则，无法为了讨好每一个人而委屈

138

坚持。不过做事严谨的他，做人并不呆板，而且还颇具幽默感，有时带有阿 Q 式的自我解嘲精神，说学逗唱起来，常让身边的朋友拍案叫绝。

由于小时候与兄姐年龄差距大，因居家偏远而缺乏同龄的朋友，他总是一个人孤独地往返学校和家里，走在长长的乡间小路，看着壮阔的山水，自然而然地养成了与自己对话多过与他人对话、敏感、易感的本质。不过优秀的学习成绩，让他大学毕业后分配到北京，进入中央部委工作，成为拔尖的口译人材，还编辑出版过英文字典，其间又进入中国政法大学修得一个法学位。

霍建强人生第一个自我挑战，应该就是决定放弃在北京人人称羡的成就，只身漂洋到新西兰。不过俗话说，钻石放在哪里都同样发光。不出几年，他就成为新西兰主流媒体的第一个华人记者。

然而这份让所有华人都仰慕的工作，并未满足他。在修得奥大传媒硕士之后，又马不停蹄地向奥大法学院提出申请，重回校园当大学生，因为他说来自大陆法系，只熟悉"民法体系"（civil law）下的成文法（statutory law），对英美法系的"判例法"（stare decisis）实在弄不清楚，所以决定在奥大法学院从头学起。这是霍建强丢给我的第一个震撼。这种毅力，让人不得不折服。

但不出半年，他又给了我第二个震撼。就在得到了不易得的奥大法律院入学申请之后，他突然决定打包回中国一年时间。原因是父亲生病中风了。自青年时期离开老家到北京工作求学，再移民新西兰，霍建强感怀陪伴父母的时间太少，"就花一年时间全心陪老人家，一定让他好起来"。

远看霍建强，他悠然自处于洋人主流社会，顾盼生辉。近看霍建强，却保有如此传统的中国人价值观。他喜欢吟诗作词，高兴起来就做一首诗词送给朋友；最喜欢的文人是钱锺书，《围城》时时挂嘴边；而他往往从佛学禅理中寻求人生问题的解答，省修自己。

即使在已经成为名律师、准政治人物的今天，霍建强的个人网站上，仍保有一个"鑫如诗集"，与大家分享他多年来的诗作；乍看这个柔软感性的单元，似乎与刚硬的律师、政治行业风格不太搭调；但就我看来，与其说是提醒别人他所拥有的文采，却更像是提醒他自己，不论从事什么行业，都不要放弃心中这亩人文的田地，中国的根本。

期许霍建强

走上从政这条路，对霍建强来说，既是无心插柳，也是水到渠成。

如果十年前有人告诉我，霍建强会成为政治人物，我可能会大笑三声。不是怀疑他的能力，而是了解他的个性。相对于一般长袖善舞的政治人物，他更像是独善其身的文人。

我想，成为一个职业律师改变了霍建强。他真正走进人群，探触到社会底层的呼吸。他选择游走各大洋人律师楼，而不是自己开业，"因为这样才可以真正脚踏两个社会，吸吮更多主流的精华，配备自己更强的能力，来为华人小区服务"。从形形色色的法律案例中，霍建强看到了广大华人的需求，体会到过去不易察觉的细微脉动，也更清楚明白，如何在他的位置上帮助两个小区的良性互动。从这个基础上，华人小区开始发出声音，认为以霍建强这样的资历与能力，应该要更跨出一步来做事。而外在大环境上，正好也是两大政党都觉得需要注入新血的时候了。国家党及工党在寻觅华人新秀人选时，不约而同都找上了霍建强。最后选择工党，除了理念，还有"华人不相残"的厚道因素，在此不细述；他半开玩笑对我说：我在工党民调最低迷的时候选择了它，可见我为人之诚吧？

不过，这一次弃律师而从政的决定，可不像之前容易；霍建强整整花了一年时间才说服自己，说服家人。从政不从政？选择哪一个政党？每次我们见面，他总要问我：你觉得如何？而当外界已经炒得沸沸扬扬时，他总告诉我：还没准备好呢！但是，他没准备好，别人可等不及了。总理海伦·克拉克远在西班牙为美洲杯帆船赛加油时，亲自传送一则简讯给霍建强，表达工党的诚意。

内阁部长 Chris Carter 告诉霍建强，工党高层对他的评估，并不只是"优秀华人"，而是"优秀新西兰人"。他认为把霍建强放在同一般 kiwi 候选人里评比都可胜出，不必要用"华人"的少数民族保护伞。工党内部的提名作业是完全透明的民主程序，需要经过一场场的辩论，一次次的演说，来争取基层党员的支持。几个月来，在一批工党和政府高层"教练"的指导下，霍建强放弃所有工余闲暇与家人相处的时间，马不停蹄地奔走基层，扎实历经民主淬炼。而印证最后公布的提名名单，从霍建强高居第 21 位看来（排在四五个内阁部长之前），Chris Carter 所言不假。

十年来，我看着霍建强戴上奥大文学硕士方帽，又看他戴上奥大法学学士方帽，接着看他戴上高等法院执业律师的那顶"假发"，一步一个惊叹号。从霍记者到霍律师，接着即将成为霍议员；我所认识的霍建强，像匹不断向前奔腾的骏马，寻找驰骋之林；下一个旅程，他更承载了新西兰华人的重托与期许。让我们一手拍抚鼓励，另手执鞭敦策，策马入林！

（2008 年 9 月奥克兰）

第二篇　一个外国记者眼里的霍建强律师

"Brother from another Motherland"　by Darrel Mager（梅建鹤）

Learning a language is a useful way of gaining an insight into another culture.

My very first Mandarin lesson came courtesy of Raymond when we were working together at the New Zealand Herald newspaper.

He was ordering a muffin at the cafeteria when he started giggling to himself.

"What's so funny?" I asked.

"Well . . . 'muffin' sounds like 'mǎ fèn' in Chinese," he replied.

"And what does that mean?"

"Well . . . you know how when you say that someone is full of bullcrap? This is like the Chinese equivalent. Except instead of bulls, we say horse. 'Mǎfèn' means 'horse crap'. I am eating horse crap."

And every morning at 10. 30am, he would order a fist-sized serving of horse crap from the Herald cafeteria, chuckling as he put his money on the counter.

Raymond has a great sense of humour. And that's how I knew we would be good friends.

Ten years on, we have become part of each other's extended families: He is my brother from another Motherland.

I was honoured when he chose a Chinese name for me that was not only poetic and mythically-evocative, but whose middle character was identical to his own, in order to show brotherhood.

(I found out just how difficult a task like that was when I later foolishly agreed to find suitable English names for some of his family members.)

The following interview is intended to be part of an ongoing series, aimed at probing some of the cultural differences, barriers and stereotypes between the Chinese migrant community and that of mainstream New Zealanders (whoever they are), in an attempt to foster some sort of understanding and . . . er . . . unity (?).

This first discussion touches on why Raymond is running for parliament in this year's election.

DM: Politicians, lawyers and journalists are often found at the top of surveys, ranking society's least-trusted professions. So you've already ticked two boxes there — lawyer and journalist — why the hell would you want to make it worse by becoming a politician?

RH: (Laughter, ending in a coughing fit.)

Ha. I've actually experienced the opposite. I think those professions are in fact very well-respected, simply because you have to be highly-qualified to do them in the first place. And they are high-profile positions that ultimately cannot operate without the trust of the community.

So I say to people: I used to be a journalist. Now I am practicing law. And it looks like I will become a politician in the future ... so, you can trust me!

(More laughter).

DM: But why politics though ... why get into it?

RH: My upbringing plays a big part in that. My parents were good role models, and their actions exposed me to ideas of social justice, equality and the need to make society a better place where everyone can live in comfort and security.

DM: How exactly?

RH: My father was a doctor; my mother was a head nurse at that time. To everyone's surprise, in their early 30s, they volunteered to move from the big city (Héféi, the capital of the ānhuī province) — to a very small and remote countryside town, to help locals fight a parasitic disease known as Schistosoma, or blood fluke. I was born in that small town. And then later they volunteered to move to an even smaller and more remote countryside town! The living conditions were very terrible. Everyone was suffering.

My parents sacrificed to help others, and I witnessed on many occasions how they resuscitated patients and saved them from death, and how those patients then kowtowed to my parents to give thanks for saving their lives.

Now, I was born there, so I had no choice in the matter. And, by comparison, I was living a relatively comfortable lifestyle ... I was well fed. But later on, I realised that I had been subconsciously exposed to that concept of helping others ... it had an impact on me. And now I find myself in a position where I can help others ... and I hear my parents' voices echoing through my heart saying "hmmmm, isn't the time right for you to give something back and help others?". And this decision to stand for Labour is my way of replying, "Yes".

DM: Why Labour?

RH: Members of the Chinese community encouraged me to enter politics. They felt that I was a good role model, as a high-profile migrant journalist and lawyer, and a good leader to represent them. They see me as a paradigm for integration.

To mainstream society, I am very typically Chinese ... and I am proud of being Chinese, and I'm one of the very few who these days still uses classical or traditional form to write poetry. But for the Chinese community, because I am from the deep heart of mainstream society, they regard me as one of you guys. So I'm like a kind of go-between ... a very good bridge.

And, so why did I then choose Labour as my party? They have a vision of building a strong and inclusive community and I share that passion.

DM: It's especially useful for Labour that you can communicate clearly in Chinese and English. You can be a voice for those who struggle with English, so they can be heard, and you also understand your party's message and can pass that on to the community.

RH: Yes. I have published seven books, worked as a journalist for the New Zealand Herald and practised law at leading New Zealand law firms. I also had a bilingual news review show on Chinese Voice radio. I am a communicator, so I am an ideal go-between.

And Labour now has a voice in the Chinese community, so people can be fully informed and make their own minds up.

DM: So what sort of message has "No. 21 on the list" sent to the community?

RH: Within one-and-a-half days of the announcement, my cellphone received 128 text messages, basically congratulating me on getting so high on the list. They were valuable messages and very encouraging. But more valuable and more encouraging were texts from three important Chinese opinion leaders. Despite being close friends of mine, they told me from the very beginning that they were loyal to National and on no occasion and in no event would they vote for Labour. But after the list ranking was published that night, they not only wanted to vote for Labour, but also wanted to write an article each to explain why they changed their mind. They felt the community was first of all taken seriously. And secondly, remember this: we are new migrants. No matter how well-settled we are, we are still relative new-comers. Many in the community feel vulnerable to some extent. The Labour Party's vision is to build up a strong and inclusive community, and my ranking showed the community that the Labour Party is very serious about doing that.

DM: You, Pansy Wong and Kenneth Wang are political opponents, but you all essentially belong to the same community. Is there any way all three of you can work together for the common good?

RH: Yes. What I have already done is made a public appeal to all the ethnic candidates to forget about our political stamps, and let's work together to encourage Chinese voters to get enrolled.

I also said to them that the Olympic Games in Beijing were very important and relevant to the General Election. Why? Because at the opening ceremony there was a big display of the Chinese character "和" that means "harmony". So harmony can be applied in a very extensive way. First of all, there's no need for politicians to fight amongst each other. Secondly, there is lots of common ground to work together on, like getting people enrolled.

One important thing I learned from Prime Minister Helen Clark was to focus on "construction" rather than "destruction". So let's be constructive and focus on issues, rather than personalities.

DM: Encouraging people to enrol, and then getting them to actually turn up and vote is a general problem in New Zealand. Throughout the world, even. But, certainly... Chinese now make up something like seven percent of our population, yet a large number didn't turn out to vote last time. How is your harmonious approach going to try and address that voter apathy?

RH: It's pretty much an education thing. The local Chinese have come from a place where there is a very different political environment. And voting means you have a presence. You have a voice and it can be heard. So I have asked several other ethnic candidates to join me in producing a short TV clip to let people know how to enrol, and encourage them to do so.

What would also be good is for the ethnic candidates to get together and publicly debate party policy and visions. That gives people a better chance of becoming informed voters, which is positive for the democratic process.

第三篇　蓬莱山对话霍建强

■作者：亦军

第一次见霍建强（Raymond Huo）律师，是在奥克兰市中心Brookfields 律师楼的图书馆。那时他正协助一位御用大律师为一个日本籍的当事人抗辩。那个案子涉及民事、刑事和移民法，因此，需要阅读和整理许多判例。当时电子版本的判例法没有现在这么方便，霍律师置身一排排书橱之中，有一种"学海弄潮、满室生香"的感觉。聊上后，霍律师居然脱口而出："汉家石渠阁，老氏蓬莱山。"并解释说，我们华人喜欢将庋藏要籍的馆阁比作道家蓬莱山。言谈之中，不像一个洋味儿十足的大律师，倒像一个传统中华文人。

六分钟一个单元

律师楼的图书馆在八楼，他的办公室在十楼，无论是走楼梯还是上电梯，都要用"电子钥匙"去刷卡，才能打开楼道之间的安全门。

走到十楼办公间，顿觉一阵严谨、紧张的气氛。律师们的办公室都是宽敞明亮的单间，门上嵌着银灰色的名牌。门外大厅中央则隔成一个一个工作间，这里是法务秘书们工作的地方。路过几个办公室，有的门半掩着，有的敞着，好像每个人都握着一个小录音机，贴着嘴唇喃喃自语。

走进霍律师的办公室，刚才那种严肃感才有所放松，嗓子也恢复了松弛。

霍律师冲我笑笑，大概也猜出我想问什么，便说：你也可以说我们律师勤快，也可以说我们懒。我们写信、起草合同或准备诉状，从来不动手，都是口述，然后秘书拿走磁带打出来。我这才想起路过处，瞥见几个金发小姐，戴着耳机，十指翻飞地忙活。

"打好了，看一眼，做些修改，秘书就帮你传真、电子邮件或快递发出去。"霍律师说，看起来好像是被"伺候"得很好，实际上充分体现了"资本主义"的效率。因为你的办案时间是按六分钟一个单元来计费，每个月寄给当事人的账单，就是这么一个单元一个单元地累积而成。所以，律师们的时间全都是"精打细算"，口述快，键盘慢，忙完这个案子，再接下一个。因此，一进律师楼，就像上了发条或是迪斯尼乐园的翻转车，每天平均得有 50 多个这样的单元。一个月下来，才能符合你的业绩。无论是资深大律师，还是刚出道的，每天都是这样六分钟一单元地办案。

看案例也一样。因此，需要几个小时看一个案例的，通常由律师来完成，然后写成简报，御用大律师再将要点吸收，纳入诉状框架。御用大律师（Queens' Counsel）收费是每小时 NZ500－1000＋GST（税）不等，"好钢用在刀刃上"，这样当事人在经济上也合算。

百年大所

Brookfields 和他后来供职的 Hesketh Henry 都有上百年的历史。全国有十几所较大规模的律师楼。各有专业偏重，但都十分严谨。

霍律师说，到大律师楼受训好比大夫上大医院工作，业务条件好、水平高。平均每星期有一两次的午餐研讨会，讨论最新案例——也许伦敦高等法院的一个最新判决，会对你在新西兰受理的一个案子有直接的影响——这就是"共同法"的妙处。

法学院读书时，所研修的各国判例，合同法英国占一大半，其次是澳大利亚、加拿大和香港。而 IT（信息工程）法呢？则多半来自美国和欧洲大陆。如著名的 Yahoo 网路拍卖案，因为互联网的无国界性，司法管辖权、法律适用以及判决执行都是新的课题、新的挑战。

我戏说，研讨会还管饭，挺滋润的！霍律师答道，边吃边研讨，虽然老板们贴了餐费，时间却省下来了。一小时结束，回办公室继续对录音机喃喃自语，计算机终端又刷刷印出新的账单来。

进大律师楼难么？我问。

"还行"，霍律师说。首先要有一份好的大学成绩，其次还得有"业绩"。大的律师楼对着装、辩才训练、起草文件的文字风格均有要求……当然不易！大的律师楼起码都有十几个合伙人，都是各专业类似学术带头人分量的人物。性格各异，有的豪放、有的孤僻，但都是绝顶聪明。能在这样圈子里熏上几年，自然是个大训练。

霍律师说他曾经赢过一个小案子，却赢得十分不安心。

一方（公司）欠另一方（自然人）钱，欠债还钱天经地义。对方依《公司法1993》第289条提出"statutory demand"，勒令15个工作日必须还钱否则启动破产程序。霍律师代理的是公司方，本来双方已谈妥庭外和解，但原告（一个印度人）却突然改变主意非按S289处理不可，而此时恰好被告公司需要同银行续签贷款合约……也就是说箭在弦上，必须抗辩。

最终的结果是，原告在程序上"失当"，先将"statutory demand"按普通邮寄，而不是S289（2）（C）规定的程序"送达"。当然被告15个工作日后依然不动声色，因为程序失当，这样的demand自然没有法律效力。等再一个循环（15个工作日），可以有一系列方法去"抗阻"。等到原告"急中生滞"，抛出自认为杀手铜等"Calderbank"规则，这个案子基本上明朗了，因为"Calderbank offer"——比较复杂，三言两语说不清楚——通常是涉及判决后赔偿及律师费用方面等一个"邀约"，而这样的"邀约"通常由被告方而非原告提出……

霍律师说时两眼放光，一副那种业内人士津津乐道而局外人不知所云但职业人士却浑然不知那种神情。总之，这个案子他说"赢得冤枉"——"我们根本不应该赢"。从律师口中听到这样的话，倒也新奇。临了，他还是说服当事人同对方和解了。欠钱总归要还嘛！——这是我从一个律师口中听到的不按律师腔调所说的一句话。

百年大报

霍律师的传奇之处，不在于他加盟有100多年历史的大律师楼。多年前看中华电视网《风帆再起》节目，有一次是采访霍律师，主持人不无羡慕地问：能服务的律师楼都是"世纪大所"，而回归律师专业前在报社当记者，该报也是 1863 年创刊，"你有什么诀窍吗？"

他具体怎么回答的我记不清了，但大致是那些"机会只留给准备好的人"之类富有哲理却人人皆知的现成话。

我略显顽皮地问：有没有富有哲理但不是太现成的"诀窍"呢？

霍律师略顿一顿，似乎玩笑又似乎认真地介绍说：当年他们在北京念法律，政法大学在学院路 41 号，旁边有条小月河，隔三差五他们几个男生沿着小月河跑到北京电影学院那边，然后折向北京电影制片厂再从邮电学院方向跑回来，全程差不多八千到一万米。

"我跑了差不多半年，才悟出跑步要'一步一个脚印'的道理"。

因为长跑，不可能像短跑那样脚尖着地。你需要脚跟—脚板外沿—脚尖依次在地面完成这三个动作，然后再给一个弹跳性的作用力，再配合呼吸和手臂的动作……"一步一个脚印"说起来是一句现成话，但真的操作起来、悟出其中的奥妙，却不是一桩现成事。但真的悟出了，做事情就不会不耐心、不会"漂"。长跑不但有"极点"，还得克服枯燥感。"一步一个脚印"之后，每一步都是体会，就不会枯燥了。

在新西兰，当平面媒体记者，最好的着陆点莫过于 New Zealand Herald（《新西兰先驱报》）了。霍律师说他刚进报社时，正赶上报纸大改革。技术上看，是黑白版面向彩色版面改进时期；从风格上看，头版已不是过去 100 多年以来那种密密麻麻大信息量式大版面，而是大标题、大照片，头版只会给两到三条报道；从文字上看，已经放弃既有的"沉重字词"，而改用以口语为主，以 12 岁以上均能阅读式的"轻松风格"。当时，总编 Gavin Ellis 走马上任，新闻中心一派新气象。

Newsroom（新闻中心）是一个大厅。首席记者和新闻总编的桌面在大厅中央。以此划分，左边是记者桌面，右边是文字编辑（sub-editor）桌面。

一刻不停的是传真机的声音，大厅的一角是"警察桌面"，有好几架电台不断传出"前线"警官和指挥部的对讲……总之，新闻中心一派前沿指挥所感觉。

警察桌面是个吃力的活儿，至少对刚来不久、kiwi 口音尚且不熟的移民而言。可以想见警官接到报警或处理案情时的情形。和任何其他媒体一样，警察桌面是每天新闻的主要来源之一。

大砍刀新闻

没有料到的是，霍记者"外派"的第一个采访任务，就是因为警察桌面的电台。

某一天，在奥克兰中区的一间餐馆，一个蒙面大汉冲进来抢钱。收银的是老板娘，吓得跑进厨房。大厨是老板，心想赚点钱不容易还轮到你来抢？于是抄起剁肉的大砍刀冲了出来，蒙面汉夺路而逃……

就这点新闻——当然这是事后才知道的。当时霍建强和摄影记者跳进采访车，一路狂奔。赶到现场，蒙面

主持《南北时空》
2007 年 10 月。刘云芳摄

汉刚跑，餐馆老板脸上的怒气还未消，倒是冲记者大为不解——警察没到怎么你们先到了?!

"我们采访结束，还拿大菜刀比试一番，听说我们走后过了好长一段时间警察才到。我们是在电台听到报警时就赶来的，所以先到。"

第二天，在第 7 版注销 "Robber chased off by chef with cleaver"。配一张大照片。

霍律师说那是他第一篇"重新闻"报道。此前很久，香港大歌星刘德华来纽演出，副刊让他去试一试（当时霍律师在一家中文周刊做翻译和记者），那篇报道他写得文采飞扬、得心应手，可以说是赢得"洋人

151

大报"好感的第一篇。

"洋八股"

刚上手写新闻报道很难，因为需要很强的概括力，言简意赅，才能写好导语（俗称"intro"）。超过 28 个字，写得再好也属末流。

这是第一关。霍律师说他花了好长时间，专门看头版和第三、第五要闻版新闻。突然有一天恍然大悟。

"这英文新闻写作的诀窍，就在于"起、承、转、合"——"合"通常是以一个当事人的原话即 quote 结尾。

这一关过了，注意控制篇幅就行了。如果首席记者说："这事也就是八个自然段，230 字左右"，你就得控制在那个范围。如果你添油加醋写了十个自然段 320 字，到了文字编辑那边，从后往前删，准就是首席记者要的那个篇幅。这就是新闻写作的"倒金字塔"原则。

"洋八股"过关了，最佳效果是：保留全文（如 700 字左右），那是一篇述评；留主干部分（300 字左右），便是一篇报道；如果实在因为这样那样原因（失去新闻性），保留导语和最初几段，便是简讯；只留导语——那便是一句话新闻。

到了这种程度，写起报道来，就得心应手、顺理成章了。

换血

上面说的是第一关，篇章结构。第二关，也是华人移民普遍觉得难的，便是词汇关。

霍律师 1994 年离开北京到新西兰时，已经出版了五六本书，其中包括三本中英文对照词典。"词汇对你还是问题吗?"我讨好似的问。

他说，"对你还是问题吗?"中的"问题"，我们想到的通常是"problem"和"question"。但对我来说，既不是"no problem"，也不是"out of question"，而是"have some issues"。

也就是说，怎么用得地道，让人觉得够"洋"味儿。

英语里有些词很怪，明明是大学法学院，偏说是"law school"；明明是中学，却称作"college"；"high school"不是大专院校；买菜时要不要买那个新花样的？洋人会说"no budget"（没做预算）。而华人眼里"budget"多指大公司或政府一类"财政预算"这些大事。有时用英文说中文里挺简单的事很别扭，如拇指中间的那块肉，英文叫"拇指球"；但有时中文里非用一句话才能说明白的，如"登山运动中沿长绳滑下来"，英语一个词"abseil"就解决了。

霍律师说他用了很长一段时间，精读要闻版每一篇报道，记了十几本笔记。没有这样的换血，阅读和写作都脱不开中文味。而换血过程中，记者同事、首席记者和文字编辑，"给了我极大的帮助"。"给我一年时间，我会整理出一本特实用、特有英文味儿的字典"。

猴肉事件

华人和"洋人"在新闻标准和理解方面有很大偏差。西方媒体（东方媒体现在也朝这个方向发展）对负面的、血腥的东西尤其感兴趣。

作为一个洋人大报的华人记者，最难过的一关是定力。

第一，你想尽量多地发表关于华人小区的正面文章（哪怕是图片新闻），但正面文章没有所谓的"新闻撞击力"。

第二，遇到负面新闻或负面倾向你如何面对？

他还记得有一天早晨，刚进新闻大厅，摄影记者风风火火，说你可来了，赶快动身，车上再说……

原来是有洋人举报，说是东区有家华人店"卖猴肉——整只整只的小猴子冻在冰柜里"。举报的人据说对动物的爱心胜过对人类的爱心，一派泣不成声的惨状。

霍律师说他一边怀疑，一边也为自己的华人同胞捏把汗，一路担着心。耳边还不时传来摄影记者的话，说实在不行就隔一条街用长焦拍。

当然很快弄清楚怎么回事。冻得硬邦邦，小尾巴蜷着又身首异处的不是猴子，而是果子狸（"possum"亦称负鼠）！

类似的插曲还有不少。但霍律师说，他最自豪的是在他"任内"，对亚裔的正面报道和文字说明，按比例计算，是历年来最多的。所以，做记者这么多年，结了许多善缘。

"全场对折"

这篇报道写的长了，再写下去我的主编和读者该不干了。无论是记者、律师还是现在以执政党工党国会议员候选人（MP candidate）身份参加各种活动，霍律师那里都有挖不完的东西。

看他办公室靠门旁摆着一个大书架，从最上一层拿下几本，都是他以前出版的书。有一本厚厚的，精装中英字典。他拿下来，说这是他太太送他的礼物。

"有一年她回国出差，路过南京外文书店，外面挂着一个大横幅'全场对折'……发现了我这本书，便买了回来，说是送我纪念。"

霍律师说时哈哈大笑，还说他太太安慰他，第一，这距离初版有两三年，现在才打折，说明销量不错；第二，这是词典，好多人一起编译，"一荣俱荣，一损俱损——你怕什么？"

总之，这本字典他随身带在办公室，旁边还摆着《红楼梦》和钱锺书先生的《管锥编》以及版式不一的判例汇编。

正待握手告别，霍律师招呼我到临街的大窗户旁，Crown Plaza 对面有一个 bungy（"绑紧跳"），看见三两个女生，绑在一个"弹跳座椅"上，正随着一阵尖叫从高空坠将下来。

真是一人一个活法，找刺激还能放松！我们两个不约而同地感慨。

"我很喜欢一句英国谚语：'Life is a comedy to him who thinks and a tragedy to him who feels——对思考的人来说，生活是个喜剧；对体味的人来说，生活是个悲剧。'"

霍律师背靠窗户，两臂交叉放在胸前，像是自言自语："真应了佛经上的那句话：'如人饮水，冷暖自知。'"

（2008 年 9 月 9 日 第一稿于奥克兰）

第四篇　新西兰工党的首位华人议员：一位优秀的"新西兰人"

日期：2009 年 03 月 19 日　来源：中新网　记者　王浩

中新网 3 月 18 日电 据新西兰《信报》报道，在世界性的对华人华裔参政议政热切关注的 21 世纪，在全球政治家精英化的今天，新西兰华人、来自中国大陆的新移民霍建强呼应了这两个方面的要求，在 2008 年脱颖而出。

中国 60 周年国庆。左二为总理约翰·基，依次是黄玮璋会长、廖菊华总领事、菲尔·高夫和我等。2009 年 9 月 20 日奥克兰 新华社摄

曾经为奥克兰英文主流媒体记者，后为新西兰高等法院律师，同时发挥自己的学业专长，勤力服务华人社区——借用中国政坛的习语来说，霍建强年富力强，背景扎实，专业出色。新西兰原工党政府内阁部长 Chris Carter 告诉霍建强，工党高层对他的评价，并不只是"优秀华人"，而且是"优秀新西兰人"……近日，记者专访了这位新西兰工党首位华人国会议员。

知性

坐在我面前的霍建强先生坦然、随和，眼神率直。

欲采访霍先生已是计划许久，但总不得机会。偶然，一个朋友告知我霍先生将莅临基督城公干。我赶快找到霍的手机号码，在留言箱留下了采访咨询的口信。没想到，霍很快就回复，语音诚恳。及至坐下来，发现霍本人与其公开的标准照片、电话中的声音三者出奇的一致。我谈及此感受，霍爽朗地笑了……

我们的话题从霍在新西兰国会中的新角色开始。

从去年 12 月 8 日手抚佛教《金刚般若波罗蜜经》宣誓成为新西兰国会议员并发表首次国会演讲，到记者与之对话，大概是 100 天的时间。霍描述这是一个适应、学习、发挥的过程。

霍建强说，新西兰国会的主要工作程序，简单地说是两大板块，一是辩论大厅的口头辩论、书面问答，这是许多读者了解的；二是由执政党和在野党国会议员共同组成的各专业委员会对涉及各个领域的法例法规进行审核、听证和审读。

霍被工党推举参加两个专业委员会，一是财经专业委员会——是工党四个委员之一，其他三人分别为资深的 CEO 或是企业管理专家；二是商业委员会。这是国会内两个最专业和最核心的委员会。

"在财经委员会，我先是参与审核 IRD 税则的变更提议，然后是财政部的预算报告，之后是对总审计署关于未来发展报告方面的审核。在商业委员会，短短的时间涉及的议题就包括采矿、基础建设与发展、公司注册与更新等。"

霍建强坦承自己刚开始有点懵懵然，但很快就适应了角色——就像在律师行，时间也被分成许多小板块（单元），然后在每个板块里有成效地工作，紧张，但有条理，"像是又回到了高考复习的节奏"。

当选国会议员前，霍建强是新西兰高等法院律师，执业方向主要为商法、地产法、信托、IT&IP、证券和诉讼。在霍的首次国会演讲中，他特别援引了曾代理的一个案例，说明 1915 年关于采矿的一个立法，已经对现代经济尤其是地产开发产生负面影响，他表示对此法的修订，不但有助经济发展而且有效保护生态环境。这样的话题，无疑更加深了政坛对霍专业身份的认同，而不仅仅局限于华人——新西兰各政党的党章中都明确规定各族裔参政的比例要与其人口比例相一致。但是，专业的身份，精英的特色，反而淡化了其肤色的差异。霍承认，工党团队是把他当做"主力队员"来发挥的，这让他十分自豪，但也会感到强烈的压力——新人嘛，不进则退，所以必须加倍努力。

作为工党国会议员的"主力队员"，霍无疑为他的团队增色不少。3月初，《证券及理财顾问修正法案》、防倾销法案（*Trade Safeguard Measures Bill*）和《罪犯财产没收法案》等法案在国会进行一读或逐条审读，霍建强分别代表工党讲话，表述对这些法案的支持态度。霍在防倾销法案的一读发言中阐述，其他西方国家"救市激活方案"启用的资金都占其国民生产总值 GDP 总量的 10% 左右，唯独新西兰国家党政府的救市资金只占 5%。"保住每家每户的饭碗，避免企业失血过多，是当前的紧急要务。"这些话语，显示了霍深厚的专业背景，有理有据，猜想他在国会的所有同行当不敢小觑这位新晋华人议员。

理性

"秉承中华文化精髓，融入西方价值观念和民主体系，立足自身职业特点，为全国各族裔尤其是华人服务。"这是霍建强表述的从政理念。霍说在加入工党、参加大选之前，他对从政并没有多想过。但霍成为新西兰两大政党——当时执政的工党和最大的反对党、现在的执政党国家党争相邀请的对象。最终霍选择了工党。这里有着霍对工党方针政策的认同，也有着对当时工党党魁海伦·克拉克的知遇之恩——据说总理海伦·克拉克远在西班牙为美洲杯帆船赛加油时，亲自传送一则简讯给霍建强，表达工党的诚意。

霍建强表示，移民的融入以及政治人物的为民服务，必须从主流文化和法制两方面入手，给各阶层选民切实的帮助。虽然被公认为优秀的新西兰人，但霍强调自己是工党的华人议员，为自己是华人而自豪。他说，自己要做的事很多，总体来说，涉及服务华人社区，主要是"上传下达"，做一个真正意义上的"代议士"。"我的愿望，就是努力将咱们华人的智慧、经验和新西兰的体系、文化对接，一起打拼，为我们拓展更大的发展空间。"

霍建强认为与新西兰主流文化和法制的对接和磨合过程，就是新西兰华人新移民成长的过程。而他作为华人从政者，会以踏踏实实的职业心态，把不同的地方告诉大家。

霍以工党排名候选国会议员身份站出来的时机，其实正是新西兰华人华裔参政意识日渐增强的时候。除了几位早期华人移民后代已经在新西兰各地市政要员位置卓有建树外，新移民中则有国家党资深议员黄徐毓芳多年的辛勤耕耘、行动党前国会议员王小选的锲而不舍，现在则是霍建强的"水到渠成"——霍在多种场合均表示加入工党、参与大选是"水到渠成"。其实这种"水到渠成"的心态背后，凝聚着霍本人多年的勤奋与拼搏、踏实和敬业，也是新世纪新西兰华人参政的新体现。

在霍的简历中，这样写着：

> 祖籍河南，出生在安徽，落户北京，1994 年从北京移民新西兰。文学士（安大）、法学士（中国政法）、传媒硕士（奥大）和法学士（奥大）。工作简历：时任新西兰高等法院注册律师。执业方向主要为商法、地产法、信托、IT&IP、证券和诉讼。在具有百年历史的律师楼 Brookfields Lawyers 工作期间，曾在两宗诉讼案中任两位御用大律师助理。随后到另一间"百年大所"Hesketh Henry 律师事务所任高级律师。现兼职 Queen City Law，任高级律师。兼任新西兰海关"on-call"律师。回归法律专业前，任某中文周刊翻译、记者、首席记者，后调任全国最大英文日报 *New Zealand Herald*（《新西兰先驱报》）任亚裔新闻记者，是该报 1863 年创刊

以来，新移民中第一位母语不是英语的华裔文字记者。出版著作数
种（略）。从 2004 年起，在相关中文媒体撰写中英对照"霍律师说
法"、"霍律师法律点评"专栏，并在华人广播电台主持双语时事评
论节目《南北时空》……

从这段极具精英色彩的文字中，我们可以看到，霍浓缩了近 20 年
从中国大陆走出国门、勇于追求新生活、新体验、新挑战的一代学子的
经历。深厚、甚至远远高出当地同行者的学识，灵活自如的新语言的
运用，丰富的社会阅历，让霍不仅得到华人的认同，也得到新西兰整
体意义的折服。也就是说，霍的参政，具备了较高的政治素质和政治
智慧。

"没有语言障碍，懂得他们的游戏规则，懂法律，做过媒体，这是
我从政的优势。"霍建强先生说。

感性

记者在采访霍建强先生之前做了一点功课，查阅了能在网上看到的
大部分中文和英文相关报道。同时也看到了大量由霍本人撰写的中英文
报道、法律点评文章。饶有趣味的是，记者还在霍本人网站上看到了他
的"鑫如诗文"，其中"诗三首寄台北名侠——"其三"中的句子特别
对记者的口味：

> 女子不必论中年，
> 半亩方塘可耕田。
> ……

能写出这样句子的男士，应该是非常感性的吧？
在众多的报道中，霍的朋友、曾任台湾《联合报》记者的胡致华这
样写道：

远看霍建强，他优秀带着骄傲，礼貌带着距离。近看霍建强，优秀是因为他既有先天的学习资质，像海绵一样的吸纳能力，又有后天不畏惧自我挑战的人格特性；"到位"是他常挂嘴上的字，他觉得做什么事都要"到位"。骄傲和距离感，其实是因为那一点点棱角，产生对人际关系的一丝不安。他无法为了八面玲珑而放弃原则，无法为了讨好每一个人而委屈坚持。不过做事严谨的他，做人并不呆板，而且还颇具幽默感，有时带有阿Q式的自我解嘲精神，说学逗唱起来，常让身边的朋友拍案叫绝。

媒体的经历，律师的严谨，对新西兰层面的熟知，中英文语言运用的自如和得体，还有中国大陆20世纪60年代出生人所特有的理想主义与激情，总体构成了现今新西兰工党首位华人国会议员霍建强的个人形象特色。这个形象，比起我们惯常所看到的西方一般意义的政客形象，亲切和真实了很多。

当记者问起华人参政者如何合作、共同争取和拓展华人生存更大空间的问题，霍的回答既原则，又坦率。他说，不管是大选前、中，还是大选后的现在，我还是坚持这样的观点：我们应该向毛利族群学习——尽管他们有很多族群，但在种族利益面前一致对外。我们华人需要精诚团结，求大同，存小异。我在这方面基本是身体力行、问心无愧——只谈事情，不谈是非。但我有委屈感。我们华人还是太注重"术"了，有时不计后果——打人一定会有反弹，反弹会有什么样的后果呢？我们不能堕落成政治动物，更不能让族裔为你背包袱。

霍说知道新西兰华人华裔，特别是中国大陆来的新移民在他身上寄托了很大的希望。他认为这是责任，而不是负担。"我现在还是新人，一年以后，眼界和经验会不一样，那时我会更有发言权。"

霍还谈到了一些设想，比如，希望能推动政府以私人立法的形式，把英语的远程教育测试标准确立起来；希望能有时间到社区多走走、看看，多了解，多倾听；希望能对现有的华人社区中的弱势群体——老人群体做更多的关注，能帮助他们退休无忧、社区生活愉快……

第二部分

记　　者

第一章　大报记者

告别北京

　　告别北京的时候，音祚交给我的《通俗美国习语集粹》的编译工作
才完成不到 70％。在南菜园的那个蜗居，到处散放着杂物。北京独有的
"两头沉"大书桌，有一头动都没动，更谈不上整理了。书架上摆满杂
书，幸好在这之前已经将几个书箱整理完毕，里面有英文和法律两个专
业的主要教材和读书笔记。挑有用的送给了朋友，其余全都丢到了楼
下，收破烂的乐坏了，真可谓喜从天降。

　　客厅的中央放着两只旅行箱和一个黑皮拎包，那是要带走的。北京
的日日夜夜夜、一草一木，还有那么多年的青春岁月，仿佛浓缩在这几
件大小不一的行李里。那是 1994 年 11 月，那时只有传呼 BB 机，还没
有电子邮件，手机是笨重的"大哥大"，越洋电话还很贵并且不容易
接通。

　　早上 8 时 30 分左右有人敲门，是小竟和闫老师，随后大学同学、
单位同事以及"《英语世界》之友联谊会"（BWE）的几拨朋友都来送
行。小龙常跑美国，一手拎一只皮箱，忙不迭招呼："咳！还差着远呢，
再装再装。"

近 11 时从南菜园启程，浩浩荡荡竟成了一个小车队了。几个朋友留下来替我整理房子，一边安慰我说："急的东西空运，不急的海运。"就这样，来不及多看北京一眼，我便上了南下的飞机。

我是选择在深圳小住几日，然后取道香港经悉尼到奥克兰的。我的心里很矛盾，非常留恋北京，闭上眼都能看到紫竹院、三里河和通往北京图书馆的那几条林荫大道。京城，古色古香又充满现代都市的大气象。这里有很多朋友，有很多美好的回忆。但我极强烈地不愿再浪费青春，不愿生活在一个不能埋头干活的环境，不愿见一些所谓"宦官型"的那种基层"麻雀那么小的"小领导。那时年轻气盛，张口闭口说"读大气书，做大气人"之类的话，现在想来不禁觉得狂傲、幼稚、可笑。

深圳的朋友自告奋勇地把我的事当自己的事拜托给旅行社。旅行社自然把所有的事当工作上的事依次处理。订了马来西亚航空公司的机票，那时奥克兰与京沪两地还没有直航。我兴冲冲去 check in 办登机手续，却被柜台小姐拒绝了，因为旅行社没有办在澳大利亚的过境签证。申辩无效，我焦急地在机场徘徊几分钟，迅速做出决定改乘国泰次日航班，因为当时办澳大利亚过境签证，加急也得三天左右的时间。

离开机场，到市区住进酒店。推开门，走到房间中央，这时才发现，这小小的房间竟然如此空空荡荡！对我来说这太大了，大得显衬得我是多么形单影孤！上午过罗湖前还是和朋友们在一起，过去几天吃火锅、游竹园、去天子游泳；几天前依旧生活在我的北京……时间是如此的不可思议，有时候几十个几百个小时没有内容，有时这一天、这几个小时、这几十分钟便将时空分割的七零八落，分割成不同的天地。我的人在香港霓裳声色的大街上漫无目标地走，我的灵魂和心绪却不知在什么地方飘零。

太狭小了，房间里让我透不过气来。我得出去，去大街上，去人多的地方，反正得去一个地方。我不知道我要干什么，也不知道怎样使自己平静。

香港街道上的霓虹灯，熙熙攘攘的人群，还有和北京完全不一样的空气，统统和我没有关系。那时我很机械，饿了吃，渴了喝，漫无目的地在街上溜达。有人迎面走来向我问路，手里拿着一张大地图。我本能地接过地图，顺手将自家手里的一大杯可乐塞进双肩挎包。居然对付过去了，接着往前走。觉得在下雨，又像是楼顶上淋下什么东西，又觉得不对，因为头上不淋只淋后背和脚后跟——原来包里的可乐全洒了，赶紧往外捞东西：机票，护照，还有一本《白话佛经》，全被淹的天昏地黑。回到酒店，赶紧用餐巾纸吸拭。

　　这样天亮了，赶到机场。仿佛坏情绪的延续，登机手续办得很顺利，只是行李超重 20 多公斤，国泰航空毫不含糊，超出一公斤便罚港币 158 元，超重费连同机场税共计港币 3 900 多元。许是昨日不能成行的阴影，我甚至想不出掏出一些杂物丢掉，其实这一丢就是节省几百美金。想想算了，除了别人托带的东西，多半是跟随我多年的物件和工具书。唐僧取经九九八十一难，最后一难算得了什么。再说——套用当年流行的术语——我是单身我怕谁?! 于是一五一十点票子，共缴 520 美元。若干年后当笑话说给朋友们听，几个会过日子的仍然不胜唏嘘。

　　飞机滑行，海中的跑道两侧渔船徐动，呼哨一声飞机射向夜空：香港高楼林立、五光十色的美丽夜景! 我便离开了这方水土，离开了这不可思议的、沮丧茫然的今天和昨天。月淡星朗，我在星星的村落中漂泊，漂泊在茫茫的太平洋上。这里的时空暂时中止了，仿佛为新的生活做一个铺垫、为新的一天做一个注脚。

　　波音 747 在平稳地飞行。脱下美国大兵式的皮靴，换上袜套，安心地用餐、安静地看电影，放的是张艺谋新片《活着》。

　　看窗外茫茫一片，又与行星比肩。早晨 7 时多，屏幕放出飞行图，我们正一步步接近目的地。着实吃了一惊，因为机票上的抵达时间是下午 12 时 55 分。算算夏季时差五小时，可不就是下午了吗? 随着飞机降低高度，新西兰满眼的绿色扑入眼帘。海的蔚蓝和大地的鲜绿拼成一块块版画，点缀着白帆或建筑物。奥克兰以及随之而来的新生活，在飞机的左盘右旋中贴近。

奥克兰的新移民

旅行结束了，现在必须解决两个问题，一是到奥克兰大学，选一个合适的学位，否则一错过便是一学期；另外就是必须迅速找到一个固定的住处，否则住朋友家或住酒店都非长久之计。

在奥大很顺利。系主任安德鲁·夏普教授（Professor Andrew Sharp）亲自为我选定几门与媒体、法律和政治有关的课程，还介绍一个国内来的学长张勇进博士和我认识。

找住处不顺利，主要是当时我什么都不懂。记得有一次，经朋友介绍去看一对台湾夫妇的房子。他们的房客要搬走了，他们自己也要回台湾一阵子，因此需要一个既可看房又可缴房租的租客。女的似乎很傲慢，男的说话多且快："我在台湾念书，又去美国念书，现在这里教书——我们不缺这个钱的，你知道？既然是朋友介绍的我就卖给朋友一个面子，你知道？我的 flatmate（房客）走后我和我太太没走期间每个星期 90 元，包水、电；我和太太走后你一搬进来每个星期 120，不包括水、电⋯⋯你知道？"

我想我要住到这里来会闷死。后来知道了行情，了解他卖给朋友面子而给出的价钱，和同等条件房间的市场价相比，只高不低。

仿佛浓雾渐渐退散，许多原本朦胧的东西都慢慢显出了原形。

也有热心人介绍工作。有一天有一位在我的桌前丢了一个字条，说是有一份在机场调查游客来源地的工作。一小时 20 元外加 20 元泊车费，"打这个电话"，那人说话时鼻尖对着我。我打了差不多一天的电话，都是忙音，可能号码给的不对。倒是北京来的几个朋友，介绍我到一家中文周刊去做翻译，让我在接触新闻的过程中，迅速了解社会。这几个朋友我们至今仍来往密切。

11 月的奥克兰处处飘着柠檬花的淡淡香味，可新奇的环境和怡人的景色，丝毫不能引起我的注意。我常常跑到奥大校园，坐在绿草坪的一

166

角，看着天边发愣。按理说，我这个走南闯北、熟悉欧美的人，不应该在一个新的环境如此失落。看症状，颇似常说的"文化冲击"或"文化休克"，可自己不信，更说不清楚。

翻看那一段时间的日记，字里行间透着一种失魂落魄。

"1994年11月16日，阴，风大。我现在接受一种灵魂空乏的煎熬。我是处于佛祖抛弃、基督不纳的一个真空。我怕刮风，随便一阵什么风都能飘过无数的伤感、怀旧的符号。见鬼的是从未留意过的流行歌曲《牵手》却异常清晰、异常准确地在耳边回荡。于是又回到香港街头，那是多么难熬的嘈杂而孤独的一天一夜！又回到机场，上下前后没有着落！又回到深圳，熟悉又陌生的一个模型。熟悉的可以触摸，陌生的和自己对抗！又回到北京，宽宽的大街、窄窄的胡同，胡同口大娘卖的豌豆黄、驴打滚、爱窝窝……似乎明天就可以起身去上班，一如既往。

……怎么开这么大的一个玩笑从北半球跑到南半球？太阳从右边射来，身后的方向是我的家！现在要回去能回哪儿呢？……稳住。天黑了没关系，好歹哄自己睡了，能挨过今夜就是胜利。明天早起再说。《般若波罗蜜多心经》，260字……"

这本日记已经十多年没有碰过。现在打开，岁月有点模糊，但当时自己所处的那份心境跃然纸上。那几天的日记写得很长，翻开另一页，是不同的笔迹：

"……这是掉到深井里的感觉，黑暗，四周非常狭小。仰望井口一片星空——那就是过去，就是你自己，有无数的亲朋好友，各自按自己的次序生活，只是这一切和你都没有关系，你已被隔绝！

井口还有一小方星星亮点，这便是现在和过去相连的一个小通道。我又看到暮色中的天井湖，昏黄的灯光，自由而带股野味的深圳的空气，还感觉不到空间的大幅度漂移……

　　仿佛睁眼醒来还能依旧走回长安街上，一伸手就能触摸过去，聚散的朋友打个电话就能联系……现在这一切是那么遥远，天高，乱云飞渡。"

　　这一段经历，改变了我为人处事的许多习惯。中国 20 世纪六十年代出生的人，大多数还带有强烈的"集体人格"色彩。内心里波涛汹涌，外表上却故作平静，往往视求助为软弱，有事不肯说，爱面子，怕丢份儿。

　　实际上人人都是需要帮助的。很强悍的人也有很虚弱的时候；再弱小的人，也有可能助人一臂之力。

　　那段时间我得到许多相识或不相识的人的帮助。位于奥克兰中部偏西地区的 Three Kings 公理会对我帮助很多。隔了十几年，许多人的名字就在嘴边：牧师是 An Hooker，还有 Brian，John，Gaynor 等。在随后进入英文大报《新西兰先驱报》时，我又得到了许多人的帮助。这让我牢记终身。这不仅仅是因为创业初期的艰难，成年人移民好比成年的树木移植到另外一个环境，需要浇水，需要呵护，只有这样才能平安地度过初始状态，才能恢复元气。

　　有一句人人皆知的话叫"机会只给那些有所准备的人"。许多谈移民生活的书，大多以谈生活为主，在得到机会或失去机会的过程上着墨很多，而在如何帮助别人"准备自己"方面谈的很少。明眼人或许已经看出，我在这本书里尽量克制情感成分，少谈生活或生活过程——那些会留到另外一部书里专门去描述。在这里尽量多谈"工作"，即便是工作本身，也是多谈工作内容而不是工作形式。

　　我不确定我移民之初的失魂落魄算不算"文化休克"，但了解"文化休克"总归比不了解好。因此这一部分的第二章，就比较详细地介绍一些我对关于"文化冲击"方面的研究心得。或许有一些参考价值。

　　按照事后诸葛亮的说法，就谋个职位、"融入主流社会"而言，我当时应该有两个选择：一是参加律师公会的考试，拿到律师资格，然后做律师。另外一个就是我当时选择的，进报社，这样很快就能了解新西兰整个社会。

　　事实证明这是正确的。因为移民之初的魂不守舍，充其量只是浅层次的文化冲击，真正冲击力大、甚至影响一个人在新环境里职业成长的，恰恰是来源地不曾具备或与住在地相差甚大的一些元素。张勇进博士说，在牛津大学读书不仅仅是为了拿学位去通过每门课考试——这固然重要，但更有意义并因此而成为"牛津人"的，则是把自己放到牛津文化中去"熏"。许多东西潜移默化，很难用语言表达清楚。

　　有一天在报社看到几个人影在电梯口一晃，其中一人看起来很像总

1996 年第一届 MMP 大选，国家党推出的另一个华裔候选人是余景明（左一）。那是我第一次采访当时的总理金·波哲。1999 年工党执政，把波哲派到美国任大使。

理金·波哲。我随口问了一下门卫："是总理吗——那个人？"门卫也随口回答："是呀，大选快来了，他来拜见总编。我告诉他们我们这儿只有三个车位富裕，他们车多可以泊到收费停车场去。"

第一次开飞机

有时候挑战自己就是做一些自己从没做过的事，就这么简单。我在教会认识的布赖恩（Brian）是个很棒的飞行员，1995年元旦他带我去飞行。那天晴空万里，小飞机在跑道上滑行，布赖恩边按规定程序调整油门、方位、速度，边通过电台向地面控制报告。控制塔说可以起飞了，布赖恩开始祈祷，说："主啊，我们做的是好事，请赐福保佑平安，阿门！"然后一拉操纵舵，忽地离开地面。我坐副驾驶位置，前后左右探头望去，上不着天下不着地飘泊在空中。未经飞行训练的人很少有方位感。只觉得身下的大地一会儿左倾一会儿右斜。我们向大海飞去，很明显地看到河水淡黄而海水湛蓝。来了一阵风，有点颠簸。布赖恩开始爬高，于是机头上仰。身下已是汪汪一碧，阳光下飞机的影子映在海面，一艘艘白色的船在海面蠕动，身后拖着一条宽宽的水痕。海面平坦，仿佛厚蓝绒，柔和地打着皱褶。

飞近一个小岛，白色以及褐色的岩石、浓绿的树木、淡绿的草坪，间或星星闪亮的小点——那是飞翔中的鸟。这时，布赖恩说"你试试"。于是我来掌舵。他说："我说'你掌舵'时，你要重复'我掌舵'；你交给我掌舵的时候，也要这样交换口令。清楚吗？"

"我说'清楚'"，便握住舵把。一会儿听他说"右30度，保持平衡……好，机头抬高……左25度，机头降低。"

这真是一种全新体验，夸张一点形容好像是在把握生命，只是飞机比生命听话，爬高时眼前一片蓝天，降低时满眼的葱绿或湛蓝。风过颠簸时也会猛然醒悟自己的孤立无援，因为四周全是虚空，没有一样东西可资依靠。即使是座舱内也是这样，安全带当然必不可少，但舱门甚至

170

比汽车门还要简单，甚至没有扶手，颠簸时没东西可抓。

我们向跨海大桥飞去。这时需要换一个电台频道，因为我们起飞的民用小机场、奥克兰国际机场和奥克兰市中心分属三个不同的空中管制，进入各自领空都需要经过许可。我才发现奥克兰有那么多的高楼，高速公路上的分界线和行驶中的车辆清晰可辨。大街小道布局清楚，偶尔还能见到一两栋带游泳池的房子。

这样扶摇了近两个小时。空中飘得久了，竟有一种强烈的愿望想回到地面，找到脚踏实地的感觉。一边告诉布赖恩说有时"不赖恩"是不行的，尤其是在空中，命运真的是一半掌握在自己，一半掌握在上帝。我甚至觉得不信菩萨不信上帝的人，可能在空中更容易找到对神的敬畏与信仰。因为几千英尺的上空，更容易让人懂得，再牛的人也牛不过这天与地的距离。

山落中机场跑道已清晰可辨，中央一条清晰的白线，布赖恩将机头对准白线，我们很平稳地回到了仿佛阔别已久的大地。

移民新天地

说"新天地"不如"游泳池"贴近，而且是扒光了衣服、不带任何文饰的。你是谁、从前做过什么……大可写进简历但起不到太大实际作用。来自五湖四海，所有人都挤在这样一个空间，为了一个共同目标：首先解决生存问题。那时候还很少有投资移民（投资移民多半来自港、台），来自中国大陆的绝大多数是我这样的技术移民。事后接触多了，才知道创业过程中酸甜苦辣、叱咤风云的各类华人移民比比皆是，和他们相比，我的创业故事根本算不了什么。

但将自己"清零"是必须的。从某种角度看，需要忘记过去，从头开始。都在一个大游泳池，先游起来的先上岸。

在《中文周刊》的工作经历是很有趣的。它给人提供了一个全新的内容和视角，去看待华人以及不同华人在同一境况下的各自反应。这也

记者霍建强，在奥克兰的第一个办公室，
那时还没有电子邮件。1995 年 4 月。

是一个颇具代表性的平台，能看到大陆、港、台、新、马等各地华人的
众生态。现在回忆起来，许多琐碎的东西都随风飘散了。仿佛蒲公英，
纷纷扬扬，但不同的姿势、不同的形态，拍成照片，或可令人鉴赏、招
人感慨。

蒲公英的英文名叫"dandelion"，据说是来自古法语的"dent-de-
lion"，原意是"狮子的牙齿或齿印"，显然是受了蒲公英叶子形状的影
响。可见尽管纷纷扬扬，有时还是蛮厉害的。

在英文《新西兰先驱报》工作的感觉就完全不一样了。记得那天去
报到，首席记者（大陆、港、台大报习惯称作"采访主任"）站起来，
握握手，说"这是你的办公桌，一会儿来参加每天早上的例会"。开放
式办公，四个记者一组，用小间隔开。一台电脑、一部电话、一个三层
的文件夹，最上一层放着刚刚收到的政府各部分及其他机构的新闻发
布——这是记者们最不要看的，记者们要的是挖出有价值的"真正的"

1996 年奥克兰中国印象音乐会，
和杨宏基先生在后台。

新闻。

每早例会简明扼要。当时在首席记者之上还设有"每日总编"（Home Editor）。他半眯着眼，听每一位记者讲各自新闻线索，然后告诉大家采访的重点和角度。报社在新闻采编上要求很严，不但要找到第一线索，新闻本身尚需要第二、第三"旁证"，否则很难见报。

我当时对新闻的理解，尚处于半懂不通的状态。翻开中文报纸——即使时值今日——仍然常见"某某活动在某某地点召开，某某讲了话，某某还讲了话"之类，然后再来个全身照大合影。习惯中文报道的人，还会有一个毛病，就是"新闻"和"观点"混为一体。说了半天，常常是评论性的文字夹带新闻描叙。当然"掉书袋"也是毛病之一，言必称希腊，否则难显水平。

我当时可能三个毛病兼而有之。在英文《新西兰先驱报》，一篇新闻见报要过三关。第一关是首席记者，没有新闻性，首席记者不会让你瞎跑。第二关是新闻编辑，只有过这一关，你写的稿子才会从那里转到文字编辑（sub editor）部，他们是最后一道关卡，负责下标题和量体裁衣。每天版面是有限的，让出广告所占版面，字数超过了，文字编辑就从后往前删，删到哪儿，都得恰到好处。这便是文字记者人人必备的基本功：按"倒金字塔"写出一篇报道。全部删光了，只剩前面一句，这便是一则短讯，用以补白——报道的第一段是考量记者实力的一个标志：如何在不超过 30 个字的前提下，将一则新闻提纲携领地写成导言（俗称"lead"和"intro"）。然后再逐段展开。

初进新闻中心，每天打开厚厚几十页（周末版甚至上百页）的报纸，见不到自己写的东西着实发狂了一阵子。一天中午，首席记者紧急招呼："下楼，开采访车，往中区开，地点随后通知。"

于是发动车往中区跑。一会车载电话进来，告诉了详细地点、事由，摄影记者已从另一区域赶来。原来是报社新闻中心警察桌面，监听了中区一个餐馆的报警电话，一个持刀抢劫的蒙面大汉冲进餐馆抢钱。收银台上的老板娘惊叫，厨房里的老板火冒三丈："老子还没开张你就来抢钱"，抄起一把大菜刀把那蒙面大汉赶

边当记者边读学位的那几年，
苦虽苦，但天地特别宽广。

174

跑了。

这就是事情的全部经过。采访、拍照完毕，警察才赶到。那时我才知道，报社的电台和警察同步，记者经常和警察同时感到现场。当天报社警察桌面的几个记者都出去跑一个大案，"大菜刀吓跑蒙面汉"便成了我采写的第一则社会类新闻。

新闻中心按不同专业分成警察、医疗、国会、移民等几个桌面。这几个桌面基本负责要闻 A 版，其他如体育、经济、副刊等，则在别的楼层，相对独立作业。

经常在头版风光的，通常都是警察、医疗和国会桌面的几个记者（国会桌面由设在惠灵顿的政治新闻部负责）。那则新闻见报，也加深了我对警察桌面的好奇。那时常跑犯罪新闻的有三个记者。一个金发碧眼、文文弱弱的女士，据说是不怕尸体不怕血腥，经常写出独家专访。另一个不太熟。第三个就是高高壮壮的托尼·沃尔（Tony Wall）。他最知名的壮举就是在市区的大桥底下睡了三个晚上，结识了一批流浪男女，挖出亚裔和流浪一族假结婚真移民的大新闻。不过那时我已经离开了报社，回归法律行业了。

能进《新西兰先驱报》是我的幸运。在《中文周刊》我从兼职文字翻译做起，慢慢过渡到专职翻译兼"分类广告销售代表"——这算是我在新西兰第一次接触市场。当时还参加了一个培训，如何用打电话的方式去开发市场（tele-marketing）。"开发市场"是个大词儿，说白一点就是打电话卖"小平广告"的版面。三个月不到，我将当时不到 1/16 版的分类广告做成了整版。也明白了分类广告不仅是一笔不小的收入，也是吸引读者看报的信息来源。工余，每周四出版日还要将赠阅的报纸和寄往外地的报纸叠好装进信封，少则几十份，多则上百份，装完后满手污黑。我开始在周刊上辟一些有奖问答类的专栏，答对的奖励电影票。电影院开始找我去看电影、写影评。渐渐地我去跑新闻，还将不同观点的人进行对照性专访。还采访了那段时间出访新西兰的华人政要、体育明星以及艺术家、音乐家，如日本小提琴演奏家西崎崇子（Takako

Nishizaki)。她的"梁祝"十分有名气。英文《新西兰先驱报》的记者开始和我交流信息,慢慢地但凡涉及移民或亚裔体裁,他们会向我了解情况,有时会拉着我一起去采访。我也用英文写过一些文章。心想在北京都出版过英语词典,写不出像样一点的文章对不起祖国人民。有一次国家党总理金·波哲和亚裔社区居民见面,我采写的一则新闻被基督城的一家英文报刊登了。还有一次港星刘德华来新西兰开演唱会,《新西兰先驱报》文艺版的编辑问我想不想试试。我去了,写了一篇较长的报道,配上图片在周六版刊登了。

有一天,在走廊里和一个留络腮胡子的高大男人擦肩而过。他不苟言笑。再次偶遇时,他喊住我: "听说你想当英文报记者?"我说:"是。""你知道怎样才能更好地训练写作吗?"没等我开口他便自问自答:"写作的最好训练就是不断写作。"说完转身就走了。我心想这哥们是谁呀?面善,看气度来头不小。

百年大报

进《新西兰先驱报》赶上报业集团两大历史性转折。一是两大家族百年辉煌被强行画上休止符;二是铅字印刷向电子排版过渡。两件事在业内都闹得惊天动地。

出版英文《新西兰先驱报》的是威尔逊和霍顿集团(Wilson & Horton Group),就是威尔逊和霍顿两大家族。1863年11月13日,威尔逊家族出版了第一期《新西兰先驱报》,1876年,霍顿家族将其出版社的《南十字星》并入,两大家族合二为一,在新西兰传媒界一领风骚!

了解传媒行业的人都知道,威尔逊和霍顿已不单纯是个家族名字,它已经成为一个标志,在南半球及全世界享有盛誉。旗舰《新西兰先驱报》入列世界前25名最佳日报;麾下更有近50家社区报、3个出版社、3份有影响力的杂志、4家大型印刷厂以及若干个调频和调幅电台。

迈克·霍顿1973年开始继任集团总裁,他的管理风格属于"传统报人"型，谨厚、审慎而富有责任心。圈内人说，公司的资产在他管理期间从 9 百万元雪球般地滚到了 9 亿元。

如果用三个字来描述威尔逊和霍顿集团的企业文化，那就是"人情味"。威尔逊霍顿集团曾经有相当长的一段时间是以照顾和保护自己的职员而著称的。常见一个大办公室里有好几个职员是亲戚的现象。祖父和孙儿同在一个制版间也并不新奇，在报社大楼里，常有四世同堂的事。霍顿自己，则是从报童开始，一步一步发展到今天，成为报业泰斗。

记者霍建强：有一阵子犯傻，经常拿来优秀报道，除了算导言的字数，还算每一段的字数。纳闷人家怎么就写得那么好！1996 年 5 月奥克兰。

1997 年 7 月 28 日我发表了关于他的长篇专访《再写辉煌》，算是近距离地接触了这位我"老板的老板"。他说小时候他的父亲（当时的公司总裁），一有空便带他到报社。"我现在好像还能听到铅字印刷机的嘎嘎声……刚刚印好的报纸散发着一阵阵浓浓的墨香。"

上小学后，他便开始到报社打工，每天清晨，天还没亮便起床挨家挨户派送《新西兰先驱报》。去英国念法律之前，霍顿考进《新西兰先驱报》，像当时新西兰年轻人所梦想的那样，成为这家大报的一名记者。

他的笔墨生涯并不长。"当时的主编艾伦·科尔（Allan Cole）认为记者这行并不是我的强项——我想他可能说的对。所以我放弃了记者这个职业，去英国念书去了。"

他 1959 年从剑桥大学毕业成为伦敦的一名执业律师。1961 年奉父

177

命返回新西兰，又进《新西兰先驱报》拿起了笔杆子，再次成为记者部的一员。

和上次一样，没过多久他便离开编辑部，父亲将他调往印刷间。随后若干年，他几乎在每个要害部门都实习一遍。1965 年，霍顿入秉集团董事会。1970 年被任命为助理总裁，1972 年，任命为总裁，那年他还不满 34 岁。

霍顿在报业管理上的远见、果断，是为一代人所钦佩的。1972 年，他刚接任公司总裁时，就预测 25 年后的《新西兰先驱报》要发展到 130 页以上才能满足新闻和广告的容量。他是基于这一直感，来分配发展基金、布设长线计划的。

霍顿说在他任总裁的 23 年中，有两项政绩最令他满意和自豪。第一，是 20 世纪 80 年代新西兰股市崩盘，三家日报相继倒闭，一批实业纷纷破产。但他领导下的威尔逊霍顿集团却平稳渡过了危机，股东们没有受到损伤。第二，就是投资 1 亿元兴建 Ellerslie 彩印中心。这个集制版、印刷、包装、运送于一体，重体力工作全部由程控机器人操作的大型彩印中心，将使先驱报系至少在 25 年内，在全球同行业内处领先地位。

令他非常自豪的，是在这 23 年总裁生涯中，"能够给股东一个力所能及的回报"。有人算了一笔账，如果你在 1972 年霍顿任集团总裁的那一天以每股 283c 购入 200 股，现在你手中所掌握的已经变成了 4 908 股，价值超过 $44 000 元！

但是无论是十几年前写那篇专访，还是时值今日写这个章节，谈论股票都是威尔逊和霍顿的一个心痛！

我的那篇专访是这样开头的：

"1994 年 11 月 2 日，威尔逊霍顿集团总裁迈克·霍顿刚飞抵洛杉矶便接到总部传来的急电。他换乘另一架飞机，星夜赶回奥克兰。

"总部设在惠灵顿的布赖里投资公司（Brierley Investments）筹集 2 亿 6 千 4 百万元，收购了威尔逊霍顿集团 28% 的股票，一夜之间成了控股公司。这是布赖里第二次突袭。第一次是在 20 世纪 80 年代末，未遂。和上次一样，这一次也是趁霍顿出差海外，乘虚而入……"

威尔逊霍顿公司是在 1961 年上市的。公司在奥克兰皇后街等市中心黄金地带拥有大片房地产，所经营的实业大多欣欣向荣，这是为布赖里这样的投资公司觊觎良久的主要原因。

长话短说，1995 年 5 月，布赖里投资公司将手中用每股 8 元左右收购的股票，以每股 10.50 元售予爱尔兰 "独立报业集团"。外加每股 1.50 元红利，布赖里在威尔逊霍顿公司控股 6 个月，赚得 7 千万元。1995 年 7 月，迈克·霍顿下野；1996 年 11 月，霍顿姐姐将家族在集团的最后一批股票售出，霍顿家族五代人在威尔逊霍顿集团辉煌、经年的合唱，至此画上了一个休止符。随后威尔逊家族退出。新西兰最大的日报报系，至此不再由新西兰人自己掌控。

大量职员离开了报系。一位受雇十多年的老职员，离开报社时泪汪汪地感慨："倒好，见证了资本主义的残酷性和合理性——企业经营太好了也有致命风险！"

我第一次见到霍顿先生是刚来上班不久的时候。午餐时间跟着一群人来到二楼餐厅。有人指指最后面的那张餐桌，说中间的那个人就是霍顿。餐厅有 20 几张长条餐桌，每张能坐 10 来人，最后面那张靠墙角的算是 "老板桌"，因为霍顿、威尔逊以及集团的几位高层主管常坐在一起边吃边聊。约定俗成，大家都不坐那张桌。倒是有一天，看见新来的一个清洁工坐到霍顿平常坐的位置，还拿了一份《女性周刊》之类的杂志，一边吃一边翻看。霍顿来了，她也只略点下头，并不谦让。就这样一个恐怕是公司最低身份的职员和一群最高身价的老板，有说有笑地共进午餐。

霍顿离开了《新西兰先驱报》总部大楼，可大楼里还经常听到他的名字。他是中国文化里所说的那种文人型老板。作为一个集团公司的总裁，他可能是新西兰同行中唯一读过俄文原文《战争与和平》的人。他喜欢园艺、植物学，喜欢打网球、游泳。除俄语外，还说点法文、德文，现在他在学中文。

两大家族退出后，最直观的变化是餐厅的食谱变了。从前一大块牛排、两个鸡蛋和一堆新鲜色拉合成的一盘正餐外加一小碗冰淇淋，只卖市面上一半的价钱。威尔逊霍顿集团公司为员工补贴了另一半费用。我那时仿佛又回到大学时代，常觉得吃不饱。新财团接管后，补贴取消了。若干年后，公司干脆把餐厅也取消了，把能利用的空间全部利用起来，多出的办公用地（尤其是临街的）不是扩充了经营范围就是外租了。我虽然是刚来不久的新移民，竟跟土生土长的老人一样——用当时半是当真半是玩笑的口吻说——怀念起充满人情味的新西兰传统，而痛恨这每个毛孔都充满铜锈的资本主义新潮。

新时代的 《新西兰先驱报》

告别威尔逊霍顿时代，《新西兰先驱报》也进行了大换血式的改组。掌帅印11年半之久的总编彼得·卸乐（Peter Scherer）下野。他在威尔逊霍顿集团工作了近44年，他破的纪录就是成为《新西兰先驱报》目前为止唯一活着退下岗位的总编。他最经典的一句话是："记者的工作就是监视游行而不是参与其中。"

49岁的盖文·爱里思（Gavin Ellis）出任总编一职。他的出场，无疑在全国新闻界解开了一个谜。此前大家一致揣测，爱尔兰资方会不会在全世界范围海选一位总编。因为持续了好多年，社会上认为《新西兰先驱报》不够鲜活，从内容到版式都嫌老气。

爱里思 Gavin Ellis 新西兰最大日报 New Zealand Herald 当年的总编，我在新西兰的第一个老板。

爱里斯此前领导了报系的技术革新，铅字排版时代已经结束，电子传媒时代已经来临。他出任总编一职，似乎笃定了他要扮演一个重要角色，从形式到内容将《新西兰先驱报》推向一个新时代。这是一个众人瞩目的角色。压力可想而知。有人总结说，这样一份大报的总编至少需要具备三大方面的素质：正直（integrity），决断（discretion）和主见（independent）。很快地，爱里斯重组了编辑部，全新面貌的《新西兰先驱报》闪亮登场。

那时我还没有见过总编。有一天傍晚刚发完稿，正没着没落，心想来杯咖啡吧，便起身去休息室。迎面碰到一个留络腮胡子看起来不苟言笑的人，身后跟着新闻主编和首席记者。就是我前阵子在走廊偶遇的高大男人，他就是总编爱里斯。"听说你干得不错了？"他握住我的手："欢迎加入团队！"

总编是那种"望之俨然，接之也温"的人。作为新移民，我在新西兰的创业之初，他给了我很大的帮助，还破例让我可以利用工作时间去奥大修学位。作为回报，我也总是利用周末或下班时间，把该做的事情做好。那时候主流社会对移民社区尤其是亚裔还缺乏基本了解，还没有建立一个管道。我参加了各种类型的活动，报道内容涉及的社区很广，华人当中新、老华侨——华人的第5代，第6代，文化认同、族裔识别等和大陆、港、台新近到达的移民相比，有许多本质性区别。韩国来的移民那几年很活跃，不用说还有星、马、泰、越南、印度以及印度地区鲜为人知的Goans人，他们有很强的葡萄牙裔色彩，看起来更像欧洲白人。接触多了，了解就多，建立相应管道，交流就顺畅起来。

洋记者土问题

在这样一份大报当"洋"记者，最初遇到两大困难。语言问题让我始料未及。和一切来自中国且英文科班出身的人一样，我热衷使用大词和长句子。有些字意思是对的，但用起来就够不上那个洋味儿。我花了很长一段时间将自己的英文词汇大换血。我每天留心头版和其他要闻版的报道，将出现频率多的词汇摘下来、做笔记，两年中做了差不多16本这样的笔记。以后如果闲下来，我会将它们整理出来，出一本"实用英语常用词汇"之类的小册子。

有时候也存在一个简单的问题，就是你肯不肯用这些原汁原味的字词？最简单的例子莫过看中文国家媒体同行们的名片。有一次我们在报社接待一个代表团，洋人同事问我"怎么他们个个都是主编？"因为他们名片上除总编外，个个头衔都是"editor"。这可能体现理解上的两大差异。这边的报社，很少有分工不明确的"编辑"。"新闻主编"叫"news editor"；"副刊主编"叫"features editor"；图片主编叫"illustrations editor"。只有负责文字编辑（sub editor）的叫"文字主编"（chief sub editor）。而整个《新西兰先驱报》的主编则叫"editor"，因为"editor"好比中文文字"部"，职衔大小取决于前面修饰它的那个字，小到"小卖部"、"学生会文艺部"等，大到"中国外交部"，结合起来意思明确。爱里斯退休前几年名衔改为"总编"（editor-in-chief），因为他除了主编日报 New Zealand Herald 外，还负责周末报 Weekend Herald（《周末先驱》），他总编相同商号、不同市场的两份不同的报。因此，这两大差异第一是词义方面，要还原词义本身来用词并且敢用小词；第二是文化上的，中国有段时间流行"总经理"，谁都是老总，真遇到真正意义上的老总，目前还没有发明一个字表达"总总经理"的意思。所以，要想将英语写的有洋味，必须用英文来理解英文，而不能用中文来理解英文。

这样，品味一下，就知道词与词之间细微的区别，就体会到用"offshore"，不如用"overseas"；"approximately"就是"about"的意思；"prior to"就是"before"。新闻报道要实话实说，有什么说什么。读者看报要的是信息，切忌用大词、生涩的词。语言大家像老舍、杨绛、钱锺书等，都是以内容和意境取胜，很少用大词吓人。

有时候我们从报上常看到一些臃词，如"safe haven"（安全的天堂），天堂都是安全的，所以直接用"haven"；"weather conditions"（天气状况）指的就是"weather"这个词；"光天化日"不用说"broad daylight"，"daylight"就可以了。同理，没有"definite decisions"（绝对的决定），"决定"就是"decisions"。没有什么"new record"（新纪录），创下的都是新纪录"record"。律师们喜欢用的"adversely affect/impact"（不利影响），说的就是"harm"或"hurt"。任何未来规划都是前瞻性的，所以不用强调"forward planning"，"planning"即可。还有，不要用"at the present time"，用"now"；不用"adjacent to"，用"near"；不用"as a result of"，用"because"；不要啰唆"despite the fact that"，简单的"although"就够了。"Filled to capacity"（填充到了饱和状态）就是"full"（满了）的意思。"Preparatory to"就是"before"；"on a temporary basis"（在临时的基础上）就是"temporary"（临时）的意思。

词汇问题解决了，剩下就是遣词造句。在那段期间，对我帮助最多的是 Kevin Hart 和 Rod Pascoe。Kevin 在主编办公室，负责过"读者来信"栏目编辑，但主要是撰写社论，他教我如何使文章有逻辑、丝丝入扣。Rod 是文字编辑中数一数二的。有时我写了一篇 300 字的稿子，经他一删改变成 250 字，不但精练，而且更滴水不漏。

当时的 Home Editor（行使首席记者职责但职位更高）Tim Murphy 在早会之后，常跟我聊聊"倒金字塔"以及新闻采编的几大要素。讲这些理论的书我以前也读过，但不经实践，好比不下水而熟读游泳指南，终究解决不了问题。他曾给我改过一篇稿子，只是改了几个字并调整了两个句子，改后读起来立刻新闻味十足。从那以后我仿佛找到了感觉，眼前豁然开朗。

我将这篇草稿扫描，照登如下。

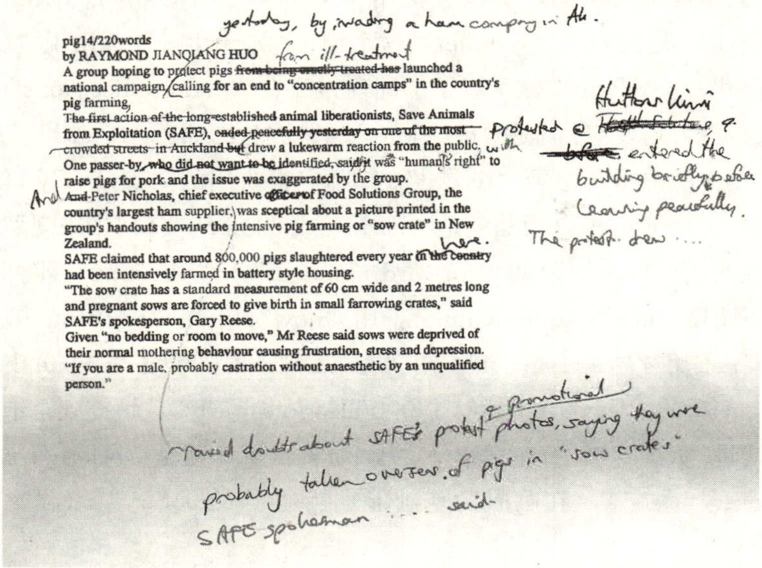

pig14/220words
by RAYMOND JIANQIANG HUO

A group hoping to protect pigs ~~from being cruelly treated has~~ launched a
national campaign, calling for an end to "concentration camps" in the country's
pig farming.
The first action of the long-established animal liberationists, Save Animals
from Exploitation (SAFE), ~~ended peacefully yesterday on one of the most~~
~~crowded streets in Auckland but~~ drew a lukewarm reaction from the public.
One passer-by ~~who did not want to be identified, said~~ it was "humans' right" to
raise pigs for pork and the issue was exaggerated by the group.
~~And~~ ~~And~~ Peter Nicholas, chief executive ~~officer~~ of Food Solutions Group, the
country's largest ham supplier, ~~was sceptical about a picture printed in the~~
~~group's handouts showing the intensive pig farming or "sow crate" in New~~
~~Zealand.~~
SAFE claimed that around 800,000 pigs slaughtered every year ~~in the country~~
had been intensively farmed in battery style housing.
"The sow crate has a standard measurement of 60 cm wide and 2 metres long
and pregnant sows are forced to give birth in small farrowing crates," said
SAFE's spokesperson, Gary Reese.
Given "no bedding or room to move," Mr Reese said sows were deprived of
their normal mothering behaviour causing frustration, stress and depression.
"If you are a male, probably castration without anaesthetic by an unqualified
person."

(handwritten annotations:)
yesterday, by invading a ham company in Ak.
from ill-treatment
Hutton Kim
protested @
entered the building briefly before leaving peacefully.
The protest drew ....
here.
raised doubts about SAFE's protest & promotional photos, saying they were probably taken overseas, of pigs in "sow crates."
SAFE spokesman .... said

Tim Murphy (then Home Editor now Editor of the *New Zealand Herald*)
once helped me redraft a news story. This was one of the examples of how the
Home Editor together with other senior writers, such as Kevin Hart and Rod
Pascoe, showed me how to write news stories by using simple English words and
keeping sentences flowing in a logical way. I feel deeply grateful to their help and
acknowledge their contribution towards my early career development when I had
just migrated to New Zealand.

　　原稿只有 220 字，说的是一群动物保护协会的善良人，为"保护母
猪权益"而冲进奥克兰一家肉类加工厂办公楼进行抗议示威。他们尤其
看不下可怜的母猪被圈在长 2 米宽 60 厘米的笼子里生产猪仔。更有甚
者，他们说，每年被屠宰的800 000头猪都是在极恶劣的环境下圈养的，
为了"猪权"，他们希望通过示威唤起人的良知。但路过的人说杀猪吃
肉是基本"人权"，因此动物保护主义者"有点过头"。而被抗议的肉类
加工厂则表示，示威人士用的照片好像是在国外拍摄的，因为在新西兰
母猪饲养环境不会如此不堪。

　　这则新闻不会登在报纸显著版面，但却是练习的好题材。Tim 将

"from being cruelly treated" 改为 "from ill-treatment"，从四个字变成两个字，不但简洁而且更达意。两个句子的段落调整，使读者能顺着一个思路读下去，逻辑缜密了，文字也更流畅。爱里斯退休从事学术研究后，Tim Murphy 接替他成为主编，他可能是《新西兰先驱报》最年轻的主编。

《新西兰先驱报》是我移民新西兰"自我清零"后，海外创业起步的地方。在那，我朝夕相处了一批高素质、大气、敬业而善良的人。时隔十几年，只要一闭眼，许多人的神态仍清晰可辨。编辑部经理 Tony Verdon；新闻主编 Bruce Morris；杂志主编 Jane Phare；奥克兰都市版主编 Andrew Stone；图片主编 Mark Mitchell——他多年前就从图片桌面主编的位置下来，背起摄影包加入了国会记者团。现在我不时在国会见到他，招手微笑，那一刹那仿佛还是十多年前一起在报社共事。不争的事实是毕竟岁月流逝，大家都年龄增长了、头发减少了。

在报社的日日夜夜非常令人怀念。那时我只见过日出，从未见过日落。工作结束，我或者去奥克兰大学，或者留在报社十分完备的图书馆，看新闻理论书、翻阅 100 多年前出版的样报。

如前文所说，我在这本书里，刻意不在移民生活层面多费笔墨，只想在工作内容方面，介绍一下当年的心得体会。

第二章，介绍文化冲击方面的研究结果以及应对的一些举措。第三、第四章则是在我当时所做的学习笔记基础上，结合近些年新闻理论的研究战果，从"新闻标准"和"新闻写作"两方面，简明而系统地介绍新闻理论和实践。理论是书本上的，实践则是借助我当时采写的一些新闻。

要了解一个社会，第一步要过新闻关。先读新闻（报刊），再看新闻（电视）。广播电视固然重要，但避免成为英语文盲的好办法，是在报刊阅读上下工夫。阅读第三、第四章后，对西方媒体的游戏规则可能大致有所了解，也明白什么事件能上头条，什么事件忙了半天，媒体根本不感兴趣。

第五章选登了我的几篇评述和观点性文章。写作的目的毕竟不单局限在描述事件上，还要借助文字阐明自己的观点和立场。

我在创业之初——尤其是移民早期生活事业毫无着落之时——得到了许多认识或不认识的人的帮助。我也希望借这本书，使那些我认识或不认识的人，有那么一星半点的收获。

和 Bobby Kennedy 参加由前世贸总干事 Mike Moore 主持的环保研讨会。Bobby 是肯尼迪总统家族中的又一位赫赫有名人物。画面右一是新西兰前总督 Sir Paul Reeves。2009 年 12 月 16 日奥克兰。

第二章 文化冲击与海外生存

Culture Shock

"文化冲击"曾经是个很时髦的名词,有人干脆直译为"文化震惊"、"文化休克"。总之,说的是一个人置身异域他乡所面临的孤寂、无助、困惑。近几年这个名词用的不多了。可能是 globalisation(全球化,全球一体)以及现代技术诸如互联网以及"Google Earth"(谷歌卫星地图)的普及和带来的方便,使传统意义上的"暌隔"不复存在。"秦时明月汉时关"式的联想、诗意也越来越淡,似乎随着快餐式的文化或文化式的快餐,一切都变得平淡、无奇、理所当然,而人也变得越发没心没肺了。

"暌隔"感是少了,但"冲击"依然存在。

针对造成冲击的原因以及应对办法,"洋人"有一整套的理论和各式各样的"锦囊"及对应措施。因为洋人很宝贝自己,例如美国,无论是政府行为(如外交使节和驻外部队)还是商贸、观光,出去的多,发现的情况就多,于是就有了政府机构、民间组织和这样那样的论坛,对出国人员进行培训,帮助他们在思想和心理上做些准备。大学和研究机构,在心理学、人类学和比较文化学方面,也注重学科的应用价值。

罗伯特·科奥斯（Robert Kohls）是这方面的专家，他写了五本书，其中的第一本《国外生存锦囊》①，就是专门为准备到国外生活和工作的美国人写的。美国政府机构和一些商贸团体把它当做教科书。

这本书2001年出了第4版。第一次出版时距离文化冲击作为一个名词出现将近三十年，对文化冲击的成因、症状和解决办法叙述的比较全面。

人们来到异域他乡，绝大多数都会经历一种心理上的迷惑、失落。这种迷惑、失落，往往来自你所遇到的不同于习惯中的做派、感知、价值观等对你的撞击。而这些撞击又威胁到你潜意识里最基本的一种认定，即自身既有的文化、种族及其派生的一切总归是对的。也就是说，当你所熟悉的参照物——小到日常琐事大到信仰体系——在新的生存环境里逐渐淡化、消失时，剩下的就是一种失落。

从不知所措到找到自我是有一段过程的。科奥斯在书中把它分成四个阶段：

1. 最初的欣喜（initial euphoria），这种欣喜往往有点过度，而且来的快去的快。"Euphoria"在心理学上称"欣快症"，有人把它界定为焦虑与异化感的消逝，以及一种无痛的，类似于吸毒幻觉的欣快感觉。这只是它在心理学或精神病理学角度的意义，在这里算是扯远了。

2. 烦躁、敏感和充满敌意（irritability and hostility）。

3. 逐渐调整（gradual adjustment）。

4. 适应或二元文化境界（adaptation or biculturalism）。

卡莱沃·欧伯格（Kalervo Oberg）（1901—1973）

欧伯格是"文化冲击"这个名词的开山鼻祖，这种提法最早出现在

---

① Kohls, Robert (2001): Survival Kit for Overseas Living: for Americans Planning to the Live and Work Abroad. London: Nicholas Brealey Publishing.

他 1954 年的博士论文《克林基特印第安人之社会经济》（*The Social economy of the Tlingit Indians*）。论文的标题很能说明问题。克林基特（Tlingit，音：［klink-it］）是加拿大西北部的一支原住民，是一个东南阿拉斯加海岸及亚历山大群岛的温带雨林繁衍出来的、靠狩猎为生的母系社会。欧伯格出生在加拿大，父母为芬兰人，他后来去了美国，1944 年获美国国籍。由他这样的人研究克林基特这样一个独特的原住民文化和社会架构，不难想象可以碰撞出"文化冲击"这样的理论。欧伯格随后有很多演讲，对"文化冲击"概念有不少深入浅出的解释。

"Cue"

常提到的一个词是"Cue"。梁实秋先生主编的《远东英汉大辞典》（1991 年商务印书馆和远东图书公司北京版，p. 493）的解释是 ①暗示；②演员说白的尾语（以暗示其他演员应出台或接话）；③任何动作的暗示；④剧中的角色；⑤行动的方向、方针；⑥性情，心情；⑦刺激。

这里的"刺激"，指的是心理学上的"次要刺激"，一种有意识或无意识感知的刺激，往往被识作能引发或提示某种行为发生的信号（is identified as the signal for a response）。

我之所以引用了这个词基本意义范围内的全部词义，是因为本着学习外语"举一反十三"的原则，望"Cue"而生出对"文化冲击"的理解。也就是说，"Cue"作为文化冲击概念中的一个核心词，离不开"信号"、"符号"、"暗示"这些意思。当社会交往中所熟悉的这些标志性、象征性的参照物不见了，身处异乡的人便出现许多症状，大到人生目标、生存定位，小到握手、点菜、言谈举止，都呈现诸多一反常态的症候。欧伯格以及随后的学者，还把这种"文化冲击"下的反应当做"职业病"的一种。事实上，欧伯格 1954 年在巴西的一次演讲中[1]就直接把文化冲击定性为一种疾病（a malady），并宣称"文化冲击"和任何疾病一样，有其独特的病源、症状和治疗办法（has its own etiology，symptoms，and cure)[2]。

习惯的力量

不知道能不能把习惯的力量粗暴地称为"习气"。这种习气有时很顽强，这也是文化冲击引发并助长了对新环境的反弹的一个因素。欧伯格认为，染上文化冲击毛病的人，大致要经过如下几个过程：

第一，排斥（reject）。当然，最初新鲜劲儿的那段时间（或长或短，因人而异）不在此列。而短期观光客以及名人来访大谈人生美好或国际亲善的情形也不在此列。

这种排斥感实际上是不能融入、心神不定而导致对新环境、"新主流"的一种反弹，这种格格不入多半还是自身习气在作祟。这样便进入文化冲击的第二阶段：退化或回归（regression）。

欧伯格列举了几个现象。首先是一种病态性的反常，像孩子一样心里存不下事，一点小事就会跳起来。或者是事事焦虑，人飘忽得很，又时常目光呆滞（far-away stare，the tropical stare），陷入一种无助、失魂落魄状态。

这时候最容易滋生"盲目爱国"，自己原来的国家一切都变得十分美好。盲目热爱导致盲目缅怀，神经质地反复推演和求证过去多么美好，自己的习惯定式是多么正确。

这种心态下，不单对"主人国"（the host country）无端批评处处

---

① Oberg，Kalervo：Presentation to the Women's Club of Rio de Janeiro，Brazil，August3，1954.

② Oberg，Kalervo（1960）："Cultural Shcok：Adjustment to New Cultural Environments"，in Practical Anthropology7：pp. 177－182.

挑刺，而且还会和同胞扎堆，寻求一种心理上的、虚拟的故国社区。

　　这样的敌意是很容易被人察觉的。应了那句俗话，你对镜子笑，镜子也对你笑；你对镜子哭，镜子也对你哭。"东道主"对你的敌意也会或快或慢地流露出来。这一阶段中不是被文化冲击所击垮，变得愈演愈烈、离群索居，就是渐渐地调整自己，重新定位，找到自己的生存空间。

　　欧伯格认为，当一个人慢慢地从反弹、与新环境格格不入，变得开始尝试新环境、新语言，甚至对自己新的生活节奏中的"踉跄"开始自嘲了，便是走出阴影，融入社会的一个征兆。

　　总之，这几个过程是难熬的。尤其对移民来说，因为和过去一刀两断了。不管是什么心理，许多人既然选择了移民，就不会贸然再回到原来的国土。无颜面对江东父老是一个原因，本能的不愿沉沦是另一个原因。如果没有这样的勇气，当初就不会选择移民。

　　文化冲击或许就是一场病，但能帮助"排毒"并将自己归零。

　　有人把移民到一个新的天地比作跳进游泳池，而且是扒光了衣服的。过去的无论是辉煌还是暗淡都不见了。鱼龙混杂的游泳池，是浅是深是龙是虾全靠自己在激流中搏击。其中的压力和困惑，恐怕也是冲击的一种。但好处是，在这个初始的、人造的空间，基本上众生平等，有能量的很快就脱颖而出。

文化不是先天的

　　在谈到如何逾越文化冲击带来的障碍时，欧伯格认为文化不是先天的。一个孩子出生，并没有什么"固化"因素来决定这个孩子是应该说葡萄牙语、英语或是法语，也没有特定因素决定他或她必须用左手而不是用右手拿刀叉或筷子。

　　我的理解是既然文化不是先天的（排除遗传或先天影响因素——不在文化冲击讨论范围），而是后天的学习和适应，那么一个人就不能太顽固，不能太放任自己的习气，不能太着迷自己熟悉的 Cue，并把这些 Cue 当做心理安全的一种依据。因此，适者生存便成第一要诀，这样才能把"文化变成一种生活方式"。

当然，也不排斥这种"适应"多半是为了寻找心理上的平衡或安全感。在文化冲击的各类症状中，除了和"东道主"处处为敌或死抱住同胞同乡的特症外，还有一种则是以骂同胞为己任。似乎是"盲目爱国"的一个反照，这类人是"盲目恨国"，逢祖国必骂，将祖国的弊端成倍地放大，而且家丑外扬，越是遇到"老外"，越要将老底戳穿。那情形似乎整个祖国都是一棵毒树，唯独他/她自己是毒树上唯一的一颗健康果实。

当然这只是新时代的一些新的特点，欧伯格 1954 年发明文化冲击这个名词时，可能还看不到 21 世纪地球村所带来的变化。他的理论——从病源到临床——也只是一个 catch-all 谈共性的，或纯粹是基于欧美为代表的西方文化的理解而设立的，许多华人熟悉的现象和症状，都很难在这个五十几年前的研究中找到答案。而盲目恨国也绝不单单出现在文化冲击症状中，而恰恰是不少人恢复原状、找到自我以后出现的状况。或是真有非恨不可的理由，而且恨得有道理。

不可否认，诚如欧伯格所言，独特的文化是历史发展的产物。从人类传继的生物及心理特性上未必能见其端倪，但是借助于对古今也就是所谓"先行及当下文化元素"自身的理解，便可见其真谛。

欧伯格举了一个巴西和美国的例子。两国文化起源不同，历史不同，因此多方面都不同。但就本命题而言，这并不重要，因为这两个文化同属西方文明。有必要弄清一个道理：研究文化本身并不是研究人之个体。心理学研究的是个体人格（包括品质和性格），社会学则研究群体和群体行为。而文化冲击所感兴趣的，不是单纯对文化的研究，而是在特殊条件下文化对个体产生的影响。

文化冲击不是病

另一个美国教授保罗·帕德森（Paul Pedersen）则认为文化冲击——不管多么不适或痛苦——不是一种疾病（is not a disease）而是一种学习过程（a learning process）。但文化冲击有可能与疾病和病态（pathological states）相关联，也会在相关条件下引起不良反应。

帕德森教授 1995 年出版的专著有实用价值。《文化冲击的五个阶段：环球关键案例》（The Five Stages of Culture Shock：Critical Incidents around the world）[①]，通过学生们的实际事例，分析文化冲击的过程及治疗方法。

帕德森认为文化冲击并不一定局限海外旅行或移民，人生中遭遇到的危难、打击也会使人陷入文化冲击所描述的那些困境。总之，这涉及打破现状—适应新格局—恢复自我的一个过程。

帕德森在这本书里，对许多个案——从个人的内心深处（intrapersonal）到人与人之间交往（interpersonal）——进行定量定性分析。书的第七章"相互依靠阶段"（The Interdependence Stage）描述的就是"山重水复疑无路，柳岸花明又一村"的境界。重重迷惘之后，被冲击的人获得了适应新环境，在二元或多元文化里生存的能量。

帕德森本是纽约一所大学的教授，但花了好多年去"OE"先后在印度尼西亚和马来西亚大学任教，并到台湾"全日制"地学了一年中文。

顺便说一下，OE（Overseas Experience）是一个在新西兰发明的、人人皆知的名词，通常指二十出头的年青人，到海外"勤工助假"（working holiday），至少一年或一年以上。这不光是为了开眼界（因新

---

① Pedersen，Paul（1995）：The Five Stages of Culture Shock：Critical Incidents around the world. Greenwood Press.

西兰位于南半球一隅，只有到海外——通常跑得越远越好——才能真正地感悟外面的世界），往往"有没有 OE?"是雇主面试时必问的一个问题。因为语言、文化和历史的原因，英国是新西兰年青人的首选，2003年的数据表明，每年有七千多人去英国打工、游历。

尽管语言相同、文化同宗，不少新西兰人也或多或少感到文化冲击。事实上，从早年欧伯格开创这个概念并加以系统研究，到随后几十年各类相关"指南""锦囊"的出版，都是在西方社会人口流动大的前提下，做出的一种应用学范畴内的研究。华人人口有规模的流动——无论是外派工作还是移民、留学——也是近十年二十年的事。19 世纪上叶开始，随淘金热而漂洋过海的，似乎和现代意义上的移民有很大的不同，在此不赘述。

目前，还没有看到比较有系统的、针对华人移民、留学或外派而写的专著，也没有帮助他们渡过难关的指南或手册。这也是为什么开篇第一章，我便絮絮叨叨谈了半天文化冲击的原因。

失落导致失常吗？

其实移民、留学所面临的问题，远远超过文化冲击所包含的困扰。留学生首先考虑的是学业以及完成学业（或完不成学业）之后的去向问题。移民人群中，没有身份的首先考虑身份；有身份的，则考虑生存。当然，这涉及的都是系统的连贯性问题。

这些年，随着涉及华人的各类社会问题在媒体上的频繁曝光——包括凶杀、家暴、贩毒等等——"外来人口"（泛指移民及留学生）的融入问题，越来越凸显出来。

唐人街或心理上的唐人街（如华文媒体、华人第三产业或任何社区意义上的服务及架构）能帮助克服文化冲击吗？能帮助外来人口融入"主流社会"吗？谁代表主流社会？一定要融入主流社会，怎样融入，怎么样才算融入？有些人笑话不少华人移民定居了十几年，还是说中文吃中餐，只能在华人社区行走。这应该被笑话吗？这不应该被笑话吗？

很难说。但有一点是肯定的，无论是欧伯格、帕德森还是科奥斯，他们系统地研究文化冲击，主要目的就是为了通过对症状的罗列、分析，找到治疗办法。

如前所述，症状虽因人而异，大致离不开几个基本表征。从常用的英文字词便可窥其一斑：hyperirritability 过极敏感（即对外界某些刺激的过度反应），bitterness 辛酸苦楚，resentment 怨恨嗔怒，homesickness 思乡，depression 忧郁等。从中可以看出，这些症状的一大共性，就是凄凄哀哀、自哀自怜，或者失落导致失常，加上离开了原来熟悉的社会以及那些有形无形的制衡机制，原本或许不会走极端的结果走了极端，酿成悲剧。

欧伯格给出的第一个锦囊就是让当事人把自己变成一个"参与性观察员"（a participant observer），观察是为了参与，这样才能扮演一个角色（a role playing），进入社会的行为交换体系。

欧伯格也提醒要纠正人们的习惯力量，因为对环境的格格不入或融不进去，多半问题出在不了解别人的文化上，也就是说怪不得别人。

科奥斯的书中有一句宽慰人的话，也有一句狠话。他说希望通过读他的书，大家能跳出俗套，不要把文化冲击当做一种疾病，而是"一个学习机会及适应不同文化的一个自然过程"。①

列举诸多对症下药的措施之后，在书中第 104 页他撂下这句狠话：对个别死不要好的美国佬和其他外国人——离他们远远的，因为他们沉浸在文化冲击中不能自拔，沾上他们只会感染上他们的消极。

也就是说，现实是残酷的，"沉舟侧畔千帆过，病树前头万木春"。为生计、为理想、为下一代，哪有那么多工夫听他们唧唧歪歪的！何况华人经过千百年的捶打，本来就很皮实！

① Kohls, Robert (2001): Survival Kit for Overseas Living: for Americans Planning to the Live and Work Abroad. London: Nicholas Brealey Publishing. p. 92

相信刘禹锡如果生活在今天,凭这首《酬乐天扬州初逢席上见赠》,定能写出更好的克服文化冲击的指南来。他能劝通被贬后心情郁闷的白居易,也一定能劝好我们。

了解社会是进入主流的第一步

对"主流"的解释,大小词典大致都是指一种"普遍接受的思想或行为方式"。不管喜欢与否,入乡随俗是天经地义的事。

传统意义上的文化冲击,似乎着重的是这类文化苦旅的初期阶段,生活中——姑且展开这一概念——文化冲击有可能依不同情形,分阶段或重复发生。对一些华人移民而言,因语言和文化的差异,或许文化冲击的周期会无休止延展,而许多人会因此被逼在"本族社区"一辈子出不来。当然,如果本族社区具备的条件和规模足以支持自身的产业和供需,一辈子生活在这里或那里的"唐人街",也未必是什么值得大惊小怪的事。

至于那些在主流媒体曝光而老孺皆知的恶性事件,文化冲击描述

和新西兰最著名影星 Temuera Morrison。他主演的电影 Once Were Warriors 是了解新西兰的必看片,他和导演因这部影片而在国际影坛占有一席之地。

的问题在个中扮演何种角色,值得研究。这样的研究,可以帮助找到因果,以便寻求对策。需要注意的是,许多事件并不一定和文化冲击有关,有些事件发生在当事人移民以后很长时间。例如轰动一时的"小千寻案",她的父母定居新西兰先后都在十年以上,我们不能简单化地把问题推到文化冲击上。

谈到融入，不可避免的一个过程，就是从单一文化到二元甚至多元文化的过渡。伴随这一过程，需要摒弃许多我们熟悉的"符号"、"参照物"即大大小小的 Cue，同时需要接受新的"主流"社会的 Cue。

语言对许多人来说最初是个难关。但语言（对多数人而言）只是一个工具，本身是没有"内容"的。况且学习语言不是一个孤立行为，需要纳入社会的交流系统，而交流系统最直接的载体，则是传媒。

这就进入本书所涉及的一个真正的问题：如何面对媒体、解读媒体、利用媒体？

媒体（media）是一个统称，为方便起见，我们把它分为平面媒体（print media，如报纸、刊物）、广播媒体（broadcast media，即传播声音、影像或视频节目的传媒如电台、电视）和在线媒体（online media，即互联网 Internet 提供的新型媒体）。随着技术的发展，它们之间的界线越来越模糊。大的报纸都有网络版，网络版上也有视频页面。电视台都有网页，网页上除了图像更多的还是文字。而网络媒体，名副其实，则又有图像又有文字，还具备网络的即时性。

万变不离其宗。最基本的还离不开新闻的基本内容和新闻写作的基本功。

我们无论是分析文化冲击还是透过媒体揭开一个新社会的面纱，目的是通过一般的证明或个别的检验，找到一条通往大社区（wider communities）的路径。这样才能把自己这个个体纳入群体中，把我们外来的少数族裔纳入主流族群中，将单一文化变成二元或多元文化。

当然，融入不代表丧失自我。将自己归零，是为了在格式化（formatting）后将自己重新组合。重组后的"新我"，因"故我"而丰富，这是移民立于不败之地的要诀。

当然，随后还会派生新一轮问题，包括下一代的母语教育问题以及哪种语言应该是他们的母语，等等。欧伯格及随后的学者也反复提醒过，"逆向文化冲击"（Reverse Culture Shock）也是存在的。留洋了半天，发现回到故乡反倒一切震惊了。

197

2010 年 12 月 12 日新西兰宋庆龄基金会成立。和宋庆龄先生当年的秘书 Isobel Thompson 合影，她在 1947－1950 年间在中国工作。她今年 90 岁，还自己独立生活。谭晖摄

2011 年 1 月在奥克兰市北岸和路易·艾黎的侄女为路易·艾黎图片展揭幕。艾黎的养子画家邓邦镇连夜赶出了这幅画。中国城网站 Cecil Lee 摄

第三章　什么是新闻

新闻的必然性和随机性

新闻九大标准

新闻标准的检验

检验新闻的几个指标

检验新闻

1997 年 5 月底 6 月初，时任中国国务院副总理的朱镕基先生访问新西兰。这是新闻吗？

对新西兰华人、华侨和中国新闻界而言，这自然是新闻而且是大新闻。对新西兰呢？难说。

那么，当一个 15 岁来自台湾的中学生，在一次数学考试后，只随口说了一句"太简单了"，便被两个路过的并不相识的外班同学两拳揍晕——这是新闻吗？

一对华人夫妇退休后来新西兰，享受它的宁和阳光、海滩。但偏巧邻居的几个年青人，都是"白人至上"的光头党成员，不时用气枪向他们瞄准并开枪取乐。这是新闻吗？

一位来自香港的太太，香港身份证到期而她申请新西兰国籍却没批准，她变成了一个 stateless（无国籍游民）。这算不算新闻？

还有，香港歌星刘德华来办演唱会；来自莫斯科的通八种语言的俄罗斯院士在新西兰照样找不到工作；"自行车上的阿甘"，45 岁的印度哥们儿骑自行车跑遍 136 个国家，这一站到奥克兰；来自巴基斯坦的一位职业教员一直找不到工作，部分原因是名字太长，太怪……这些算是新闻吗？

新闻的必然性和随机性

我之所以举这些十几年前的事例，并翻出当时的报道来对照说明，是有四点考虑：

第一，这些新闻都已经沉淀十多年了，现在来说，个中故事，该"解密"的已经解密，不会派生一些不必要的事端。

第二，因为沉淀了十多年，现在来分析更具客观性，因为不会受太多的"风气"影响。

第三，新西兰是一个以英国和欧裔白人为主体，由白人和毛利人（Maori）二元文化为基础慢慢发展起来的一个多元社会。在这样的背景下，华人抑或亚裔移民，作为"少数民族"，想在社会占有一席之地是需要一段过程的。而媒体的曝光度及"他们"看"我们"的角度，则是华人社区和"主流"大社区碰撞与互动的一个标志。

也就是说，有关华人（或亚裔）的新闻，出现在主流媒体的概率不会太高。什么是概率？Probability theory（概率理论）把在一定条件下必然发生某一结果的现象，称为决定性现象。例如，在标准大气压下，纯水加热到 100℃时水必然沸腾。相对于决定性现象而言的则是随机现象，指的是在基本条件不变的情况下，一系列实验或观察会得到不同结果的现象。如掷一枚银币，可能出现正面或反面。事件的概率就是衡量该事件发生的可能性的量度。虽然在一次随机试验中某个事件的发生是带有偶然性的，但那些可在相同条件下大量重复的随机试验，却往往呈现出明显的数量规律。[1]

所以，某些事件成为新闻、见诸报端是有一定随机性的，如中国副总理朱镕基的访问，在香港回归前、回归后，当时的国际大环境，新西兰的小环境以及当地华社与大社区之间的互动，等等，都是影响访问这一事件的新闻价值及强烈程度的因素。

在新西兰、澳大利亚还有一个现象，就是国会休会，南半球进入盛夏圣诞、新年长假时，这一段 silly season，媒体上往往充斥一些琐碎的、平常很难被报道的新闻。因为国会休会，大规模的立法及行政行为中止，这个最大的新闻源头暂时中断，加上到了年底，热浪袭来、海风怡人，媒体上就很难见到所谓的硬性新闻。这时候有什么新闻事件，哪怕是小事，平常难得见报，这时就容易多了。

这也是一种随机现象，但"决定性现象"范畴内的新闻，则一定是新闻。

第四，我之所以列举自己在十几年前写的报道，而不是援引最新或最具"耸动"效应的大新闻作例子，是想撇开一些人人皆知的事件（如"9·11"，人人都知道这是个大新闻），单挑一些甚至在"决定性现象"和"随机现象"边缘摇摆的寻常事件，来分析新闻的带有普遍意义的标准。

新闻九大标准

比较权威的《彻头彻尾当记者：新闻采、写、编之基本原理》一书将新闻标准分成九大类（pp. 31—39）[2]

1. 冲突（Conflict）：不同程度的冲突都有新闻价值，因为冲突打破现状。最典型的例子是暴力事件和战争场面，或伤或亡，令人揪心，

---

[1] 严士健等：《概率论基础》，科学出版社，2009。

[2] Leiter, Kelly, Harriss Julian & Johnson Stanley（2000）：Complete Reporter: Fundamentals of News Gathering, Writing and Editing. Allyn & Bacon.

因而引起注意。

2. 进展及灾祸（Progress and Disaster）：冲突虽有新闻价值，但冲突双方总归一方赢一方输。如果——残酷一些说——和生命的搏击变成"例行公事"（routine），其新闻价值就不会太高。相比而言，许多带有突破性意义的事情，则包含极大的新闻性。例如，新发明、新创造、新突破，等等。这种新闻性还反映在事物的客观规律上，物极必反，某一阶段进步的东西，发展到一定程度可能会导致灾祸。

最典型的例子莫过于曾红极一时的杀虫剂 DDT（dichloro-diphenyl-trichloro-ethane）。《现代汉语词典》①的解释是："杀虫剂，成分是二氯二苯三氯乙烷［……］无色结晶，杀虫效力大，效用持久，对蚊、蝇、虱、黏虫、卷叶虫、红铃虫等都有效［……］。"

从这个略带中性口吻的词条中可以看出，滴滴涕"杀虫效力大、效用持久"，但为什么突然变成大新闻了呢？因为使用了二十年，才发现它和人们患上癌症有关。它的新闻撞击力是多重的：停止使用了吗？如果没有停止使用为什么不停止使用？它的危险有多大、涉及面有多宽？从国际贸易和物流角度，如果美国或发达国家禁用，那么发展中国家呢？进口的食品是否有潜在危险？等等，这些都是人们关心的不定因素，可以想见，任何涉及滴滴涕的，都或多或少具备新闻价值。

另一个和现代文明病相关的是"Saccharin"（糖精），一种无热量（calorie-free）的增甜剂，多年来被视作糖尿病患者和肥胖人士的福音。因为有甜味无糖性，一直被当做一种无害替代品。但近些年也成了新闻热点，因为新的研究发现它和癌症可能也有关联。

这就是"进步"导致的灾祸。

3. 后果（Consequence）：任何带来后果的事件都具备新闻价值，后果越严重、涉及人数越多的，越具有新闻价值。就前面的两个标准而言，冲突往往带来严重后果，如海湾战争，入侵伊拉克，阿富汗反恐等

---

① 商务印书馆 1994 版，p. 225。

等，大到人员伤亡，小到正常生活被搅，这些都是后果。

事情的发展（如科技进步以及某些进步带来的当时并不可预见的问题），都会酿成不同程度的后果。

4. 凸显性（Prominence）：媒体行业从某种角度看是真正的"追星一族"，名人有名人的效应，名气越大，名字越响亮，越有新闻价值。从政治、经济、文化、体育、娱乐等角度看，莫不如此。政治人物或经济"达人"的一句话，有可能影响当天的股市。

还有一种凸显性是体现在人和事都挺突出和显著的。

例如，宇航员 John Glenn（约翰·格伦）1962 年 2 月 20 日绕地球飞行一周，成为美国首飞第一人。阔别太空几十年，这位俄亥俄州资深的民主党参议员，又以 77 岁的年龄重返太空（注意我没有用"高龄"这个字，"年龄"是中性字，而"高龄"则带有对年龄的评判。再说，77 岁在现代发达社会，也不算太高龄）。

这本身的凸显性是显而易见的。据说他当年绕飞地球时，太空舱很小，他需要把自己挤扁了蜷缩在这个狭小空间，飞行 4 小时 55 分钟，宇航局戏称他为"罐中人"（man in a can）。他这次重返太空，被媒体誉为"20 世纪的英雄在 21 世纪再次发光"，对孙子辈以及和他同龄的那些祖父母辈都是一种激励。

5. 天时地利（Timeliness and Proximity），指的是实效性和距离感。也就是说，发生在身边的并且在不久前发生的一定比遥远的发生在很久以前的更具新闻性。

6. 新奇性（Novelty）：这是媒体的"主食"（a staple），新闻离不开新奇性。刚产下的小牛有两个头；南瓜一个重 350 磅；主人搬到另一个城市，宠物猫跋涉 200 英里寻找主人等。这些就是新奇性。当然，不是所有的新闻都新奇地如此离谱，但"不寻常"（unusual）是它的共性。

7. 人情味（Human Interest）：指那些能唤起读者共鸣或同情的报道。这些报道乍看起来往往不具备冲突、灾难、后果等因素，但更具内容，能触动读者和受众。例如，海上救生员奋力抢救搁浅的海豚；著名大作家同忧郁症搏斗；78 岁的老学生回中学读书。在写作技巧上看，一般以特写（feature）为主。

8. 性（Sex）：可能也是人之天性，但凡涉及这个题材的，电影票房好，歌剧会卖座，报纸有人买，杂志有人抢。如果春花秋月再加上明星名人，就更有新闻上的"张力"。媒体也一度戏称克林顿和莱温斯基的故事，救活了不少大小报纸。

除了总统这方面的故事，名不见经传的寻常人，只要有不寻常事，照样能领风骚。美联社（AP）从英国发回的报道是这样写的：

> 隔壁 15 岁的爱玛 1 月份临盆时，就意味着一个极早熟的大男孩——总共才 11 岁——会成为英国最年青的爸爸。
>
> 爱玛承认自己犯了一个错。她以为自己的"男人"已经 15 岁了。"我想他会成为一个好父亲。他或许只有 11 岁，但就他的年龄来说，他很成熟而且负责任。"（p. 37）

难怪美联社通稿一出，世界各地媒体争相转发。

9. 混杂价值（Miscellaneous Values）：例如，涉及动物的，总归有大量的读者群，而且读者（包括电视观众等）对相关报道的反应也往往出人意料。只要有一篇报道说猫不好，上百个爱猫一族就会群起反击。你要报道说 Husky（爱斯基摩雪橇狗）会唱歌，无数的爱狗一族就会争相告诉其他关于狗的离奇故事。要是有动物救人（尤其是救婴儿），那么这一类的新闻就更具吸引力啦！

《彻头彻尾当记者》阐述新闻标准之前，引用了老牌的纽约《太阳报》（*The Sun*（New York））总编查尔斯·大拿（Charles A. Dana）的一句座右铭："能让大家开口议论的都是新闻"（News is anything that will make people talk"（p. 30））。查尔斯·大拿 1868—1897 年间任这份在当时被誉为"报人之报"（newspaperman's newspaper）总编。这位大拿还有一句名言："狗咬人不是新闻，因为这是常发生的事。但人要是咬狗，这就是新闻了。" （When a dog bites a man, that is not news, because it happens so often. But if a man bites a dog, that is news.[1]）

但也有人认为这句话不是大拿说的，而是他手下一个分管城市版的编辑 John Bogart 说的。不管怎么说，能对新闻体悟这么深的，不算大拿也起码是个中拿。那么狗咬人一定不会成为新闻吗？未必，近几年媒体上狗咬人的新闻频频出现，那么究竟怎样理解新闻的标准问题呢？

新闻标准的检验

近几年，恶狗伤人的故事，频繁出现在媒体。其中包括幼童在公园玩耍，被恶狗撕裂了脸的；邻居互访，主人的狗突然袭击；自己的狗将主人咬得昏迷不醒，以及烈犬将宠物狗咬死的；等等，可见狗咬人照样能成为新闻，而且耸动的了不得。

这就涉及如何检验新闻的标准问题。这很重要，在新闻中心（无论是平面媒体还是广播和网络媒体），总归存在着一种编辑（editors）和记者（journalists）之间的对抗。记者无论如何都希望自己采写的新闻能被采纳，而编辑（通常由采访主任/Chief reporter 和新闻版主编/News Editor 把守第一道关）总希望记者的报道符合他们/报社的意图。这之间较量的结果是，记者把握不好，会因出不了成绩而丢饭碗；编辑把握不好，轻则降级换一位置，重则下岗。如果发表的新闻持续得不到市场，继而影响发行量和广告收入，那么总编和首席行政官也都坐不稳位子了。如果媒体集团是挂牌上市的，股票大跌也是常有的事。

当今社会，媒体混乱、新闻格调低下，而参差不齐的多类媒体，又在不同层面争夺市场占有率和有限的广告收入。不少人认为，造成这一现象的，和媒体在市场上为生死存亡而不得不竞争（甚至是恶性竞争）

① Little Brown (1992)：Bartlett's Familiar Quotations，16th edition, ed. Justin Kaplan (Boston, London and Toronto).

这一现实有关。

到头来，民众嗔怒媒体，认为媒体既不应该为自己的小集团利益而丧失报道的客观性、公正性，更不应该迎合世俗或媚俗，弄得公共领域不是充满暴力、色情，就是谣言满天飞，或为一些无聊的、鸡毛蒜皮的事情整天吵架（看看某些台湾的电视节目就会有一些这方面的直观感觉。应该承认，他们有一套办法吸引你的眼球或耳膜，往往只有换台或关掉电视，才发现他们的高音量、快频率是那么让人心烦）！

反之亦然，媒体责怪民众：不是你们低俗在先，哪来媒体的无奈迎合？不信试试，用严肃新闻替代通俗花边新闻，用国家大事代替靓影碎言，即使媒体肯，受众也未必肯。何况你这边一闪，那边的同行会立即跟进填上。总之，这可爱又可恨的竞争，既带来社会的活力，也带来挥之不去的低俗。

总之，媒体作为继立法、行政、司法之后的"第四权"（The Fourth Estate），它的作用、它的影响、它的何去何从，已经远远超越了简单的商业竞争的范畴。这是后话，另述，否则离题太远。

检验新闻，很难说是靠直觉还是硬性指标。但某些参照或公式类的提示，能帮助大家迅速做出判断，看某一事件是否符合新闻的起码的几个指标。

检验新闻的几个指标

除上述介绍的九大标准外，比较有代表性和参考价值的是布鲁克斯等所阐述的七大指标（pp. 4—19）：[1]

1. 受众（Audience）：即你的目标读者（报刊）、观众（电视）、听众（广播）或网民（互联网）等。这些都是媒体的消费者，没有消费者

---

[1]　Brooks，Kennedy，Moen&Ranly（1985）：News Reporting and Writing. St. Martin's Press，New York.

便没有市场。

2. 震撼力（Impact）：有多少人会因这则新闻受到震撼？影响力越大、范围越大则新闻性越强。

3. 邻近性（Proximity）：距离产生关联，关联决定震撼。也就是说，离新闻所产生的"震中"越近，越具有新闻性。无论是天灾人祸，离新闻中心越近的越受到这则新闻的影响。当然，就媒体而言（报刊、电视、电台、在线媒体等），全国性媒体、社区性小报以及技术上无国界的互联网，在处理新闻的"邻近性"问题上都有各自的侧重。

4. 时效性（Timeliness）：顾名思义。"邻近性"讲空间距离，时效性则体现报道新闻的一个"抢"字。过了火候，就没什么味道了。

5. 凸显性（Prominence）：你的邻居是个普普通通的市民，早起随口说一句"美国应全面销毁核武器"，或许不会引起媒体注意。但美国总统或哪怕是总统候选人说同样一句话，可能全世界媒体都会争先报道。

6. 不寻常性（Unusualness）：人咬狗、狗咬人，不同情形下都具备不同的不寻常性。否则就不是新闻，而是旧闻。

7. 冲突（Conflict）：没有冲突则不构成新闻。当然，如果某一多事之秋，从来就是战争和暴力事件不断，突然一夜之间变得平和起来，这本身也具备新闻性。因为这和过去的状态发生了冲突，且异乎寻常，自然对受众产生震撼。

总之，新闻的标准不是孤立的，而是相辅相成。《纽约时报》（*The New York Times*）的格言就一句话："All the news that's fit to print。"所有适合刊登的都是新闻。也就是说，它会发表一切适合发表的新闻。

《写新闻、赚大钱》一书 ① 则引用兴起于 20 世纪五十年代初的一些新闻理论，将新闻的标准浓缩为两句话：Who cares？ （谁在乎？）So

---

① McCrone, Ian：Make Money Freelance News Writing, Alpine News Agency, Otago, New Zealand.

what?（那又怎样？）虽则短短两句话，但可谓检验新闻放之四海而皆准的大标准。

检验新闻

"Chinese delegation here to push for investment（见样文 01），发表在英文日报《新西兰先驱报》1997 年 6 月 2 日 A5 版。朱镕基先生抵达奥克兰是个星期五，我接到通知去采访已是下午 5 时左右。从时间上来看，除非重大新闻挤上头版，否则只可能发表在下周一出版的报纸上。第 3 版和第 5 版都是发表要闻的好版面。

样文 01

Chinese Delegation here to push for investment

New Zealand Herald

Monday，June 2，1997 Page：A5

By Raymond Huo

One of China's most influential leaders，Vice-Premier Zhu Rongji，has begun a week of courting potential New Zealand investors in Auckland at the weekend.

He said international investors should be confident of China's accountability on the world market because of its central bank reserves which stood at 170 billion.

Mr Zhu was dubbed the country's "economic tsar" after putting the brakes on a Chinese construction and real estate boom in 1993.

Before heading the Central Bank of China which cooled rapid growth，Mr Zhu was Mayor of Shanghai，the powerhouse of commercial China.

The 69-year-old told representatives of Chinese, Hong Kong and Taiwanese groups in Auckland that China provided lucrative business opportunities.

He also trumpeted prospects in Hong Kong. "Hong Kong is the soundest place in the world to earn money ... only a fool would ignore the opportunity."

The delegation of 80 includes the Minister of Metallurgical Industry and Vice-Minister of Foreign Trade whom he described as the most welcome guests thanks to a huge order they placed for Australian wool and raw materials.

While here Mr Zhu will meet the Prime Minister and other ministers. This year marks the 25th anniversary of diplomatic relationship between the two countries.

"My current visit is aimed at strengthening high-level exchanges, enhancing mutual benefits so as to propel the existing friendly relations and co-operation up to a new level," he said.

我原来的导言强调的是中国的外汇储备，据说当时达1 700万纽币（通常都会换算为本地货币）并引用一位领导人的话"香港是全世界最好挣钱的地方……只有傻瓜才会忽略这个大好机会"，以扩散这则新闻的震撼力。

发表的时候编辑将导言改了，强调的是中国这位最有影响力的领导人之一，在奥克兰开始了他在新西兰为时一周的访问，"以图吸引更多的新西兰的投资商"。

这一改，"谁在乎呢？"所有想投资或想要被投资及所有相关人士都会在乎这则新闻，而关注的中心也从中国（外汇储备）和香港（经商环境）转移到奥克兰（该报的出版所在地）。

"那又怎样？"——因为关注的中心从海外位移到新西兰，只要和这则新闻沾边的人或机构，其生活都会或多或少受其影响，对照新闻的九大标准或七大指标，综合考虑当天其他要闻的重要性，这则新闻被采用并放在第一部分（Section A）第 5 版，就顺理成章了。

《"数学考试忒容易"——只因一句话，无辜遭暴打》（'Too easy' maths causes violence），见样文 02，发表在都市头版。要闻部分将第7—9版（每天页数不等）另辟为都市版，以强调奥克兰中心地带（通常指当时四个大卫星城的中心部分）新闻的区域性及相应重要程度。

样文 02
'Too easy' maths causes violence

New Zealand Herald
Saturday，April 4，1998 Page：A4
By Raymond Huo

A student says he was knocked unconscious by two schoolmates after saying the maths test he had just sat was too easy.

The 15-year-old pupil, of [...] High School, on the North Shore, was hit on the head with a wooden club and briefly lost consciousness, the boy's mother said yesterday.

The fifth former, who moved to New Zealand from Taiwan with his parents five months ago, told his mother that one of the assailants told him to "∗ ∗ ∗ ∗ off" and "pick up your father and mother and go back to your country."

His mother asked that the family not be named for fear of retaliation.

Two students are understood to have been suspended for three days after the incident.

The boy said some of the 100 Asian students at the school had suffered abuse before but in silence.

"I just talked to someone [about the test] — not tried to show off in front of them," he said. "I now feel safe only among my fellow Asian classmates."

One student who saw the incident, but did not want to be named, said he was shocked by the attack. "They just hit him — for no reason. One guy doesn't even know him."

The boy's mother said her son received traditional Chinese medical treatment after the assault last week.

But she was angered by the school's "nonchalant" response. She said the school had failed to inform her and her husband of the incident or arrange medical treatment for the boy.

She will discuss the matter with the principal, [...], who has been away at a conference.

The acting principal, Brian Rivers, said the incident was an in-house dispute and he was disappointed that the mother had talked to the *New Zealand Herald*.

The parents had not kept an appointment to discuss the matter and he would not comment further.

The mother said her son was reluctant to go back to the school but she and her husband had encouraged him to face the problem.

这则新闻几乎符合所有的几大标准。一个 15 岁刚从中国台湾移民到北岸市（North Shore）不到五个月的初中生，觉得刚刚结束的数学考试太容易，自言自语随口说了一句，便被路过的、别的班级的两个同学用木棍一顿暴打，被当场打晕。随后又有爆料，在这所很有名气的学校至少有 100 多名亚裔学生有过同样经历。学生敢怒不敢言，家长嗔怒、怪校方若无其事，校长出差在外，代理校长则表示该名学生家长爽约在先，不和校方讨论此事却去惊动媒体……

"谁在乎?"——学生和学生家长、校内校外、社会部门、政府机

211

构……

"那又怎样?"——一个学生被打,所有家长担心。同时又引发一系列其他层面社会关系的互动。

一个小插曲:这篇新闻见报后,我自然是收到不少读者来信,但也接到一通电话。如约上门,才发现是一位白人单亲母亲,她儿子在学校也经常遭同学欺负,而欺负他的那些人,多半是功课不好体育好的"特招学生",因此校方常常睁一只眼闭一只眼。她因此感慨:"他们亚裔学生被欺负还有你们媒体帮着说话——因为有种族歧视。我们是白人,我儿子被欺负,为什么就没有人感兴趣介入呢?"

如果说这则因数学考试太容易而被打的新闻惊动了都市版显要位置的话,下面这则我和警察桌面记者合写的报道,则当之无愧地上了整个英文《新西兰先驱报》的头条,而且用了一个通栏大标题。

导言是这样写的:

孤独,在异域他乡,一对上了年纪的华人夫妇开始学习英文,以便在被邻居光头党恐怖骚扰时,好向人求救。

接下来的第二段进一步展开:

他们最先学的几个英文字是"救命"和"他们有枪"。(见样文03)。

样文 03

Racism sours dreams of life in a new land

New Zealand Herald

Saturday, March 14, 1998 Front Page

An elderly couple are enduring an awful introduction to their new home. TONY WALL and RAYMOND JIANQIANG HUO find.

Alone in a strange land, an elderly Chinese couple are taking English lessons so they can call for help when they are terrorised by their skinhead neighbours.

Some of the first words of English Jimmy and Miling learned were "help" and "They have a gun."

The couple, from Guanzhou province, live in terror of a group of teenage skinheads over their back fence in upmarket Kohimarama.

They have been in New Zealand only about a year but already have had to call the police after shots were fired from an airgun into the kitchen of their Kempthorne Cres flat last week.

Now 68-year-old Mr Liu and his wife are seeing a language tutor so they can make themselves understood to police.

Mr Liu, a retired university maths teacher, was standing in his kitchen last week when a pellet went flying past his head. It was the second time in a few days that shots had been fired at the flat.

The Liu's, who live with their adult daughter Vera, said the skinheads had terrorised them for months,

The *New Zealand Herald* spoke to one of the skinheads yesterday, an 18-year-old man with white supremacist-style tattoos on his arms. Told Mr and Mrs Liu felt terrified, he replied: " * * * * them."

He admitted having racist views but denied embarking on a deliberate terror campaign. He said he and his friends were aiming at birds when they fired the airgun.

Mr and Mrs Liu said they also had nails tossed on their lawn, stones thrown on their roof and a laser pointer aimed in their eyes.

Other residents in the area said the youths were disruptive, playing loud music, fighting and placing nails in driveways.

Vera Liu said her parents were so frightened they were considering moving.

An Asian man living next door, who did not want to be identified, said he had also been harassed and he now believed "New Zealand is not our land."

The youths concerned are aged 15 and 18 and live with their mother, who told the Herald her sons' skinhead friends were the main offenders and they were no longer welcome at the flat.

Sergeant Simon Johnson of Mt Wellington said police had seized an airgun and the skinheads could expect another visit from them. He said police were not prepared to tolerate racist attacks.

The Race Relations Conciliator, Dr Rajen Prasad, said his office would like to assist Mr and Mrs Liu.

"It must be terrible for elderly people in a foreign land to be treated so — I abhor that sort of thing and I think every New Zealander would."

报道用大段篇幅描述邻居"白人至上"的光头党成员，如何拿气枪向这对华人夫妇瞄准，如何隔着围墙向他们的草坪上撒铁钉，如何向他们的屋顶扔石头，用镭射笔射他们的眼睛。当然，最恐怖、最危险的是子弹从他们头边划过……

这帮人 15～18 岁，平时游手好闲。我和警察桌面记者 Tony Wall（我当时在亚裔新闻桌面）不但走访了这对华人夫妇，也登门采访了这帮年青人。其中有一位承认有种族倾向但否认有恐怖嫌疑，并表示他们拿气枪瞄准是为了打鸟而不是打人。

这篇报道直接导致了警察介入，并没收了一支气枪。据说一年多以后，其中的当事人被告上了法庭，但他们的"嫌疑人"名牌没挂多久就撤下了。据说他们的律师成功地说服了陪审团，警察虽然能证明枪上是他们的指纹，却不能证明是他们扣了扳机。因此当堂释放。这是后话，而我只能用"据说"，因为那时我已经离开报社，回中国生活了近一年。

另一个插曲是，当时担任种族关系署署长（Race Relations Conciliator）的 Dr Rajen Prasad 博士，接受了我们的采访并慷慨陈词，2008 年 11 月他和我同时当选为工党国会议员。谈起这十多年前的一则新闻及随后法庭审理结果，仍然不胜唏嘘。

这则新闻在社区激起很大反响，派生了多篇后续报道，《都市报》为此还发表了一篇类似社论的述评。这篇报道发表的第二天，就有一个素不相识的人，冒着大雨，在这对华人夫妇门前留下了一束鲜花。我为此写了新闻"Flower power helps ease couple's fear,"意思是"花之力"（友好，善意，正义）使老夫妻在惊恐中有了释怀感，添了一丝安慰。与上了头版的"硬性新闻"相比，这一篇则是充满了人情味的轻松报道。头版的硬性新闻若用公式来检测，"谁在乎？"——在一个以多元文化为荣的文明社会，发生了一个带有如此种族歧视色彩的恐吓事件，相信对整个社会来说，都有一种撞击感。"那又怎样？"——是社会层面的问题，社会就需要拿出答案。往大里说，这涉及政府政策导向、司法机制、社会伦理、个人操守、种族融合等；往小里说，公民的基本人权（免受歧视与恐怖），"我的家我的城堡"（my home my castle）这英国人的祖训以及事发地所在的小区、街道等。事后有人对我说，整个一条街对肇事者都很反感，因为成为这种新闻的主角，一条街的房价可能都因此受到负面影响。警察桌面的同事也告诉我，事件的几个主角也找到了他，说报道夸大了事实，"没那么严重"，并且媒体也没有弄清楚 skinheads 到底是怎么回事。因为同一名称，有的是种族歧视主义（racism），有的则是反种族歧视（anti-racism）。而且世界各地奉行的思想与作风也不一致。

只是事后好几次，我自己也剃过光头。有时是天热，为了游泳方便。有时，譬如当上国会议员，成了所谓"社会名流"，剃光头这个动作被当做一个 auction item（拍卖品），为慈善组织筹集了一些资金。

第四章　新闻语言与写作

新闻语言： LCD 原则

　　近些年在英语国家形成了一股风气，就是提倡 "Plain English"（简洁明了英语）。美国证券交易管理委员会还专门出版了一本《简洁英语手册》，并大方地放弃版权，鼓励大家各取所需。上市公司所发表的招股说明书（Prospectus）是令律师、会计师、证管委及股东、股民都相当头痛的一份法律文件。一个上市公司融资成败，从大财团到小股民，如果认定、判断一个公司，是否买它的股票，这份说明书至关重要。如《手册》强调，简洁并不等同简单，更不是为了阅读方便而删掉复杂的内容。总体来说，简洁英文包含结构和行文两大部分。而在行文部分首倡短句、实话实说和有什么说什么，最忌用术语吓人。

　　这些规则恰恰和新闻语言的基本要求相吻合。

　　媒体在处理新闻内容方面普遍采用的是 LCD 原则（Lowest Common Denominator），强调的是媒体内容是否能够为广大受众所普遍理解和接受。一般而言，新闻报道（区别于社论、述评或其他专业报道），平面媒体的新闻写作要让 13 岁以上的读者理解，而多媒体（电视、电台）至少要让 8 岁以上的观众、听众理解。

216

有了这个大方向，我们来看看新闻写作的篇章结构。

倒金字塔 （The Inverted Pyramid）

有一则笑话，记者从前沿发回一则报道，说星期四当天，上帝坐在山顶上看脚下一片洪水，这个小镇人头攒动，一会儿这有危险，一会儿那有危险，交通中断，秩序大乱……

随后记者用不下二十几个段落，洋洋洒洒描述了许多其他场面的景象。报社总部收到稿件，火速电告："忘掉洪水，先去采访上帝。"

采写一则新闻，无论事大事小，各类信息扑面而来。如何在瞬间抓住要点，然后展开报道，对记者来说，是实力和灵气的一个考验。

记者所关心的是 5 个 w 和 1 个 h（who did what, when, where, why and how?），谁在何时何地做了何事以及如何做，为什么做？普遍流行的倒金字塔写作方法，就是将最重要的信息，作为导言放在开篇之首。通常的次序是：导言（intro, introduction 或 lead），重点（首要事实、次要事实），描述细节，收尾（通常是当事人或与当事人有关的人士的引言）。一篇报道体现在报刊，就是由标题、导言、躯干三个部分构成。

若干年以前，我给一些华裔记者做过一些"西方"新闻写作的讲座，许多说法现在看来还有效。

新闻写作（注意：新闻报道与评论是两回事，报道说的是"事儿"而评论则是讲"观点"）要求将新闻（news）与观点（views）分开，记者不可以无由头地将自己的观点和情感色彩，加进所写的报道里。中学时代经常读到的"今天阳光灿烂，某某神采奕奕，大家兴高采烈，"乍看像报道，但实在有内心感觉（"观点"）之嫌。

倒金字塔报道模式要求将最重要、最抢眼、最耸动的新闻信息放到最前面，次重要的依次置后。具备一定规模的报社，大多由记者、编辑和文字编辑团队构成。记者（reporter, journalist）负责采写新闻（团队由首席记者 chief reporter 指挥）；编辑（通常由新闻主编 news editor 坐镇）负责筛选；文字编辑（sub-editor）负责下标题并依当天版面需要量体裁衣。

为了阅读方便并照顾到排版和广告需求，大多数版面都有一定的固定性。倒金字塔的好处及其对记者的残酷要求，在于无论在何种情形下，所采写的报道都要有可取性。版面多，采写的报道全篇发表；版面少，文字编辑则从后往前删，删到哪一段都恰到好处；实在没有版面，留下导言便是一句话新闻。

新闻写作的"洋八股"：起、承、转、合

瞎编一则报道，依《红楼梦》笔调，看《胡州日报》的一则新闻。

1.（导语）一艘不明飞行物（UFO）昨晚在中国东部山区坠落，美国宇航局派员专程赴华调查。

2.（承上，进一步扩展）坠落在安徽省黄山市黄山景区的 UFO 机身完好，现场未见外星人踪迹。

3.（延伸1）但一位不愿透露姓名的目击者说，他看见两名外星人在机身触地后向"梦笔生花"景区飞去。

4.（延伸2）中国航空航天局发言人对此不作评述，但证实美国宇航局两名技术人员已获得来华调查的特别工作签证。盖文·爱理思和蒂姆·莫非预计×月×日中国时间抵达距上海××公里处的现场。

5（转1）安徽省旅游管理局对本报说，UFO 事件将使黄山这一著名景区变得更加著名。

6.（转2，这时必须引用当地相关人士的话以强调新闻的实地性）当地居民黄金斗先生说黄山风景本来就在全国享有盛名，"这一下子可以吸引更多大鼻子［外国游客］来观光了"。

7.（补充，转3）黄山景区附近的一位离退休人士甄士隐说，这一带常出现"吉兆"。他说他的祖父在民国初年就见过一个类似飞行物体。

甄先生说，他还说……

8.（补充，转 4）黄山景区交通管理委员会发言人说，事发时有两辆卡车追尾，引起司机争执直至角斗，但被附近村民劝离。他说："在这个时候居然还有人有心吵架。"

9.（合，收尾）UFO 是中国北京时间下午 4 时 15 分触地的。详细视频可上《胡州日报》新闻网。

这就是一篇很典型的新闻报道。倒金字塔先识别大地区，再是小地方，即先列明中国东部，再是省、市、县、乡。一定要交代识别标志（例如和上海的距离），设想许多读者尤其是海外读者并不知道黄山在哪儿。因目标读者是 12 岁以上的人，所以要考虑到许多人未必知道"大鼻子"习惯指外国人。方括号"［……］"在西方新闻编辑中特指编者的注释或引言。"吉兆"一词带有"观点"，用引号表明是记者直接引用而非记者自己观点。新闻报道逐段交代，越往后面越不重要。

这样"洋八股"起、承、转、合，非常适合新闻的采编。即使是通讯社的通稿，不同地区的报纸也会有不同的侧重。当然，不同的侧重首先会体现现在所下的标题。

如果是黄山市日报，标题很有可能是：《外星人来访，UFO 落地，本市成世界热点》。突出事发地，体现新闻标准中的 Proximity（距离感），距离越近，新闻感越强。

如果是上海市的报纸，则需要通过华东这一区划概念，强调这则新闻和自己的关系：《外星人探访华东，皖黄山或藏异客——市天文台专家赴浦东机场迎接美国宇航局同行》。这则新闻就变成上海本地新闻了。

首都北京的报纸，需要突出的是中国在这则新闻中对世界意味着什么。标题应该是：《中国：地球上第一个接待天外来客——昨日 UFO 降临华东》。

美国的新闻界则无论如何要把自己扯进来：《外星人真的来了——UFO 飞越长城，两宇航员赴华探险解谜》。如果单纯地报道不明飞行物降临中国上海附近的一个景区，这只是一则国际新闻。加上赴华宇航员这个因素，一下子就把这则外国新闻变成内国新闻，无形中放大了好奇程度、扩大了关注人群。

日本即使是邻国，无论如何也很难把自己扯进这则新闻，下标题可能是《星外客降临中国，美科学家赴京帮助解谜》。因为除了设想 UFO 会不会拐个弯绕到东京，就像标题所示，还可以在别的方面激发好奇，如为什么美国科学家应邀赴华？这在外交和科技领域意味着什么？好奇的人越多，买报、看电视、关注这则新闻的人越多。媒体就越有市场。

新西兰的报纸：《大熊猫的故乡飞来天外客，预计下一站是奥克兰》。随着中新两国 2008 年 4 月签订自由贸易协定（*Free Trade Agreement*），新西兰对中国出口不到一年增长 62%，中国已成为新西兰第二大贸易伙伴。近些年两国高层互访频繁。2010 年上海世界博览会期间，两国高层互访时谈到中国拟向新西兰赠送大熊猫，因此用"大熊猫故乡"特指中国，可以和相关新闻产生关联。标题的第二句很可能是记者听到的一个传言而已，但它涉及这则新闻和本地的距离感，随之会扑面而来一系列的猜测与好奇，写成导言、加入标题都是情理之中的事。

从这些标题，也可以进一步解读新闻的标准，以及如何用新闻语言将新闻传播开来。

如何写导言

倒金字塔写作风格源于战时前线报道，战时事多人忙，容不得说废话、写废话、读废话。开门见山、一目了然便成为新闻写作的第一要务。美联社（AP）资深记者、普利策大奖（Pulitzer）得主 Saul Pett 曾说过："写作始终需要伴随这样一个问题：理想中的记者在提问或下笔之前，必须认真想好自己的报道，想好自己想知道什么、读者将会通过你的报道而想知道什么。"（"Writing begins and ends with thinking: ideally, a reporter should think about the story, about what he or she wants to know, what readers will want to know, before asking the first question or putting the first word on paper. "①）

好的记者在采访提问和下笔写出第一个字之前，要解决的就是如何最直接地回答谁在何时何地做了何事以及如何做的。各类"读者阅读习惯调查"证明，越短的句子、越明快的写作风格，越能吸引读者。我在英文《新西兰先驱报》工作期间，总编要求我们将导言控制在 28～30 个字之间。当然在特殊情况下，可以例外。

导言可以各式各样，也可以围绕 5 个 w 1 个 h 来展开。

第一，"谁"式导言（The "who" lead）：用现在语言，就是所谓名人效应。因为是知名人士，姓名本身在导言中就很吸引眼球。

USA Today（《今日美国日报》）2010 年 8 月 14 日的头条新闻，"*Obama makes clear support for ground zero mosque*"，采用的就是"谁"式导言。全句 29 个字："*WASHINGTON — After skirting the controversy for weeks，President Barack Obama is weighing in forcefully on the mosque near ground zero，saying a nation built on religious freedom must allow it.*"虽不到 30 个字，但却直截了当一口气说出了至少 3 层含义：（1）总统对这个有争议的问题回避了好几个星期后做出这个姿态；（2）奥巴马总统很强烈地支持在"9·11"事发地附近修建清真寺；（3）总统表示，一个在宗教自由基础上建立起来的国家必须这么做。

这样的导言一目了然。第二段再展开，全篇报道共 14 段，最后一段陈述"反方"意见，说反对这项计划的人包括"9·11"事件的遇难者家属，认为此举对 2001 年在此遭遇不测的人来说，无疑是个侮辱。

"谁"式导言也不一定非名人不可。如果当事人因其职业、年龄、性别或其他新闻耸动性，虽非名人，也有效应。如："70 岁的詹姆斯早晨在院子里散步并顺便取报纸，却被一只雄鹿撞个满怀，鹿角刺伤他的

---

① Leiter，Kelly，Harriss Julian&Johnson Stanley（2000）：Complete Reporter：Fundamentals of News Gathering，Writing，and Editing. Allyn&Bacon（p. 97）.

身体，流了好多血。"

第二，"什么"式导言（The "what" lead）：如果一个事件比人物更重要，导言所强调的则是何事。如："周二晚毁掉整栋公寓的大火，是由于第二单元的屋主卧床抽烟并睡着后引起的。"

有时不可避免地要提到人，但"何事"的严重性显然比"何人"要强烈地多，如："一个 75 岁的南区居民告诉警方，他周一开车拐错了弯道却迎面撞上正在降落的一架双引擎轻型飞机。"

第三，"何处"式导言（The "where" lead）：在个别情形下，"何处"的重要性超过了其他因素。用这种方法写导言，可以营造一种气氛、把读者带进现场。例如：

（海城讯）这个小镇和鱼同眠，何时醒来尚不可见。（*This little town sleeps with the fishes*，*whether it will wake up with them remains to be seen.*）[1]两句，18 个字，激起了读者的好奇心。好奇之余，在第二段展开说明：小镇之为小是因为只有 12 个居民但是在全美建了第一个水族馆。近些年观光客锐减，储水池生锈，投资商债台高筑、申请破产……

Miami Herald（《迈阿密先驱报》）擅写自然及野生动物新闻的 Susan Cocking 有过这样一篇报道，导言一下子令人身临其境：

"Alligators blink at you lazily as you pass. You come face to face with otters and raccoons. The rapid hummer of a palliated woodpecker echoes in the distance. Cypress trees, port apple and leather ferns are in your face. You could almost touch the tarpon rolling right in front of you.

"Guess what? You are within spitting distance west of where I—95 and the Florida turnpike run parallel. You are on the

---

① Ditto. p. 100.

Loxahatchee River. "①

　　"美洲鳄在你路过时向你慵懒地眨着眼。你可以和水獭和浣熊正好打个照面。远处传来啄木鸟快速却不轻不重的敲击声。满眼全是柏树、苹果和蕨类的枝繁叶茂。在你的前方，水里翻腾的大海鲢似乎伸手可以触摸……"

　　这样的开场谁不想知道个究竟？因此笔锋一转，以"你猜怎么着？"逐一介绍这个地方的方位并引入其他新闻含量。

　　"何处"式导言说明新闻写作不必拘泥，可以按不同的要求定不同的调子。

　　第四，"何时"式导言。时间元素是任何报道都少不了的，写进导言司空见惯，但有时因报道需要可以强调。下面这则报道，在导言里强调的是美容业的一个争辩，而争辩的主角葆拉·百恭（Paula Begoun）一向观点鲜明，认为护肤美容，产品的原材料及其有效与否，应该取决于行业规范和业内口碑，即所谓的"peer reviewed research"。持这种观点并为此大声疾呼，自然会有这样的导言：

　　"It's 8 am in Seattle, the city of Starbucks, but Paula Begoun doesn't need caffeine to jump-start her long-distance rant. "②

　　"早上8点，在西雅图这个星巴克之都，但葆拉·百恭却不需要咖啡因来发射她的远程咆哮。"

　　这则导言，被视为现代新闻写作的一个范例。

---

① Ditto. p. 100.
② Ditto. p. 100.

第五，"何由"式导言（The "why" lead）。事件的起因、当事人的动机，通常是一则新闻中最重要的元素。但写导言时，记者不是万不得已，大多都避免以"何由"为中心。因为一开口就很难收场。但从下面这则导言可以看出，用"何由"式导言，有如开闸放水，直奔主题：

> "过去若干年因未能控制医疗开支，意味着美国许多工薪家庭需要多缴 8%～20% 的医保费。
> 这是自 20 世纪 90 年代以来涨幅最高的一次。保险公司将这么高的涨幅归咎为处方类药物价格激增、先进手术设备的投入以及医院以外对病人看护服务项目的增多。"

这是连后果带前因一起用导言加第二段说明又避免冗长的好例子。

第六，"如何"式导言，与第五种类似，许多记者都尽量避免用这种方式写导言。解释"为什么"已经够长了，解释"怎么做"更累。下面这则导言，通过当事人如何如何，把读者带到故事之中。

> "一封寄给生化公司说家贼难防的匿名信导致三员工被捕。
> 警方证实三个科学家为装备自己私人设立的实验室（生产蛋白质化合物及其他产品），先后从雇用他们的生化公司偷了离子泵、试剂及其他设备。三人均持有博士学位。"

总之，写导言的原则是不可说的太多、不可说的太少，但宁短毋长，宁可只强调一个"w"因素，导言说不透，用第二段补充，然后依次展开。并没有一个固定的公式，因人而异，每个人可以开发出自己的模式和风格。总体而言，导言的目的在"引人上钩"，读了导言便不忍不读。

导言之后的躯干

如果说导言的作用是诱人上钩，那么上钩之后，一定得给人货真价实的东西。因此，导言之后必须是丝丝入扣的事实及情节，有趣加信息量及逻辑关联便是一则报道躯干部分（俗称"the body of the story"）的三大元素。读新闻不是读学术报告，没意思就会被人随手扔掉。没有信息量只有空话，不但这则报道被人扔掉，整份报纸被人扔掉都有可能。而且多米诺骨牌效应（The Dominos），广告客户也会望风而逃。逻辑关联既强调文字的流畅，也强调事件的发展与陈述有内在的联系，一篇报道最忌流水账式地杂乱辅陈。

如果说记者写导言，要的是灵气和概括能力，那么躯干部分则是考验记者对这则新闻的判断和把握。因为目的是抓住读者的注意力、说清楚事情（到当下为止的）来龙去脉，留下一些悬念（类似于下围棋的活眼），以便后续报道。

我们现在用前面提到的"洋八股"，用我 1997 年写的两篇报道，来看导言（开启）之后，如何在躯干部分承接、转换角度并在结尾切合主题收篇的。

"洋八股"起、承、转、合案例

第一篇：Planned temple 'not health risk'（July 28，1997，A7，The New Zealand Herald）

样文

Planned temple 'not a health risk'

New Zealand Herald

Monday，July 28，1997 Page：A7

225

海外创出四重天

By Raymond Huo

Promoters of New Zealand's biggest Buddhist temple have to convince the local residents that the Manakau City complex will not house a crematorium and pose health risks to neighbours.

The proposed 10 million, 4ha development in south Howick will include a Buddhist temple, meditation rooms, accommodation for those on overnight retreats and a stupa. The stupa, a traditional Buddhist monument often housing relics and ashes, has become the focus of local opposition to the plan.

"Some Kiwis mistake the stupa for a crematorium," says a local Buddhist, Tim Lai.

He says the misunderstanding comes from cultural confusion. "A stupa is totally different from a crematorium," he says. "It is a holy pagoda where remains of the deceased can be consecrated, not a place to burn dead bodies."

More than 70 residents and groups oppose the project getting a resource consent from Manakau City Council.

They argue that the development is out of character with the rural surroundings and will strain local infrastructure.

"It is also not culturally correct," says Priscilla [...], one of the opponents. "I'm a Christian and have lots of brothers and sisters in that area."

The Buddha's Light International Association of New Zealand, which runs a small temple in the area, has planned the project for three years.

The group has about 100 branches throughout the world, including the United States and Australia.

The association's spokeswoman, Lucia Chang, says the proposed complex could not simply become a place for Buddhist activities but also a "multi-functional community centre for all."

The tradition of putting remains in stupas is based on Buddhism's philosophy on death, she says. "As the wilting of one flower will lead to the seed of another, death in Buddhism is referred to as the beginning of a new life. The ashes of the deceased can be blessed in the stupa."

The complex would take three years to complete.

（1）导言，29 个字，说了"何人"（在奥克兰建佛光山的善男信女以及持反对意见的本地居民）；"何地"（在奥克兰卫星城曼奴考市）；"何事"（不是建火化场，因此不必担忧）。

相信这样的导言一定激起好奇。熟悉东方文化的人会大惑不解：建庙宇与火化场何干？不熟悉东方文化甚至心存偏见的人也会好奇：你说不必担忧，为何不必担忧？这样，第二段承上，展开解释。

（2）这个计划投资 1 千万纽币（约合 5 千万元人民币，在 1997 年是一笔不菲的投资）、占地 4 公顷，在曼奴考市南建一栋大型庙宇群（含大雄宝殿、禅房、僧人用斋及住宿用房）以及这则新闻关注的焦点：Stupa。

"Stupa"是我当时搜肠刮肚所能找到的最贴切的一个字。当事人告诉我，原计划建一座舍利塔（或曰佛塔）。从新闻图片所拍摄的效果沙盘看，应该就是"窣堵坡"，同英文一样也是依梵文音译，意思是"高峰"，"浮屠"。所有中华文化体系中的人都会说"救人一命，胜造七级浮屠"。2010 年 6 月我重访河南少林寺塔林，才知道如何鉴别三级、五级和七级浮屠。七级是最高的浮屠，但老外一听和骨灰有关便自然联想到"火化"，于是对这个计划大加反对。第二段，考虑到文化差异，用一句来解释什么是"Stupa"。

（3）用引语让当地一位佛教徒解释，部分居民反对是因为他们将舍利塔"误认为"火化炉。记者的工作是报道，当事人说是"误解"，一经报道便是新闻元素之一；记者若是自己说误解，那就有"观点"之嫌，而非报道了。

（4）进一步展开解释，还是借当事人之口解释为何产生误解。

（5）丝丝入扣，进一步补充有 70 多个当地居民或组织，在"资源管理申请"过程中，向市政府提出反对意见。新西兰《资源管理法》规定，任何涉及"资源管理法管辖范围"的项目（如大的城建项目、涉及环保问题等）都必须经过法定的程序，其中包括公众意见、公开听证等步骤。反对方和支持方都可以提供书面或口头意见。

（6）反对的理由包括这样的项目与周遭环境不符并且有碍当地基础设施（如供水供电排污、人均绿地等）。

（7）引用反方意见，将其具体化，这样也可以体现报道的平衡性。前面引用了佛家弟子的话，这里则通过基督教徒的口，说出她的兄弟姐妹的意见。

（8）、（9）、（10）和（11）：从第 8 段开始笔锋一转，进一步将一些背景信息提供出来，并通过佛光山北岛协会发言人，说明这一项目除了弘扬佛教精神，还可以在多元文化交流中起积极作用，并顺带进一步解释佛教在生生相惜、生死轮回方面的理解以及舍利塔在佛教精神中的作用。

（12）与导言相呼应，结束全文。其实，当时的草稿中，是用佛光山住持的一句引言收篇的。发表后，才发现因版面限制而删减了。

这样的报道视事态发展，往往会有后续故事。不到一个月，就有了第二篇："Buddhists hold secret talks on temple site"（1997 年 8 月 23 日 A10，The New Zealand Herald）

样文

Buddhists hold secret talks on temple site
New Zealand Herald
Saturday，August 23，1997 Page：A10
By Raymond Huo

228

The controversial Buddhist temple planned near Howick is expected to move to another site after secret land-swap negotiations.

The 4ha development struck opposition from nearby residents who felt the 10 million complex would be out of character with the rural surroundings of Flat Bush and was designed for an "imported" community.

The Buddha's Light International Association, which owns the site, is understood to be considering a land exchange with nearby property owners.

Master Yee Shuen — the chief temple Buddhist — said the association would try to overcome objections by moving.

The hope was that the proposed new site, believed to be outside the Manuka City rural zone, would not stir up the same opposition.

A consultant to the association, John [...], said commercial sensitivities prevented much comment. But he had confidence in the other parties, and believed agreement could be reached in two or three weeks.

The Buddhist association, which has a temple at a Whitford Rd house, initially faced criticism from objectors concerned that the complex included a 10-storey crematorium chimney.

But the association said residents had mistaken a stupa — a shrine for the ashes or relics of deceased believers — for a crematorium.

The Mayor of Manukau, Sir Barry Curtis, said yesterday that the original site and its proposed alternative were both in an area destined for urban development between now and 2012.

"Manukau is the most diverse city in New Zealand with over 55 different cultures in the area, and 10 per cent of the population of 250 000 is now made up of people from the Asia-Pacific region," Sir

Barry said.

"I know many people have a belief in the Buddhist religion and I believe that the authors of the proposal are wanting to satisfy a need in the community."

（1）导言直接切入主题：有争议的佛家建筑群施工计划拟改址。

（2）承上，说明这个造价 1 千万纽币的计划遭反对并且是为一个"进口社区"而营造的。"进口社区"这个称号未明说，但显然有挑衅含义。就这个字引发第三篇报道也不奇怪。

（3）、（4）、（5）都是说明有迁址可能以及如何迁址。

（6）直接引用建筑顾问的话来增加新闻的第一手性。

（7）转：有点花开两朵各表一枝的意思，介绍背景。

（8）展开，说明误解的症结在当地居民把舍利塔（stupa）误当做火化炉。

（9）、（10）和（11）引用曼奴考市长的话。这番话听起来不偏不倚，但他强调该市是新西兰多元文化之都，不同族裔达 55 种，其中 10％来自亚太地区。并且佛家弟子众多。读到这里，读者心中自然有数。

电视、广播和网络新闻

万变不离其宗，但风格和要求不同。《为媒体写报道》[①]一书是这样解释平面媒体（报，刊）与广播电视报道的不同：平面媒体伺候的是眼睛，而广播电视则是耳朵有时加眼睛。另一个不同是写出来的报道可以重读，而广播和电视——除非预录或电脑操作——则稍纵即逝、过去就过去了。

在电脑和字幕机普遍应用以前，对文字编辑的要求比较刻板，因为

---

① Fedler, Fred (2005): Reporting for the Media. New York: Oxford University Press (pp. 498—502).

播音员依赖手中的稿子播报，一般文字稿要求一行不超过 10 个字（针对英语而言，中文另说），一篇控制在 10～15 行。播音员一分钟大致说 125～150 个字，这样一篇稿子正好一分钟。

为听众写新闻要注意以下要求：

1. 尽量用口语，非正式、力求放松。有时得用碎句子，并且通过第一、第二人称（你、我、我们、你们）拉近和听众的距离。

2. 用短句，陈述语气，一句一个意思。若有多重意思或报刊中常出现的括号中的扩充解释，则需要撤成短句，一句一句解释，如："业主——她有好几幢公寓出租并且还是义务消防员——说这次失火与前两次失火被怀疑是同一伙人干的。"这样的稿件，播音员说得吃力，听众更是一头雾水。因为人类的收听习惯，一是受不了长句子；二是常常将句尾和句首联想起来，因此，力求保持"主语—动词—宾语"的语序。

可以改成："（1）城北公寓几个月以来又发生了第三次大火；（2）业主某某说她相信这次大火和前两次有关；（3）她已与警方取得联系；（4）她从前是个义务消防员……"

3. 用现在时态并不断更新。因为电台报道讲及时性，尽量避免用"今天"，要用"今天早晨 10 时"、"下午几时"等。

4. 与文字报道的精确性不同，遇到具体数字，尽量用"大约4000"，不要报"3997"。

5. 赋予数字以意义——这一点似乎成为各类媒体的一种风格趋势。例如，政府财政预算，学龄前儿童教育补贴削减 2 亿元，尽管数额很大，但对普通听众而言毫无切身体会。如果换算成譬如"每一个家庭有一个孩子入托，每星期要多缴 50 元。"这样听众不但听得明白，并且感同身受。

6. 缩短头衔。太长既弄不清这位官员到底管什么，也会使报道失去重点。"约翰·布朗宁主管卫生部药物管理审核署负责处方类药物研发和市场发展及区域补贴督导，"不如先报道"卫生部一位督导日前表示"，然后再看情况介绍他的身份及负责范围（如果和新闻内容相关）。

7. 处理一个不为人知的名字，千万先报他/她的职衔，等抓住受众注意力后再看情况而定。如"政府公园管理处表示已拨出专款重建湿地，保护野生动物……"与文字报道不同，要先说职衔再报姓名。

8. 与文字报道最大的不同，文字的公式是"说什么，某某说"（"what，said who"），如"这事情不可容忍，校长对本报说"，落实在文字上有特定效果。但广播电视正相反，采用"某某说什么"（who said what），这样听起来逻辑清楚，容易接着听下去。

9. 避免用代名词（pronoun），一则新闻里有两个或两个以上女士，"玛丽和海伦在她的车里找到了宠物狗"，听众根本弄不清"她"代指的是谁？

10. 撰稿时要想到"台上"播音员有可能面临的痛苦，遇到数字如 $10 110 011 谁都有可能愣上半秒或一秒，把它写成"ten-million-110-thousand and eleven dollars"，就能一口气读出来了。

KISS 原则

随着时代的发展和先进技术对社会生活的影响，以传统文字报道为代表的平面媒体受到越来越大的冲击。但是与早年业内人士的担忧或预测相反，平面媒体并没有随着多媒体的突起而锐减。清晨阅读早报的习惯，似乎与咖啡、早点一样，被当做一个习惯而被顽固地保留下来。日报，因其传统和深度，往往成为电视、电台和网络媒体的新闻来源。日报的要闻和观点往往也起到为其他媒体定调子的作用。

现代社会，发展和机会不但是共享的而且还有同步性。各大日报都有自己的网络版和多媒体页面；电台、电视也各自享有独特的舆论空间；网络媒体更是包罗万象，多姿多彩，信息扑面而来。

有专家指出，这样的发展与变更，使得信息交流从结构上得到了变化、更倾向于"呈水平方向而非垂直方向组织的信息结构。"另外，新技术带来的新媒体并未脱窠臼，无非是"资本的积累、商品化加剧以及公共领域消失"进程中的一部分（part of the accumulation of capital, commodification and the disappearance of public space）①。担忧之余倒获得一丝安慰：至少新闻写作万变不离其宗。平面媒体、广播电视与多媒体界限模糊，掌握了基本功，便可游刃有余。

《新闻之原则与实践》②是一本深入浅出，很专业的书。论及新闻报道的结构，作者列出一个"kiss and tell"公式，即"keep it short and simple"（保持文章的短而简）。"Keep it simple, as if you are writing for your granny"（保持简洁，好像是为你奶奶写的一样）（p. 108），似乎与白居易写诗标准暗合。至于遣词造句，篇章结构以及时事报道、法庭新闻、科技专栏、人物专访、述评特写、社会观点还有记者的职业操守、言论自由与人权及隐私保护等等，需要介绍和探讨的太多，超出了本书范围，不赘述。

2009年12月，易中天教授应邀担任"新西兰读书文化节"文化大使，我为他颁发证书。照片左一为奥克兰大学孔子学院姚院长，右一为主持人梁枫，右二是玛克威出版社社长方华。刘云芳摄

---

① Nick Stevenson（2002）：184.

② Harcup, Tony（2004）：Journalism Principles and Practice. London：SAGE Publications.

第五章　述评及观点性文章

　　新闻述评是一个介于新闻报道和新闻评论之间的新闻体裁。其特点是客观地叙述新闻事实以及背景，然后对新闻事实进行分析和评价。述评与社论不同，社论（editorial）是编辑部就重大问题发表评论，代表的是报纸的立场。

　　无论是述评还是社论，都离不开"事实"和"意见"两大元素。第三、第四章介绍了新闻采编的标准以及新闻写作的方法，这一章则是摘选我在《新西兰先驱报》发表的观点性文章四篇，来看看这一类文章是什么样子。

　　新西兰是个很可爱的国家，风景如画（这四个字可不是套词），多数人很朴实，和大自然贴得很近。在国际事务上，因为地理位置及人文因素，有时显得颇为矛盾。一方面，对"美国大哥"有逆反心理；另一方面，由于百年来的潜移默化，脱不开西方思潮的体系。反映在对华态度上，经常处于"无端好感"和"无端恶感"双极之间摇摆。

　　在一次公众集会上我曾即兴发挥，说新西兰民众就对华情绪，大致可以分成两类：一类是对中国逐步了解，因了解而产生理解、好感从而客观平等对待；另一类则心存偏见，偏见助长了无知，无知加剧了偏见。反射到大众传媒上，大多是这些因偏见而派生的种种言行。

　　甚至对一些利国利民的好事，例如新中自由贸易协定，许多人也是持负面抑或抵制心理。工党政府于 2008 年 4 月与中国签订自由贸易协定，不到一年，新西兰对中国的出口额增长 62%，中国成为新西兰第二大贸易伙伴。出口增多意味着创汇增多，创汇增多意味着口袋里钱增多，国库因税收增多而变得更加充盈。这简单的道理，对某些人说起来有时简直是对牛弹琴。

也有人说过，像新西兰这么一个得天独厚的地方——例如常见的温泉，鸡蛋和土豆放进去十来分钟就熟了——很难使普通百姓有什么忧患意识。

回到《新西兰先驱报》，报纸对新闻报道和个人观点的处理有个明显的分界。记者采写的新闻，反射的是事实本身（反射程度以及媒介的中立程度是另一个话题）；而书评、专栏、观点（包括社论）则是意见，两者有很大不同。

有明显的识别标志，标明是"观点"而非"新闻"。一般来说，栏目的题目以及作者头像，都比较明确地表明这一类是观点文章，而不是新闻报道。据我十几年的观察，针对中国的报道，五花八门，负面新闻居多。而社论及观点性文章，则具有很强的前瞻性，对中国的发展以及新中关系重要性，有很多正面的评价。我们观察这份大报时，需要注意这两者的区别。

不用精确统计也能看出，这大致反映新西兰的国民心态。普通百姓总归是习惯随大流，而有识之士的深谋远虑，则需要经过一个渐进过程。近年来，中国政府和民间机构，就新中两国之间的关系发展做了大量工作。针对敏感话题，也做出明确表态。但需要改进的是要了解你的受众，尤其是要用受众能听懂的语言来进行文宣（"语言"在这里不单指语言学上音义结合意义上的符号系统），否则事倍功半。

在《新西兰先驱报》上发表观点性文章不容易。虽然每天出版的新闻纸少则有十几页多则上百页，但社论之外的观点文章只有一版三到四篇，每篇 700～1 000 字不等。

当然，媒体的效应在回应，一篇即出，讨伐或赞美声四起（通常是讨伐居多），这样的文章人家是抢着要的。这体现的是观点的争议性。争议性越大，撞击力越大。

撰写观点性文章，大致要注意以下几点：

第一，新闻性，所谓针砭时弊。

第二，亮明观点，不能含混。但凡写文章是为了达到一定目的，观点鲜明人家才知道你到底想说什么。

第三，要有逻辑性，明确立场（支持或是反对）＋事实或理论支持＋分析到位、以理服人。

第四，通常以第一人称为主。既然是立场明确，就要把自己亮出来，承担这篇文章有可能产生的任何后果。亮出真名才能赢得正、反双方应有的尊重。由于法律和不同机构的相关规定，有时匿名文字是不被采纳的（法庭文件和投诉则必须有真实姓名和实际地址）。例如，《新西兰先驱报》不接受匿名投稿和用以发表的读者来信，当然真实署名和提供地址后，文章和读者来信可以（在适当情况下）用笔名发表。像网上那样，用匿名、用马甲，所写的东西虽有一定影响，但相对来说影响力要受到限制。

第五，哈维·迈开（Harvey MacKay）说过一句话："don't confuse charisma with a loud voice"（别把感召力和大声喊叫混为一谈）。好的文章都是平静地说事，切忌谩骂。顺便提一句，哈维·迈开可能是史上励志作家中最成功的一位。迈开出版过最畅销的五本书，对许多人来说，不读原著，光看书名就可能被激励得迈开大步。最受欢迎的三部是：《与鲨鱼同游（但不要被活吃）》（*Swim With The Sharks (Without Being Eaten Alive)*）；《小心裸男给你他的衬衫》（*Beware the Naked Man Who Offers You His Shirt*）和《未雨绸缪》（或《渴前掘井》，*Dig Your Well Before You're Thirsty*）。

这里所选的四篇，囿于篇幅，只简单介绍写作背景，尽量不做注解。

第一篇：《新西兰教育法》及国际留学生市场现状与问题

第一篇发表在 2007 年 9 月 4 日 "Perspective"（透视）版。1989 年工党政府修订《教育法》，开放国际留学生市场，从此在新西兰开辟了"出口教育（export education）"这个全新行业。但市场的发展远远超过了立法、行业规范以及综合管理的速度。这篇文章直接导致了我在 2010 年 11 月起草了《教育法修订草案》，通过立法方式，对新西兰国际教育行业进行较为全面的改革。

Foreign students learning the hard way and NZ suffering because of it

By Raymond Huo

4 September 2007

A study by Deloitte and an International Student Barometer update have confirmed that New Zealand's international education sector is losing ground to other countries.

The Ministry of Education has identified a number of other problems，one of which is the inefficiency of an industry populated by a large number of small providers，with varying levels of experience and expertise.

But the real problem is that New Zealand's laws and regulations do not safeguard the standard expected by Asian customers in particular. "Ghetto education" is a term frequently used by Chinese parents to refer to ill-equipped schools operating in run-down buildings but boasting a big name.

Unregulated agents，who aggressively recruit students by "selling" those schools in return for a large commission，are another contributing factor.

The 1986 Fair Trading Act does not necessarily stop those schools from passing themselves off as "national" or "international" institutes, or "Auckland" or "New Zealand" academies.

In China, the law reserves such titles for reputable educational providers whose name matches their national or regional status. Big names and their perceived standing are, therefore, attractive to Chinese students and their parents.

But upon arrival and discovery of what they really are, their hearts sink, and so does New Zealand's reputation.

For Chinese students and their parents, this country has a credibility issue.

That is relevant because the reputation of the industry and the associated image of the country determine, to a large degree, what kind of candidates are being targeted.

Reported crimes involving people of Asian ethnicity in recent years were committed predominantly by international students, not settled migrants. Ordinary New Zealanders do not often understand the difference, which means that the whole Asian community is unfairly held responsible.

Tension between Asians and the locals is unashamedly apparent.

However, Asian communities here cannot do anything about this unless the Fair Trading Act is improved so that at least the names of those schools are representative.

A licensing system to regulate agents would also provide greater protection to prospective students and prevent them from being exploited by unscrupulous operators.

Some quality schools, that who could not afford or are unwilling to pay a hefty commission to such agents, have complained they are less competitive than schools that are willing to do so.

It is alleged the money paid to the agents as commission could be as much as half the entire tuition fee paid by the students. Licensing would help to ensure all education providers operate on an equal footing.

So far, bad publicity has raised fears and increased watchdog attention in many Asian countries. China's Ministry of Education, for example, has started a website to update information about which schools can be trusted and which cannot.

The coverage of crimes involving international students has also scared off many potential students.

Unsurprisingly, the number of international students has dropped from 127 000 in 2002 to 93 000 last year. Numbers from China, in particular, have plunged — from 66 000 in 2003 to 32 000 last year.

By contrast, international student numbers in Australia have grown by 6 and 11 per cent in the past two years, to 384 000 last year. This includes sustained growth from China, India and Korea.

The present situation is grossly unfair for those good students who are genuinely studying here. Equally, it is not fair for good reputable schools, whose names are tarnished by the cowboys in the industry.

For many concerned parties, the whole export education industry lacks vision and a long-term strategy.

Its policy, matching this country's immigration laws since 1987, is volatile and unpredictable.

The inevitable result is that New Zealand, compared with its rivals such as Britain, the United States and Australia, is losing ground in the recruitment of high-quality and desirable students.

More importantly, if immigration defines who future New Zealanders are, those international students — at least some of them, according to the current immigration policy — will determine who our future immigrants are.

第二篇：移民、难民及政治人物"搅浑水"

第二篇发表于 2002 年 9 月 5 日。新西兰作为移民国家，每年依不同类别、按不同比例引入商业移民、投资移民、技术移民、家庭团聚类移民以及按照联合国约定的配额接纳 750 名难民。移民的申请程序和批准条件，依类别不同区别很大。移民顾问和中介，依法需要登记注册、取得许可证，才能提供服务。总之"移民"和"难民"是两个不同的概念。"新西兰优先党"在反对政府移民政策方面有不少支持人群（多半以老人为主）。党魁温斯顿·彼得斯反移民策略，可用"搅浑水"三字来形容。在 MMP 制度下，他分别与国家党和工党联合组建过政府，但这并不会影响他对移民政策的批评。

这篇文章回应他的"搅浑水"策略，并将经他混淆的概念剥离开，逐条分析，证明他只有反对的结论并没有反对的真实理由。文中最后两段提出了我的看法，认为移民中介作为行业必须由法律来规范。这篇文章可能起到了一点点小作用，五年后相关立法出台。

Real need to take a close look at immigration

By Raymond Huo

5 September 2002

As an Asian migrant-turned New Zealander, I have no problem with Winston Peters' anti-immigration policy. I do, however, have problems with his muddying-the-waters strategy and continuous exploitation of it.

His three-finger campaign on immigration, crime and the Treaty of Waitangi made headway during the election, although only crime ranked highly with voters.

Thus emboldened, he last week unleashed a fresh and frenzied attack on the Government's immigration policy. He termed that policy "treason".

Mr Peters criticised the Government for allowing 10 more refugees from the Tampa into New Zealand. Half of refugees had Aids and many would not work, he said. Labour had not told taxpayers it would demand thousands of dollars from them to treat people who would never work here for the rest of their lives.

It all sounded like the New Zealand First leader was addressing an issue on refugees until he added that Maori in the north were living on dirty floors and had no running water or power. Labour, he said, could not help them, but was rushing to take in 53 000 people a year.

Quite illogically, Mr Peters seemed to be suggesting that the different issues of asylum-seekers and immigration were the same thing.

I don't know much about refugees, so I will leave the issue for those who know to respond to Mr Peters. What I know is that this country accepts 750 refugees each year under its international treaty obligations, independent of its annual immigration quota of 53 000, which Mr Peters has vowed to slash.

According to Mr Peters, immigrants bring many problems. He talks of concern about social cohesion, higher house prices, inflation, jobs being stolen and traffic gridlock in Auckland. He says the immigration system "has more holes than a fishing net".

But, ironically, the selection criteria under today's immigration policy are more stringent than when NZ First was in coalition with National in 1997 — 1998. As the Minister of Immigration has pointed out, there would be a net loss of people if the number of approvals were restricted to 10 000, the number Mr Peters wants to accept.

Also, a significant component of people of Asian ethnicity, whom

Mr Peters notes have doubled in a decade, are not migrants. They are fee-paying students in this country's burgeoning international education industry.

If you listen carefully to his attacks on immigration, you have to wonder how seriously his arguments can be taken. What he has been talking about seems to be illegal immigration, not immigration itself.

He seems to stretch the word "migrants" to cover not only legitimate immigrants but also visitors, fee-paying international students and overstayers and asylum-seekers.

Overstayers are a law and order issue. And for refugees, the High Court ruling that the Government's policy of detaining almost all asylum-seekers at the border is unlawful and fundamentally defective requires Mr Peters to do more than simply unleash new attacks.

But the refugee problem is a different matter from immigration. Asylum-seekers and applicants for immigration are assessed under different policies, applying different procedures and restricted by different quotas. To muddle them creates only confusion and misunderstanding.

Take the health problem, for example. Mr Peters asked: "Why are we failing to check for Aids and other infectious diseases brought by migrants?"

Again, the word "migrants" is distorted so as to present a false picture of immigration policy.

Pursuant to the policy, a pre-arrival health screening, including blood and X-ray tests and vaccination check-up, is strictly required. Without a medical certificate, an application for immigration will be declined in the first place.

Is Mr Peters, therefore, suggesting a procedural defect in the enforcement of the policy? If so, why doesn't he identify the responsible department or individual?

Mr Peters may not appreciate that many Asian migrants share his concerns about immigration.

No legitimate migrants are willing to see New Zealand become a dumping ground. Any illegal bad apples who slip through loopholes into this country tarnish the image of immigrants as a whole.

But it is not justified for Mr Peters to use some procedural defects to seek to shut down the whole system. Equally, however, these defects cannot be tolerated. The Immigration Service has many quirks. To address the issue will open a can of worms, but the service needs to become more transparent and efficient.

And private immigration consultants must be regulated. As NZ First party policy stipulates, a registration of immigration consultants is required. "Such registration [is] to ensure consultants are people of repute who operate to a defined standard." It would be stupid for the Government to ignore the advice.

Without the proper monitoring, there is no way of ensuring that only the right people are selected and allowed to come to New Zealand.

第三篇：从"绿卡婚姻"看新西兰的国民性格

第三篇发表于 2001 年 8 月 28 日。引起了不小的反弹。这篇是针对"假婚移民"现象对新西兰的"国民性格"进行分析，为此报纸还加了一段按语。文中还剖析了其他一些舞弊方法和现状，最后呼吁"公平、公正"才是应变的最好方法。否则一小撮人干的坏事会连累到一大部分善良而守法的人。

文中还嵌入了一个"小机关"。果然，一位读者来信骂完"你们移民来了玷污了新西兰的干净"之后，才发现嵌入的那句话很有道理：
"病毒多侵入孱弱的机体"，因为有不少洋人，由于不加判断或妄加判断
而受骗，受骗后却"一竹竿打翻一船人"。并且在受骗过程当中倔强得
要命，劝都劝不回来。这就涉及一个人起码的公正心和判断力。防微杜
渐、兼听则明，这是两大基本要求。

Gullible Kiwis only too easily taken for a ride

By Raymond Huo

28 August 2001

Something in the New Zealand character makes this country susceptible to the likes of marriage-for-residency scams, writes RAYMOND JIANQIANG HUO*.

In the eyes of Asian immigrants, New Zealanders are generally kind and caring, but also stupid and gullible.

This may help to explain why a marriage-for-residency racket could have been operated openly here. And why such a scheme is only the tip of the iceberg.

The people involved would not, it seems, bother to blink when choosing to take this country for a ride.

Bigger countries such as the United States are not immune from such schemes. But they are usually treated with more caution because immigration dreams can easily turn sour there.

Perhaps this country is vulnerable because New Zealanders often listen to their hearts. Or, as some of my friends put it, they tend to maintain a mood of holidaymaking. In that mood, an awful-looking spider may be treated as something nice.

If that theory is justified, it is understandable that a fake application in the refugee or family reunification categories, particularly those accompanied by touching tears, will usually win the hearts of

244

immigration officers. Resident status is duly granted.

Then again, New Zealanders may be vulnerable because they listen only to their heads. That may have been proven by experiences with the Immigration Service, where a genuine marriage will be excessively investigated by suspicious officers.

In the vast majority of cases, processing an application for residency in that category takes at least nine months, the period believed to be necessary to test the authenticity of the marriage.

Probably, however, it is reasonable to suggest that New Zealanders, when dealing with Asians, listen both to their heart and their head. Often, however, the two parts contaminate each other.

New Zealanders are proud, confident and trust their instinct. Thus, when they face new or unfamiliar people or issues, the reliability of a relevant piece of information is judged not on its merits but on how it is presented.

When naked truth confronts a false assertion in disguise, the false usually prevails. That is where contamination takes place. And when the presentation satisfies some of their tests, New Zealanders will stubbornly stick to what they believe.

Police officers offer a typical example. The police force is extremely interested in such words as tong, Asian gang or Triads.

When someone is hated because of a business confrontation or a family feud, the police are sometimes sent a "black letter" - a term used in Chinese to signify dobbing in people secretly. The anonymous letter usually suggests the target of hatred is recruiting youths for a gang or waging retaliation by bombing someone's house.

The letter is usually written with a medium level of difficulty, allowing the police to work out its implication. They finally put together

245

the jigsaw puzzle and take it seriously, not realising they are being fooled. The real gang members choke with laughter, but innocent victims are hurt badly.

The second example is called "twist". Years ago, a mainstream company published a Chinese-language newspaper. When one editor who had no English and no journalism background was challenged by both his readers and his staff over his tastes and professionalism, he successfully misled the management, saying the disputes had arisen from political discord between Chinese and Taiwanese.

The simple question of his capability suddenly became a complex political issue. No New Zealander would find it easy to solve the problem. Consequently, the newspaper was closed.

A third example is even more popular in this country. It seems that a claim of human rights or racial discrimination has become a convenient tool and will normally win out.

In the immigration racket, an Auckland-based woman, who allegedly acted as a go-between with the matchmaker and her clients in China, repeatedly cited human rights when she demanded that the Herald disclose the sources for its investigation of the scheme.

I doubt she understood the notion of human rights, as defined in the New Zealand Bill of Rights Act.

But as one source close to Chinese diplomats said: "She used those words because she knew they would please the Kiwis."

The source said that he felt sympathetic to the women involved in the racket because they were at least "honest in cheating".

Other would-be immigrants claim to be repressed Falun Gong followers or victims of the Tiananmen Square massacre. And, said the source, stupid New Zealanders would believe them and give them what they wanted. New Zealand has, thus, become a dumping ground.

It is sometimes impossible to stop New Zealanders from being fooled. When naked truth confronts a false assertion in disguise, a spectator will usually see most of the game. But when an Asian spectator tries to warn of the danger, the rational New Zealander is most likely to become suspicious of the motive of the spectator.

When New Zealanders are duly cheated by the false assertion, they tend to either blame all Asians or to adopt a once-bitten, twice-shy mentality, and stay away from Asians. Communication is thus frustrated.

The exposure of the immigration scandal may see many genuine applications affected. For the Immigration Service, particularly, it will take time to separate polished bad apples when they are mixed with the good.

A fundamental reason is that New Zealanders' perception of Asians and Asia lags significantly behind the reality. When they eventually meet, they are inclined to get confused.

Yet Asians are not aliens. We are all humans and susceptible to common weaknesses, including lying and cheating.

To understand other cultures should not mean an abandonment of the principles relied upon for judgment. The doctrine of fair play, for example, is a universally adoptable key.

Put the issue in a context of our health conditions. Viruses are everywhere but they target only the weak body — or perhaps the weak mind.

第四篇：移民、"阿舅"及井底之蛙

所选的第四篇发表于 2001 年 7 月 9 日，和第二篇一样，发表后连续一周，报纸的"读者来信"栏目正反双方还僵持不下。这篇文辞幽默，开笔直接点题："多谢这位市政议员大人的慷慨，说是要帮助移民们学会用烤箱或熨斗、学会如何开电灯以及如何冲澡或洗澡。"

然后笔锋一转，证明这位把所有移民都当"阿舅"的人，其实是个不能与时俱进的井底之蛙。

的确，时代在进步，已是 21 世纪了，许多人还把华人、把中国放在 20 世纪 50 年代的平台来看待。

这篇文章不仅仅修理了那些心胸狭窄、心存偏见的人，更重要地是通过丝丝入扣式地辩论，于嬉笑中让他们看到新一代华人的骨气、自尊和实力！

Patronising attitudes no help to our immigrants

By Raymond Huo

19 July 2001

The reality of immigration might be better appreciated if New Zealanders considered it in terms of the law of

contract，writes RAYMOND JIANQIANG HUO.

Auckland City councillor Bill Christian the other day generously offered to teach migrants how to use an oven or an iron，to switch on a light or to use a shower or a bath.

Mr Christian suggested that the Government should ensure that all migrants underwent training in the New Zealand lifestyle before being allowed to settle into the wider community.

His statement may have been well-intentioned but it created an impression that all migrants somehow suffered from an intellectual deficiency. And it seemed to imply that all migrants had come to New Zealand in search of civilisation or, at least, a better civilisation.

His arrogant and ignorant statement coincided with the publication in the Herald of an Auckland City Council survey which showed that almost all Asian ethnic groups in Auckland had more jobless than the general population.

The report provoked feedback from the wider community. Some urged migrants to do their homework before coming to New Zealand and not to view New Zealand as a "mini Asia." Some complained yet again that the country had attracted more migrants than they wished.

The statement, the survey and the complaints seem to have boiled the immigration problem down to three related issues. What kind of migrants does New Zealand desire, if it really does want them? How can migrants be incorporated into New Zealand so they can best contribute, rather than, as a particular politician has pointed out, rip off the system? And why have the migrants come to New Zealand anyway?

If Mr Christian was justified in generalising the migrants as quasi-retarded individuals — unless they came here by claiming refugee status or in the humanitarian category — the Immigration Service has been seriously remiss in selecting and allowing them to enter in the first place.

While New Zealand still imagines itself to be one of the most corruption-free of nations, the Immigration Service has amazed a large number of migrants who have survived or are still surviving its slow processing and its quirks.

As a rule, for example, a marriage for convenience should be a black mark against anyone wishing to gain residency. Yet in at least two cases, applicants who have pulled that stunt have been awarded resident status. The officer who processed the cases is now a private immigration consultant.

To address the issue will open a can of worms, but the Immigration Service needs to be held accountable by becoming more transparent. Also, immigration consultants must be regulated. Without the proper monitoring of the Immigration Service, there is no way of ensuring that only the right people are selected and allowed to come to New Zealand.

There are no short answers for the other issues but New Zealand could address them far better.

First, it must be recognised that while migrants must adapt to their new environment, they should also maintain their own unique cultures and customs. Adopting one and eliminating the other is unhealthy and impossible to practise.

Mr Christian's idea of training migrants in the New Zealand lifestyle was based on a presumption that his lifestyle — the one he felt familiar with — was the most desirable one. That presumption matches an ancient Chinese saying that a frog in a well appreciates only its very limited outlook and experience.

Many lifestyles outside New Zealand are as good as that of New Zealand. New Zealanders, as a hosting party, should be broad-minded enough to accept and learn from the others.

Secondly, the reality of immigration might be better appreciated if New Zealanders considered the concept of the law of contract.

The existing immigration policy, which allows and encourages prospective migrants to come here, is an open letter of invitation to the world at large. The letter constitutes a unilateral offer made to any qualifying applicants, the offer being accepted when the applicants fulfil its requirements.

Upon acceptance, the two parties become legally bound. Here

comes a contract. Each owes the other a fiduciary duty — or whatever terminology you prefer to use.

It is similar to the practice of a marriage: you propose first, and upon accepting and fulfilling the legal requirements, the two parties are legally bound. It is irritating to regard the newly wedded husband or wife as an alien, either expressly or by implication.

New Zealanders must stop regarding migrants as aliens or addressing the issue as though migrants are outsiders. They are part of the family. Any I-thou mentality is childish and disharmonious.

New Zealand should learn from its counterparts in Australia and the United States. People there ask not why they should have immigrants, but how to have them and how best to benefit from their presence.

2008 年 5 月陪同总理海伦·克拉克夫妇参加新西兰华人社区活动。朱宇摄

2010 年 9 月 7 日，惠灵顿市为中国玉树地震灾民募集善款，我应邀在拍卖会上讲话。KMI 杂志摄

第三部分

律　　师

导　读

一

在新西兰当律师忙，当华人律师可能更忙。原因大抵有二：华人律师的批量出现只是近几年的事，早年事多人少，况且培养一个律师即使按正常程序，少说也要三五年，何况华人还有个语言问题，这是原因之一。原因之二——套句笑话——很多人是习惯签了合同后才真正开始谈判，一旦出事就为时过晚了。"洋人"是做事前找律师，而华人是出了事才找律师。有个名词叫"due diligence"，指的是签约之前的调研。洋人无论是法人还

当律师的霍建强

是个人行为，习惯拨出一部分预算专门做这种调研，有时费了很多人力、物力，得到的结论不过是不要签约而已。

我执业的早年曾遇到一个前来咨询法律事务的人，说要是律师楼能

把费用控制在多少多少，"我就把这笔生意给你做"。原来是一家家庭作坊式的金融公司，以比市面更高的利息为条件，向他借 80 万美元，并表示可以做房产抵押。这位先生想必做了足够的咨询，非常自信地告诉我只要在对方房契上"埋个地雷"就可以了。因此他来找我就是"货比三家"，看谁便宜就给谁"做这笔生意"。我告诉他，他所理解的"地雷"可能指的是"caveat"，直译作"警告（提醒）"，在一定情况下，可以在对方房契放上这样的警告，对方卖房前得把这个"警告"拿掉，房子才能过户。例如，夫妻闹离婚，财产分配之前埋上这样的"地雷"，的确可以起到一个保护作用，因为不解除这个警告，房产不能过户。但在何种情况下拥有这种"caveatable interest"（警示通告权），是有明确的法律界定的。如果没有这个权利对方只要填个表交到高等法院（习惯称 S145A 条款申请），多半就可以解除房契上的这个"警告"。那位先生真正需要的（本着省钱和简单原则）是一份 Term Loan Agreement（定期贷款协议），然后根据该协议再履行抵押手续。但任凭苦口婆心，他只是觉得律师在设法将问题复杂化、多收他律师费而已。这样的对话双方当然不愉快。他很不爽，说顾客是上帝，别说你是律师，是大夫又如何？"老子只愿看五百块钱的病，多了不看！"

若干年后那家金融公司倒闭了，听说他的"地雷"未起作用，血本无归。结果如何不详。

体现在对待法律的态度上也可以看出文化差异来。洋人的功夫多半花在立法之前，去游说、去提意见，法律颁布后便将精力放在如何执行和遵守上面（或实在反对而如何依法将其推翻）。无论团体还是个人，都知道一个名词叫 compliance costs，指的是执行法律和政策要求所支出的人力物力。而有些华人的心理——恕同胞直言——经常处于被动静观或主动耍小聪明上，违点小法，沾点便宜，看会不会被发现，没被发现就继续沾下去，发现了再说。

除此之外，还有很多概念是我们华人不熟悉或中文里没有对等语汇的。例如"信托"、"托管"以及"法"（Law）与"衡平法"（Equity）

之间的区别。法是讲律文；衡平法则是讲公正和"良心"。这样发展了几百年，在英国法律文化中就形成了这么两个平行概念。譬如，一个家庭信托中（family trust），托管人（trustees）拥有法律上的权利，而受益人（beneficiaries）则拥有衡平法权益。打个比方，偌大一幢房子，房契上列为产权所有人的是托管人，而一家老小则是受益人。如果托管人行为不当或有过失，受益人即使在产权上没有任何法律上的权利，但可依照衡平法权益诉之公堂，勒令托管人履行职责。

用戏说手法解释信托，可以这样编个故事：很久很久以前，英国的王公贵族率兵出国打仗，运气不好的被俘虏，运气好的被对方招了驸马，无论如何，战后回到老家发现庄园被没收了。于是律师绞尽脑汁想出一个办法：建立一个家庭信托，托管人是律师或不相干的人（当然也可以是当事人本人成立的信托公司），他和家人为受益人，这样即使被俘虏或招了驸马，国王也不至于没收他的庄园，因为产权已从他个人过户到托管人，庄园不再是他的。这便是信托（trust）的起源。有了这样一层权利渊源，如何保护这个权利，便是衡平法所要解决的问题。

还有一个概念叫"fiduciary duty"（受托人责任），指的是因受托人关系，一方必须为另一方最大的利益尽最大的职责，这种因受托人关系而产生的职责，比民法（tort）意义上的职责要大得多。董事会成员对股东，信托中托管人对受益人，律师对当事人，医生对病人……便是这层受托责任关系。理解了这个概念，才明白一般人是不会有什么胆量和脾胃去写"私人医生回忆录"之类的著述的，这是对受托人职责最直接地践踏。西方敢出这样的书，是因为东方有人敢写。

当然，我们有许多华人安分守己、勤勉治家，但还是惹得一身麻烦。我在就职演说（见第一部分第五章）援引了一个实例就是很好的说明。

奥克兰的一对年轻夫妻在黄金地段买了一块地盖房子，刚一动工就被举报，说是依据1915年的一部法律，他们施工时取土不能超过多少度角。律师拿放大镜琢磨条文，建筑师、设计师画图纸做沙盘——无论如何不能理解按照这个条款应如何取土。仔细研究这部法律，我们发现了几个大问题：

第一，这部 1915 年通过的法律涉及"奥克兰省级行政区划内所有火山锥之侧面及坡面"，而"奥克兰省级行政区划"大到南起陶泊湖北抵北岛顶端，差不多涵括了整个北岛。但是新西兰的省级区划却在 1876 年的一部立法中早就被取消了。这地理界定还有法律意义上的明确性吗？

第二，1991 年后国会显然已经发现了此法的弊端，修正案将"总督批准"改为"部长批准"，虽然使做决定的人级别降低，但根本问题没有解决。

第三，这部法律第五章的小标题将这类规定限制在"采石作业"（quarrying）（通常为开矿行为），但第五章正文却没有这样的限制，自然让人推断民宅建筑必然受其约束，不依法操作便是违法。

第四，新西兰土地法规定新西兰的"Torrens"体制让政府担保地契上"所有权登记不容置疑"。也就是说，买这块开发地之前，地契上并没有任何"明示"表明在这块半山坡上不能随便挖土以及超过或小于多少角度便构成违法。况且盖民宅还得总督点头也太显得牵强。这表明所有权登记不容置疑性已经大受质疑。1915 年这部法已经使整个国家的土地登记体制受到影响。

因此，我们得到的结论是这个条款设法修正，最简单的解决办法是将它废止。但是政府有麻烦纳税人掏腰包，而个人有麻烦只能自己忍受。像那对夫妻，几年下来律师费都可以买一栋房子了。立法的瑕疵让百姓承担经济和精神压力，公平么？

二

新西兰目前的成文法大概有 1 100 多部，其中不少是 100 多年前写的。目前国会每周平均有两三部法案变成法律。以各国判例（以英国、澳大利亚为主）构成的"共同法"（Common Law，也译作"普通法、习惯法"）更是浩如烟海。

在法学院修法科，接触比较多的是英国、澳大利亚、美国、加拿大以及部分中国香港的判例。英国法律根本就是新西兰法律的源头，英国法律文化可以说渗透了新西兰社会架构的每一个层面。1993 年公司法改革之前，公司法的每个章节都烙着英国公司法的印记。改革之后，开始引入许多美国的公司法习惯。信息产业方面的法（IT Law）则是以美国为龙头。总之，普通法的好处是在这个体系中法律无国界，每个国家和地区的判例都有互相参照作用。

来自中国大陆、台湾以及日本、韩国的学生，刚入法学院时比较受罪。因为受"大陆法系"（即 Civil Law 民法体系，也称罗马法系）的影响，习惯了法典（Code），习惯了成文法（Statutory Law）并因此习惯了教材。这样的教材很舒服，首先是内容概要，然后是具体分析，再加上举例说明。条例清楚，适合考试之前突击，许多概念背熟就可以了。

并不是说新西兰的法学院没有教材，有但不是我们熟悉的那种。这里教材分两种，第一种是大部头，如《刑法》、《公司法》、《衡平法》。另一种是案例汇编，是那种无头无尾有的全篇照录、有的"断章取义"的案例集。但无论是大部头还是案例汇编，读起来都像中文里的训诂。何为训诂？百度百科是这样解释的：用通俗的语言解释词义叫"训"；用当代的话解释古代的语言叫"诂"，因此也称"训故"、"古训"、"解诂"。在新西兰读法律很少能讲空头概念，讲究的是"无一字无来历"。一个人打了另一个人，人人都知道打人的一方不对，但这样给答案并不能得分，给出"为什么"的才能得分。因此要这般训诂：甲打了乙，乙还手，情形如同案例 A，根据 100 多年前的案例 A，加之今年案例 B（因为 B 支持了 A 部分原则）因此得出结论：乙还手构成自卫。而甲方声称的乙方"挑衅行为"（provocation act）不成立，援引案件 C 以资为证……最后得出结论。

遇到重大案例，这样的教材往往将上诉法院（或最高法院、英国枢密院等）不同法官的不同判决同时刊出。因为在上诉法院这个层次，并不是所有大法官意见一致，往往是 3 : 2 的投票结局。无论是读法律的学生，还是用法律的律师，需要关注的是每一位大法官的观点以及形成观点的逻辑。这样才能推导得出结论的原由。

所以对有志留学读法科的学生而言，这本书给出的第一个忠告是，"判例法不相信临时突击"，平常不听课、考前再突击的传统做法会让人吃大亏。我之所以这么肯定是因为我是吃过亏的过来人。

刚进奥克兰大学法学院的时候，我才做完硕士论文不久。读本书第二部分第一章可以看出，我读硕士的同时，全职做《新西兰先驱报》的记者。因此做完论文有个想放松的心理。奥大各科属于传说中的"好进不好出"，入学不算太难（至少不像 20 世纪 80 年代中国式高考），但要通过考试和论文答辩，得费番工夫。奥大的硕士、博士论文均规定有第三方外校导师参与审核并独立评分，毫不含糊。而法商学科则是不好进更不好出。当然那时我不知道，我们成年学生（号称 senior students），多半沾当年中国大学学位的光，入学并不难。

第一学期我看完了电视连续剧《水浒传》（那时国外不容易看到中国电视连续剧而大学影视中心图书馆收藏颇丰），第二学期我看遍了几乎所有馆藏的法国电影。在法学院所选的科目都是全年，所以中途并没有警觉。到 10 月份大考才发现来不及复习。对付过去的，终归不理想。

从此珍惜起法学院的每一门科目。

奥克兰法学院连同医科、眼科和建筑学科等，都是不太好进的学科。法学院每年从各高中（新西兰称 college，与美国英语称谓不同）选一批优秀学生，但第一年只让选修一门和法律有关的课程，其他课程可以是文、理、工，一学年下来，从得分最高的学生中挑出一小批读二年级，这才算真正地读法律。

考试是 50 分及格。不知现在的情形，记得当时想考到 80 分以上都比较费劲。漏掉一两天课可能还赶得上，多了就不行。因为每天讲的内容连同案例非常多，临时突击很困难。读法律常规要做的是案例分析、读书报告、阶段论文、模拟法庭，工作量大，压得抬不起头，用四个字形容：没完没了。

法学毕业后就业是另一个关口。在好律师楼求职难，在名律师楼求职更难，跻身有百年历史的那种大律师楼可谓难上加难。在这样的大律师楼，有点像大的科研机构，学术气氛很浓。我在 Brookfields 期间，每个星期有一到两次午餐会，律师们要在一起，按专业分成小组，讨论一周以来的案例。大家要轮流上台讲课。

其中有一部分讲稿，便是这里选登的法律专栏文章的雏形。

和大学同窗 Helen Munro，庆幸的是在办案过程中还没有和要好的同学和朋友做过对手。

三

当律师遇到的第一个问题，是发现同胞们往往身在新西兰，"心系祖国"，作派和思路完全保留当年在国内的习惯，并且还有很强的"人情"及"面子"情结。不出事时，希望有不签合同的人情方便；出了事，又希望有签了合同的法律保护。这是一种心理。

另一种心理是，无论何事，首先想到的不是法律如何规范，而是想到怎么用自己的小聪明绕开法律

宣誓成为高等法院大律师，签名时难住我了，短短几秒钟我在犹豫该用英文签还是中文签。

的规定。早年间我向一位当事人解释家庭信托的运作，并解释即使牵强地愿意同意他的举例，说家庭信托是将财产从左手转到右手，但每年能转的幅度有法律限制，一年只能转 $27 000，这叫"赠予"（gifting），多了便需要缴纳赠予税（注：2010 年起相关规定有所调整）。当时那位当事人眼珠一转，说："没事儿，我找 50 个人做托管人，一年转着转着就把财产转完了。"

用现代网上语言叫"我囧，我无语！"说给同事听，同事也大惑不解。这不是聪明，而是对法律文化缺乏起码的了解和尊重。

从那之后便形成了一个习惯，我会告诉前来咨询的人，说不要忙着做什么，先看我在什么地方发表的一篇文章，看完了再来讨论。这样效果很好，因为律师是按小时收费的，6 分钟一个单元，分分钟算钱，先了解清楚了，再在一个平台上对话，问题就好解决，也节省很多时间。

对个人如此，对公司和财团也是这样。我在担任常年律师顾问期间，就给一家大公司专门写了一本"常用法律汇编"，收效很好，因为没出事就找律师是不出事的一个前提。

那本"汇编"是在工作时间写的，属于"职务发明"，留在了律师楼，凭记忆还能写出一个轮廓。

因该公司规模很大，雇用不少员工，业务范围涉及产品、销售、物流、能源及电力运输，我将常用法规及主要条款——列出：

1.《雇佣法中健康及安全条例》。法律对健康和安全的保障有具体要求，因此需要制定措施若干。如果没有具体措施及设立相应执行部门，则构成违规，法院重判可罚 50 万元。

2.《消费者担保法》：必须对消费者提供若干项产品及服务担保。需要注意的是，这种担保不能"立约免除"（contract out）除非对方也是非自然人的商家。

3.《商法》：这里的"商法"指的是反不当竞争法，公司和董事个人均有可能构成违法。

4.《公司法》：详细规定董事、股东的职责，尤其是公司重大商业行为实施前董事会批准程序。

5.《公平交易法》：重要条款为 9 和 13，在商业行为中"不能涉及欺诈或有可能导致欺诈之行为"。这对广告和促销有直接法律导向作用。

6.《雇佣合约法》：全职雇员与外包式合同工之权利、义务及纠纷处理有不同的规定。

7.《隐私法》

8.《假期法》：法定假期、公共假期、事假、病假以及何种情形需要提供医生证明等。

9.《人权法》：不能因种族、肤色、性取向而歧视。

10.《电力法及条例》

11.《能源法》

12."以上各法遵循纲要"

行文至此，读者至少有这么一个印象，所谓法律，更像一本交通地图，开车上路之前就看个究竟，才能避免撞车，才能事事顺、路路通。

四

这一部分所选文章共九章。

第一章简单介绍新西兰法律制度，尤其是从初级地区法院到最高法院的职能分工。

第二章"凯文和爱丽丝的故事"，试图通过说故事来解释法律。这一对留学生家境富有，先购置房地产，因属于"敏感地"需要经过海外投资委员会审核。审核顺利但交割过程中出现问题。其中地产经纪人扮演什么角色、需承担什么责任，以及正、反双方律师是如何交手的？这一对年青人购置物业后，又和朋友合伙做生意，结果闹得不愉快，对手还轻而易举用"禁入警告"把凯文赶走。生意不成，凯文和爱丽丝又自己做建商、盖房子，由于不了解法律，没拿到建筑许可便开工造房，结果被重罚。这个故事原定写 10 篇，从小两口创业、事实婚姻、建家庭信托到最后分手、将财产依法分割。但原计划未能完成——这样倒好，免得活活拆散一对年青人。

第三章"共同拥有"还是"拥有共同"，比较强烈地证明为什么这一类法律文章必须中、英文对照。

如前文所述，英美法系中许多概念是我们中文里面没有或没有对等语汇的。不加原文对照（有不少名词是引用拉丁文或直接用案例名称代指），很容易引起概念和名词间的混淆。真需要引用这些概念和名词时，很容易使读者陷入云里雾里。一个直观的例子：许多西方名画集的中文版本，或多或少存在类似问题，因为没有原文参照，导致名画与名画家之间对不上号。中文翻译固然重要，但单一翻译（尤其是人名），不是让人不知所云，就是引起各种误会和麻烦。

"共同拥有"（joint tenants）和"拥有共同"（tenants in common）指的是拥有财产的两种方式，方式不同财产继承的法律效果完全不同。"共同拥有"指一方和另外一方共同拥有共同财产的全部，如不动产、股票、银行存款等，共同拥有的财产，在一方过世之后全部转到活着的另一方。

"拥有共同"则是指共同拥有财产但各自拥有明确份额并且可以分别处置各自名下的那部分。

"共同拥有"显得恩爱，一家人不分你我。王老五过世后，房产全部由王老太太拥有。但麻烦的是，如果王老太太黄昏恋和别人同居，在新西兰（和许多西方国家）三年后该房产便变成"关系财产"（旧称"夫妻共同财产"），和王老太太同居的那个人有权分其一半。

如果是"拥有共同"，王老五的那份按其遗嘱处置，即使王老太太和别人同居，后来的那个人也只能分王老太太的一半，王老五的那一半可以由他的子女或他遗嘱中指定的人继承。

这篇文章是 2005 年写的。当时为了译"joint tenants"和"tenants in common"让我颇费了一番心思。好像有一天突然灵机一动，便想出这四个字，顺序一变，两个概念全有了。不知道有没有人在 2005 年以前也这样译过。如果没有，我可以拍着胸脯说："这两个词的中文翻译是本人首创！"北京师范大学出版社也至少抢了个第一，以书籍的方式将这两个名词在全球首发！（一笑）

第四章讲一个大家经常遇到的现象，即垃圾电子邮件。无论是私人示好还是公司推销广告，我不想收你偏偏要发，行不行？不行，强加的电子邮件是违法的。并且邮件底部需要设个"自动解除"功能，一点击你的"伊妹儿"地址就从发件方名单上解除。对方要死缠硬扰，需要负法律责任。

第五章举了几个《公平交易法》的案例。如航空公司广告上大字体说北京到上海机票￥50 元而小字体却列明不包括燃油税/费、机场税、服务税等等，算不算误导？

第六章讲一个传统概念"法律不计较琐事"。

第七章分三节介绍公司法中法人与自然人之间的分野以及在何种情况下可以"撩起法人面纱"。公司破产、财产转移、债权人权益保护三者之间是如何互动的。

第八章用的是澳大利亚的一个案例，说明跨国合同中司法管辖权条款有多么重要，也就是说跨国合同中出了事，按哪国的法律说事。

第九章附录一篇讲稿，谈言论自由和名誉保护之间的关系。尤其是通过英国诽谤法的一些案例，说明法制环境下稍不克制就可能惹祸。

诽谤法有三要素：诽谤言论、诽谤言论针对原告、针对原告的诽谤言论已经发表。前面两要素比较容易理解，后一个呢？何为"发表"？发表绝不仅限于排成铅字在报纸上刊登。根据英国 1891 年的一个案例，老板在向自己的秘书口述一封信，便构成将该信内容向那位秘书的发表。

中文字眼中的"曲笔"、"春秋笔法"，"王顾左右而言他"，看起来很智慧，实际上容易惹上笔墨官司。英国和美国早年都有这样的案例，比如说某某绅士被人看见从一幢房子里出来，虽嘎然而止但读者都知道那幢房子是妓院，这自然构成诽谤。

重复别人的诽谤言论并不能逃脱干系或罪减一等，因为这构成"重复发表"，每重复一次便构成一次新的诉因。原告可以选择被告，只要成为重复发表链中一个环节，就离麻烦不远了。

在这种法制环境下，如何保障言论自由？真实报导、诚实观点等等都是抗辩因素。但总体来说，民主与法制，自由与限制都是相辅相成的。仿佛佛经里常讲到的波和涛，都是同一物的两个侧面。

我读法学院期间有一位很棒的教授，讲公司法，新西兰现行的《公司法》有一半条款都是他起草的。他曾经写过一篇1，000多字的文章却附上了近5，000字的注释。这可能是"训诂"和"无一字无来历"的典型实例。可能是受到他影响，不知不觉我为这一部分也写了一个很长的"导读"。真实的原因是我很担心这部分文章枯燥。绕来绕去的法律问题再加上中英文对照。心想，长一点的导读或许能让读者做一番铺垫。

有三点需要说明：

第一，这些文章是从过去近十年文章中挑选的。如同文后的"免责声明"所说，许多法律（条文和判例）或多或少有了更新。因此这些文章旨在泛泛而论，不能替代针对具体问题的法律意见，切勿照章行事。否则作（译）者和出版社概不负责。

第二，这些文章是在不同阶段、不同环境下写的，文风不统一，有时为了照顾原文的准确性，中文读起来难免拗口。

第三，所选文章尽量从判例入手而不涉猎自己代理的实例。当律师第一要务是守密。君不密则失臣，臣不密则失身，律师不密则失原则、失客户。律师和当事人在建立"律师——当事人"关系那一刻起，所有的行为都是保密的。这不仅是职业操守问题，也是衡平法职业责任的核心。

记起钱锺书大师的一句话："凡事之所贵，必贵其难"。有了这句话，读者和我皆能共勉，此其一。其二，在律师楼上班时，和一位德国籍资深合伙人聊天。他说好学生和好律师的区别，在于好学生要"刻板"，只有刻板才能不厌其烦地"勘"案例，这样才能潜下来。而好律师则要"活泛"，像写诗一般调动灵感，这样才能在浩如烟海的案例中浮上来，才能灵活运用。但不经刻板，难得活泛。

今天是 2010 年 12 月 11 日星期六。这个星期国会进入"紧急立法"状况，作息时间是上午 9 时到次日凌晨。法案可以跳过正常程序而变成法律。好在涉及的 11 部法案中多半不是我负责的，不需要花多少时间去辩论，我也因此才得以一气呵成，完成了这篇导读。

奥克兰高等法院

第一章 新西兰法律制度
New Zealand Legal System

[1] In 2008 when thousands marched in Auckland, angry at perceived inadequacies in the New Zealand justice system following a spate of crimes involving Asian victims, it highlighted differences between motherland experiences and the expectations of their new home. Tougher sentences for violent offenders were demanded.

2008年，上万人走上街头表达心中不满。针对亚裔的系列犯罪案件，让人们感到新西兰司法体系的不完备，这也突出了"故国"与"新家"两地之间的差异。严惩罪犯，尤其是恶性犯罪分子，便成了大家共同的呼声。

[2] Unlike in many Asian countries, capital punishment is not a sentencing option available to New Zealand judges. The final hanging was carried out in 1957, with the death penalty for murder being removed shortly after in 1961. Only treason remained as a potentially executable crime until capital punishment was fully abolished 28 years later.

同许多亚洲国家不一样，对新西兰法官来说，死刑已不再是量刑时可考虑的一个选择。1957年执行了最后一宗绞刑。随后不久，在1961年因谋杀罪而制定的死刑也被取消。这样，只有叛国罪才有潜在的可能被判处极刑，但 28 年后，死刑在新西兰就被彻底取消了。

[3] The most severe sentences that can be imposed on someone found guilty of a crime are custodial ones of life imprisonment or preventative detention, which do not have fixed expiry dates.

对已经定罪的犯人最严厉的审判，是终身监禁和预防性拘留，具无期性质。

[4] Some offenders serving life imprisonment are however eligible for parole after 10 years. Preventative detention can be used in cases where a criminal is dangerous and extremely likely to re-offend upon release. This sentence removes parole as an option until an offender is no longer considered to be a risk to society.

有些判无期的罪犯服刑 10 年后可以申请假释。预防性拘留则适用于罪犯极危险或释放后极有可能再犯的情形。这样的量刑排除了假释的可能，直到罪犯对社会不再构成威胁为止。

[5] New Zealand has an adversarial court system, which requires judges to be impartial and keep order while both parties present their case, either directly to the judge/judges, or to a 12-person jury (selected from the electoral roll). But an inquisitorial system is sometimes used with the likes of special investigations or commissions of inquiry.

新西兰法庭系统采用"对抗制"（也称"抗辩制"，日语则译作"当事者主义"），法官扮演中立角色，原告、被告双方面对法官或陪审团进行抗辩（陪审团从选民登记名录上随机抽选）。但针对特殊或专项调查，有时也采用"法庭调查制"（日语中译作"纠问主义"）。

[6] The structure of the country's laws and law makers are inherently British, having being colonized and initially legislated by England. In recent times, however, judgements from other countries have been adopted — notably Australia and North America — especially

with regard to commercial laws. Overseas precedents are often cited in New Zealand courts.

新西兰的法律和立法结构源于英国，一是因殖民进程加之新西兰初期法律原本就是英国制定的。但近期以来，新西兰法庭——尤其是针对商法——也广泛采用其他国家的判例，特别是澳大利亚和北美国家的判例。

[7] Common law is derived from court judgements on civil and criminal matters，which is developed through established precedent and principles. The supreme statutory law is set by a majority vote of the democratically-elected parliament，and has the power to override case law and repeal previous acts.

法庭在判决民事和刑事案件中，依照先例及法律原则发展了判例法，各国判例共享既而形成和发展了普通法。民主选举产生的国会是立法机构，国会制定的成文法处优先地位，可取代判例法及旧的成文法。

[8] There is special indigenous land legislation and land courts for the Maori.

针对毛利族裔，设有专门的原住民土地方面的立法和法庭。

[9] Judges are appointed by the Governor-General，who is the Queen's representative in New Zealand.

法官由总督任命，总督是（英国）女皇在新西兰的代表。

[10] The highest court is the Supreme Court，which replaced the English-based Privy Council as a means of final appeal in 2004. It consists of a bench of five judges and serves as the final review of certain cases granted a special leave of appeal when there is an important matter of legal or public importance to be considered. Its decisions are binding on all other courts.

终审法院是最高法院。最高法院于 2004 年成立，取代英国枢密院。最高法院由五位大法官组成，涉及重大法律和大众问题的案件，经上诉法院批准可以上诉到最高法院。最高法院的判决对每一级法院均有拘束力。

[11] Below that is the Court of Appeal, which has the power to overturn decisions or adjust sentences made in lower courts or tribunals where the law has been found to have been wrongly, unfairly, or inconsistently applied. At least three appeal judges determine cases, although up to seven can be involved if it is of great public importance.

仅次于最高法院的是上诉法院，以下各级法院及特别法庭在适用法律方面有任何错误、不公正或原则性不一致，上诉法院均可推翻或修正其裁决。上诉法院通常由三位法官听审，但如果案件涉及重大社会问题，也可以由七名法官同时听审。

[12] The High Court generally deals with serious criminal cases and disputes concerning more than $200 000. A single judge deals with these cases alone, or with a jury. It also hears appeals from the courts and tribunals below it, including the District Court, Environment Court, Maori Appellate Court and the Maori Land Court. Complex commercial matters are also often directed to the High Court.

上诉法院以下是高等法院，主要受理重大刑事案件和标的超过200 000美元的民事纠纷。审理这样的案件可以由一名法官单独执行或连同陪审团一起听审。高院还负责受理下一级法院的上诉，包括特别法庭、地区法院、环保法院、毛利上诉院以及毛利土地法院。复杂的商事案件通常都是直接递交高院。

[13] The most common criminal and civil cases are heard in the District Court by a judge. The District Court has special divisions include the Family and the Youth Courts and the Disputes Tribunal (small claims). The District Court can also review decisions made by special tribunals and authorities.

高院以下是地区法院，一般刑事、民事案件均由地区法院审理（一名法官听审）。地区法院设有专门法庭如家庭法庭、青少年法庭及纠纷裁判庭。地区法院也负责审核特别仲裁所及其他机构的裁决结果。

[14] Other special courts include the Environment Court, Maori Land Court and Employment Court and there are also a plethora of tribunals, administrative boards, authorities, commissions and ombudsmen with varying degrees of legal powers.

其他专业法庭如环保法庭、毛利土地法庭、雇佣（劳资纠纷）法庭以及众多的具备不同司法权限的裁判所、行政管理局、专业机构、委员会和受理民众投诉的专员。

[15] Section 25 of the *New Zealand Bill of Rights Act* 1990 ensures citizens have certain rights to minimum standards when faced with a criminal procedure. This includes the right to:

- a fair and public hearing by an independent and impartial court.
- be tried without undue delay.
- be presumed innocent until proved guilty according to law.
- (if convicted) appeal according to the law to a higher court against the conviction or against the sentence or against both.

《新西兰人权宪章法1990》第25条确保公民在受到刑事诉讼时基本的人权保障。包括：

- 由独立而公众的法庭公平而公开地审理。
- 审判不得不当延误。
- 无罪推论（即被宣判有罪之前都是无辜的）。
- 被定罪后有权依法向上一级法院就定罪或量刑或定罪和量刑上诉。

[16] It's worth noting that the statute also outlaws discrimination with regards to ethnicity or national origins (as set out in the *NZ Human Rights Act* 1993), and aims to protect the rights of minorities:

"A person who belongs to an ethnic, religious, or linguistic minority in New Zealand shall not be denied the right, in community with other members of that minority, to enjoy the culture, to profess and practise the religion, or to use the language, of that minority."

值得注意的是，法律明文规定反种族和身份歧视（《新西兰人权法1993》详列），以保护少数族裔的权利：

"在新西兰，任何人属于任何种族、宗教或语言意义上的少数群体，和该社区其他成员，均依法有权享受自己的文化、实践自己的宗教或使用自己的语言。"

第二章 凯文和艾丽斯的故事
Stories of Kevin and Alice

Kevin and Alice(1): Acquisition of Real Estate in New Zealand

凯文和艾丽斯的故事之一：在新西兰购买房地产

Kevin is an international student who enjoys a sophisticated urban lifestyle. So his parents from China bought him a stunning city apartment, enjoying an elevated location with sea views. His girl friend Alice, also an international student, prefers an easy rural lifestyle and has tried to convince her parents to buy farmland. Her parents, who live in Hong Kong, came to New Zealand during Christmas and signed a contract to buy a large section which adjoins a beautiful reserve. However, her parents were told that they were purchasing "sensitive land" and needed to apply for consent to purchase. They want to know why, and want to know more about buying land in New Zealand.

凯文是个留学生，喜欢现代都市生活，他在中国的父母给他买了一套时尚公寓，位置高，有海景。他的女朋友艾丽斯也是留学生，喜欢恬静的田园生活，一直鼓动他在香港的父母到新西兰买个农场。她父母圣诞节期间来了，并签了合同买一大片可开发地，紧挨着这块地的是一片漂亮的保留地。可是她父母却被告知他们买的是"敏感地"，需要申请许可才能购买。他们想知道为什么需要申请批文，并想了解更多的房地产买卖方面的规定。

［1］Neither Kevin's parents nor Alice's parents are New Zealand citizens. Nor do they ordinarily reside in New Zealand. Therefore, they are "overseas persons" for the purpose of the *Overseas Investment Act* 2005（"OI Act 2005"）.

凯文和艾丽斯的父母既不是新西兰公民，也不是居民。因此，就《海外投资法 2005》而言，他们属于"外国人"。

［2］As an aside，it is good that a written contract was entered into，because a contract for the sale and purchase of land must be in writing and signed by the parties involved in order to be legally enforceable under New Zealand law.

另外一个与之相关的话题是，艾丽斯父母签署的是书面合同，这很好，因为根据新西兰的法律，任何与房地产有关的合约都必须是书面的，只有经各方当事人签署之后，才有法律约束力。

［3］The OI Act 2005 passed into law on 16 June 2005，and came into full effect on 1 September 2005. The OI Act is administered by the Overseas Investment Office（OIO）which considers applications for the purchase of certain types of land in New Zealand.

《海外投资法 2005》是 2005 年 6 月 16 日通过并正式成为法律，2005 年 9 月 1 日正式生效。海外投资办公室负责该法的实施。购置一定类别、受投资法约束的房地产，都必须向海外投资办公室提交申请。

［4］The OI Act has been tightened to focus on sensitive assets，which comprise sensitive land and significant business assets. The threshold for business investments has increased so that screening is required for significant business assets which are non-land business resources valued at over $100 million (increased from the $50 million threshold under the 1995 Regulations).

和以前的法规相比，2005 年《海外投资法》对敏感资产的规范有所收紧。敏感资产包括"敏感地"和"重大商业资产"两部分。对商业投资的审核门槛抬高了，因此，对非土地类的资产投资超过 1 亿纽币的，都需要经过专门的审核（2005 年规定的标的额为 5 千万纽币）。

〔5〕The particular types of land and interests in land for which the consent of the OIO is required are particularized in the OI Act. Examples for sensitive land as defined in section 12 and schedule 1 of the OI Act include:

　＊ non-urban land over five hectares（1 hectare＝10 000 m²）；

　＊ land on most off-shore islands；

　＊ over 0. 4 hectares of land that includes or adjoins sensitive land over 0. 4 hectares（for example，certain islands，reserves，historic or heritage areas or lakes）；and

　＊ over 0. 2 hectares of land that includes or adjoins the foreshore.

至于土地类投资，《海外投资法 2005》对各种类别及要求有详细规定。第 12 条及附则 1 详列"敏感地"定义。大致来说，属于以下情形的都属于"敏感地"：

超过 5 公顷的非城市用地（1 公顷＝10 000平方米）；

大多数离岸/海面岛屿用地；

超过 0. 4 公顷并且该地包括或毗邻逾 0. 4 公顷的敏感地，如一定的岛屿、保留地、历史遗产及名胜地或湖区以及超过 0. 2 公顷，如果该地包括或毗邻海滩。

〔6〕In principle，the OI Act was developed to recognise the benefits of foreign investments as well as the intrinsic value of New Zealand's landscape and the ecosystems it supports.

276

原则而言，《海外投资法》的发展有两层含义：一是认定海外投资的价值；同时也要保护新西兰固有的自然景观及生态系统。

[7] Therefore, consent is required for a transaction if it will result in an overseas investment in sensitive land, significant business assets, or fishing quota. The land Alice's parents were purchasing abuts a "beautiful reserve", which falls into the category of sensitive land. The parents were therefore required to apply for consent to purchase.

因此，海外人士但凡涉及投资敏感地、大宗商业资产或捕鱼配额的，都必须事先申请许可。艾丽斯父母想买的那块地紧挨着一块"美丽保留地"而该保留地又属于敏感地，因此（参见"敏感地"定义第3条），艾丽斯父母需要申请购地许可。

[8] Under section 22 of the OI Act, each overseas person or associate making the overseas investment must apply for consent.

《海外投资法2005》第22条规定，每一位海外人士或相关人士，在这种情形下的投资都必需事先申请。

[9] All applications for consent are tested against the criteria detailed in section 16. In summary, applicants must demonstrate how their investment will benefit New Zealand and ensure the sensitive characteristics of the land on which the investment will be based are maintained.

第16条详列审批标准。简而言之，有两大标准。第一，申请人必须说明他们的投资如何使新西兰受益；第二，投资地的敏感特性如何得以保障。

[10] The economic factors generally include:

* creating job opportunities for New Zealanders or retaining jobs that would otherwise be lost;

* introducing new technology or business skills into New Zealand;

* increasing New Zealand's export receipt;

　＊ increasing processing of primary products in New Zealand.

第一标准可归纳为经济因素，主要包括（该投资能否）：

创造或保留就业机会；

引进新科技或商业技能；

增加新西兰出口收入；

提高在新西兰本地的原始产品加工量。

[11] In respect of protection of indigenous vegetation and fauna and historic heritage， consideration will only be given to — among other things — where there are or will be adequate mechanisms in place for the protection and enhancement of：

　＊ the habitats of indigenous vegetation and fauna；

　＊ the habitats for trout， salmon and other protected wildlife；

　＊ historic heritage within the relevant land；

　＊ walking access over the relevant land.

与之相关的第二标准则涉及本地动植物及历史遗产保护问题。一般来说，想要获得批准，必须在申请中说明投资人已经或将会设立适当机制，以保护或拓展以下几个方面：

本地动、植物栖息、生长地；

鳟鱼、鲑鱼或其他保护类野生鱼类繁殖地；

投资地段内的历史及遗产保护地；

在投资地段上的步行通道。

[12] It is possible that different applications may gain consent having demonstrated different types of benefits. For example， one application may be successful through demonstrating strong economic benefits while another through demonstrating a combination of those factors.

综合以上因素，表明投资所带来的不同类型收益，而获批准的可能性也是有的。比方说，某一个申请获得成功是因为展现了投资所带来的经济效益；而另一类申请则展现以上因素的综合效益。

[13] In addition to the criteria to be met by the applicants，they must demonstrate that they have relevant business experience and acumen，financial commitment，good character and are not an individual to which section 7 (1) of the *Immigration Act* 1987 refers（concerning — among other things — convictions，deportation or removal order in force，or terrorism）.

除上述标准外，申请人还必须表明他/她有相关的商贸阅历、资金支持、良好品行并且不受《移民法 1987》第 7 条第 1 款所列情形约束（主要指犯罪案底、驱除令或反恐因素）。

[14] If the purchaser buys a sensitive property with his or her spouse/partner who is a New Zealand citizen，then there is no need to apply for consent. Regulations 33（m）—（n）exempt an overseas person from applying for consent for a transaction whereby any land they acquire would be relationship property and their spouse is not an overseas person.

如果买方配偶（同居人）为新西兰公民，则无需申请。条例 33（m）—（n）规定，一方配偶不是外国人而所购不动产为"关系财产"，该海外人士则不需要履行申请程序。

（Note：Chapter Ⅱ has not been updated since its first publication in the current bilingual form in 2007. 注：第二章自 2007 年以双语形式发表以来未曾更新。）

Kevin and Alice(2): Acquisition of Real Estate in New Zealand

凯文和艾丽斯的故事之二："海外人士"申请许可

Background 背景

Alice's parents from Hong Kong signed a contract last Christmas to purchase a North Shore farmland property, which abuts a reserve and is categorised as "sensitive land". As overseas persons, they are required to apply for consent.

In an attempt to avoid having to obtain consent to purchase the property, their friends suggested that the parents should establish a company to complete the purchase. Alice and Kevin rejected this as a bad idea. Their friends then suggested that they should complete the purchase without applying for the consent, but this was rejected by the vendor's solicitor. Apparently, their friends had many ideas, and further suggested that they could simply return to Hong Kong without completing the purchase because without the consent, they believed, the agreement was illegal and voidable.

Alice and Kevin were becoming impatient and disappointed that the parents were more interested in taking those "absurd" approaches.

Eventually, the parents instructed a solicitor, who prepared an application for consent and lodged it at the Overseas Investment Office.

In the meantime, the Real Estate agent who had helped the parents find the farmland introduced her property developer husband to them. They held serious talks about subdividing the property and instructed a surveyor to produce a report. The husband, Joe, voluntarily paid the surveyor's fees when the bill arrived.

The application for consent was processed and duly granted. The parents were ready to settle. However, shortly before the scheduled settlement date, their lawyer telephoned them and gave them bad news.

They could not settle because somebody had lodged a caveat on the title.

艾丽斯的父母来自香港，去年圣诞节签了一份合同买北岸的一块农场地。这块地紧挨着一片保留地被认定为"敏感地"。因为她父母是海外人士，因此必须申请许可才能购买。

为了避免申请许可，他们的朋友建议他们在新西兰成立一个公司，认为以本地公司名义买可能不用申请批文。凯文和艾丽斯认为这是个坏主意。他们的朋友便建议干脆不申请直接交割，但卖方律师驳回这个要求。显然这帮朋友鬼主意很多，又建议她父母干脆跑回香港不必履约等等，因为既然没有许可批文，这个合同不就是违法的无效合同吗？

凯文和艾丽斯变得不耐烦，很失望她的父母为什么对这些馊主意津津乐道。

最终她父母还是请律师准备了一份申请并递交到海外投资办公室。与此同时，当初帮艾丽斯父母找到这块农场地的地产经纪，把她做地产开发的先生介绍给艾丽斯父母。他们一拍即合，认真地讨论了联合分割的前景，并请勘探师出了一份报告。地产经纪的先生叫 Joe（读"粥"），还自愿地出了勘探师的费用。批文申请进展顺利，很快就下来了。艾丽斯父母准备交割、过户。但是就在交割前，他们律师来电话告诉他们一个坏消息。他们不能交割，因为有人在房契上放了一个类似冻结条款式的"警示通告"。

Overseas Persons 海外人士

[1] Overseas persons are, primarily:

* individuals who are neither New Zealand citizens nor ordinarily

281

residents in New Zealand;

* a body corporate that is incorporated outside New Zealand or is a 25% or more subsidiary of the body corporate incorporated outside of New Zealand; and

* a body corporate; partnership or other body of persons; trusts, where (among other things) the composition of 25% or more of the governing body — or the right to exercise or control the exercise of 25% or more of the voting power at a meeting — is comprised of or controlled by overseas persons.

Even if the parents incorporate a company and nominate it to purchase — as suggested by their friends — given the company is or will be 25% or more owned and controlled by the parents as overseas persons, the company itself falls within the definition of the overseas person.

符合以下几种情形的都属于"海外人士"：

* 既非公民亦非居民的个人；

* 新西兰境外成立的法人或［结构成分］25%或以上的境外法人的附属机构/子公司；

* 法人、合伙或其他架构模式、信托等等，决策机构组合达25%或以上，或是25%或以上的投票行使权或行使控制权是由海外人士组成或控制。

即使艾丽斯的父母如朋友所建议的那样成立一个公司来买农场，因为该公司［即便在新西兰境内成立］25%或以上的拥有权归属或将归属艾丽斯父母，该公司本身也属于法律意义上的"海外人士"。

[2] One of the parent's friends is a New Zealand resident and suggested that he should purchase the property on behalf of the parents. Alice is not happy because the relevant issues such as trusts, ownership structure, etc. , are beyond her comprehension. She has since learned

that given the fact the family friend is actually controlled or subject to direction by the parents, they would be an "associate" of the parents, should they purchase the farmland on their behalf. The Act applies to investment by an associate of overseas person and the consent is still required.

她父母有一位朋友是新西兰居民，自告奋勇要替他们买这个农场。艾丽斯不爽，因为相关问题如信托、产权结构等麻烦多多，也弄不明白。她随后也了解到，即使那位朋友以她父母名义买下农场，鉴于那位朋友事实上是受她父母约束或导引，法律上属于她父母的"相关人士"。《海外投资法》明确规定，海外人士之相关人士投资，同样受该法规范。因此，绕了一大圈，还是要申请许可。

Offences 违法处罚

[3] The parents asked to settle without the consent but this was rejected by the vendor. The vendor's solicitor, through the agent, reminded the parents of the ramifications. They have explained that a person who is required to apply for consent to an overseas investment transaction commits an offence if that person gives effect to the overseas investment without the consent required by the Act. If convicted, the person who commits such an offence is liable to imprisonment for a term not exceeding 12 months, or to a fine not exceeding NZ\$300 000.

她父母要求不申请批文直接交割，但卖方律师驳回这一要求。卖方律师通过地产经纪提醒她父母违法后果。买方律师的解释挺吓人：如果法律要求你申请批文而你不申请却自说自话地斩而不奏——一旦罪名成立——对个人来说将面临不超过 12 个月的有期徒刑或不超过 NZ30 万的罚款。

Criteria 批准标准

[4] All applications for consent are tested against the criteria

detailed in section 16. In summary, applications must demonstrate how their investment will benefit New Zealand and ensure the sensitive characteristics of the land on which the investment will be based are maintained.

第16条详列测试标准，大致说来，申请人必须过两关：第一，要说明你的投资如何使新西兰受益；第二，投资地之敏感特性如何得以保障。

Consent Granted 申请批准了

[5] The parents eventually instructed the solicitor to submit their application to the Overseas Investment Office, a dedicated unit within Land Information New Zealand. The time frame for an application to be processed is between two and six weeks but their consent was granted much quicker than expected. The parents were now ready to settle but their lawyer told them they could not because someone had lodged a caveat preventing the farmland from being transferred.

艾丽斯父母最终还是想通了，委托律师将申请递交海外投资办公室（"海投办"是新西兰国土信息局的一个分支机构）。审批时间通常在2周到6周之间，但是这次批文下来比预料的快得多。于是万事俱备只等过户，但他们的律师却发现有人在房契上放上了一个"警示通告"，冻结了过户可能。

Caveat "警示通告"

[6] Joe, the husband of the real estate agent, took everyone by surprise and lodged the caveat on the title. The untold story was that the parents had allegedly promised Joe that they would purchase the farmland together and jointly subdivide it into different lots. Joe now relied on that alleged promise together with his payment of the

surveyor's fee as a partial performance to support this claim.

放"警示通告"的幕后黑手就是那位地产经纪的开发商丈夫。未被爆料的故事是艾丽斯的父母曾答应他一起购置这块农场地并分割成一块一块的地来卖。"粥"先生此举的依据，一是他们要一起购买的"承诺"；二是认为付勘探费本身属于该承诺法律意义上的部分执行。

[7] The lawyer acting for the parents obtained a copy of the caveat and found that Joe's lawyer had lodged the caveat on his behalf. The grounds on which the claim was founded were as follows: The above-named caveator claims beneficiary interest in the land contained in the above certificate of title as cestui que trust …

她父母的律师拿到了"警示通告"的详细内容，发现是"粥"先生的律师替他注册的警示通告，其法律依据是："上述警示通告人兹索求该契据所含之受益人权益，索求依据信托受益人之……"

[8] Baffled by the wording, Kevin, Alice and her parents were very upset. "Couldn't you lawyers speak simple English?" they questioned.

不知所云。凯文、艾丽斯和她的父母大为苦恼。他们冲自己的律师撒气："你们律师难道不会说简单的人话？"

[9] Their lawyer agreed and advised them that he did not believe Joe had any caveatable interest. The lawyer contacted the vendor's solicitor and requested them to apply for the caveat to be removed. As registered proprietor, only the vendor can do so. However, since the end of last year when the parties negotiated the agreement, the value of the farmland has increased and the vendor was reluctant to assist.

有的律师恐怕是不会说简单的人话。艾丽斯父母的律师认为"粥"先生没有"警示通告权"并要求卖方律师启动法律程序撤销"警示通告"。因为只有产权注册人即卖方方能启用相关条款。但是，自从去年年底双方谈判签约以来，地价如同夏天的气温一样每日攀升，因此卖方静观其变，却不肯帮助买家撤销那个"警示通告"。

[10] The parents became agitated as they had spent too much time holidaying in New Zealand and needed to return to Hong Kong. They asked their lawyer to speed things up and find a solution. Their lawyer replied: "Well, let's go to Court".

艾丽斯父母这次在新西兰逗留实在太久了，农场地欲买不能，欲罢也不能。他们变得抓狂，拉着自己的律师说赶快赶快呀，想想办法呀。他们的律师于是答道："那好吧，咱们上法庭。"

Kevin and Alice(3): Acquisition of Real Estate in New Zealand

凯文和艾丽斯的故事之三：地产经纪、"警示通告"和《土地让渡法》引发的一波三折

Background 背景

Alice's parents ("the parents") could not complete the purchase of the farmland property because Joe, the husband of the real estate agent, had lodged a caveat on the title.

The parent's lawyer requested the vendor's solicitor to apply for the caveat to lapse because only the vendor as registered proprietor can do so. However, since the end of last year when the parties negotiated the agreement, the value of the farmland property has increased significantly and the vendor was reluctant to assist.

The solicitor acting for the parents believed that Joe had no caveatable interest in the property. Given his wife was the real estate agent who had been commissioned to sell the property, she might be the party in fact "standing behind" Joe and her such actions might be in breach of the *Real Estate Agents Act* 1976.

With regard to Joe's lawyer, given the lawyer had lodged the caveat without reasonable grounds, both Joe and his lawyer might be liable to pay compensation under the *Land Transfer Act* 1952.

While the lawyers were fighting, Alice and her parents received another shocking surprise: the vendor's solicitor served them with a Settlement Notice requesting them to settle within 12 working days. Otherwise, the lawyer threatened, the vendor would cancel the agreement.

艾丽斯的父母签约买农场地却不能成交，因为地产经纪的"粥"先生在房契上放了一个类似冻结条款式的"警示通告"。

艾丽斯父母的律师要求卖方律师申请将"警示通告"解除，因为只有产权人才能启动相应的法律程序。但是如上篇文章介绍，地价犹如盛夏气温每日攀升，因此卖方静观其变却不肯帮忙。

艾丽斯父母的律师认为"粥"先生没有"警示通告"权。鉴于他的太太是代理卖方的地产经纪，卖地拿佣金（佣金不菲）然后又将自己的先生扯进来联合分割。因此，她的行为或许构成"幕后操作"，这种行为是违背《1976 地产经纪法》的。

以此类推，"粥"先生的律师并没有合理的依据却滥用"警示通告"条款。根据《1952 土地让渡法》，"粥"和他的律师必须为由此造成的损失负连带责任。

律师们紧锣密鼓打仗，艾丽斯和她的父母又受致命一击：卖方律师送达一份"最后通牒"，要求他们在 12 个工作日内交割，否则他们就解除合约。

JOE "粥" 先生

[1] Joe, through his lawyer, argued that the parents had promised him to jointly purchase that farmland property and subdivide it into many lots. In reliance on that promise, Joe had paid for the surveyor's fees and took steps to lodge applications for resource consent. Overall, Joe's

lawyer argued that Joe was a "nominee" of the parents for the purchase of that farmland property.

"粥"先生的律师强调艾丽斯的父母曾答应他一同购买农场然后联合分割。"粥"就是依据了那个口头承诺,自愿付勘探师费用在先,递资源管理申请其后。总而言之,"粥"先生是艾丽斯父母指定的"候选买主"。

[2] The solicitor acting for the parents, however, fought back. First of all, the parents denied any knowledge of the lodgement of the applications. Secondly, Joe's assertion was completely lacking in merit given that no written deed of nomination existed between the parties, nor any other satisfactory evidence of nomination. Further, Joe's wife was the real estate agent who sold the property, took commission out of the sale and introduced Joe to the parents.

艾丽斯父母的律师用两点反驳:第一,她父母并不知道有没有递交资源管理申请这回事(事实存疑)。第二,"指定候选"说既无文字依据,亦无法律意义上的证据;再者,"粥"先生的太太本身就是这宗买卖的经纪,拿到佣金却不走人,反而将"粥"先生引进来和艾丽斯的父母合作。

REAL ESTATE AGENT 地产经纪

[3] In that regard, the parent's lawyer asked: "She was a party in fact standing behind Joe, wasn't she?"

基于以上立场,艾丽斯父母的律师反问:"她是躲到背后暗箱操作是不是?"

[4] If that was correct, the lawyer went on to say, her actions were in breach of section 63 of the *Real Estate Agents Act* 1979. Any sale or nomination to her, through her husband, would be voidable.

既然如此,她的行为违反《1979 地产经纪法》第 63 条。因此任何

288

以她先生名义过渡的买卖或指定买卖都是无效的。

SECTION 63 — REAL ESTATE AGENTS ACT 1979
《地产经纪法》第 63 条

[5] Section 63 stipulates that:

(i) No real estate agent shall, without the consent [...] of his [or her] principal, directly or indirectly and whether by himself [or herself] or by any partner or subagent —

(a) purchase [...] or be in any way concerned or interested, legally or beneficially, in the purchase [...] which he or she is commissioned [...] to sell or lease; or

(b) sell or lease to his [or her] spouse [...] any such land or business.

(ii) No partner or employee of a real estate agent [...].

(iii) Any contract made in contravention of this section shall be voidable at the option of the principal. No commission shall be payable in respect of any such contract, whether the principal has voided it or not [...].

第 63 条原文是这样说的:

(i) 未经委托人［即卖主］同意,地产经纪不得直接或间接以及不管是通过他/她自己或自己的伴偶或下属经纪——

(a) 在自己受雇并获佣金的销售或租赁法律关系中,无论是在法律或衡平法意义上,购买［……］或以其他方式获取权益;或

(b) 就以上的土地或生意,向自己的伴偶［……］出售或出租如此土地或生意。

(ii) 地产经纪的合伙人或雇员也不得［……］。

(iii) 任何与本条款相违背的合约均为无效［选择权由委托人即卖主行使］。任何如此合约不得产生佣金,不管委托人选择合约有效与否。

[6] In other words, section 63 prohibits agents from directly or indirectly purchasing or being in any way concerned or interested, legally or beneficially, in the purchase of properties which they have been commissioned to sell, without consent of the principal on the prescribed form. Therefore, Joe's wife, who had been commissioned to sell the property, is prohibited from directly (i. e. , in her own name) or indirectly (i. e. in Joe's name) purchasing or being in any way interested in the purchase of the farmland property (i. e. through Joe's joint ownership of the farmland property), without consent of the principal on the prescribed form. No such consent had been sought from the principal (i. e. , the vendor). Nor would the vendor be willing to grant such consent as the parents' lawyer understood.

换句话说，但凡地产经纪受托销售并获取佣金的，除非经委托人以法律规定的方式同意，否则不得直接或间接地购买所受雇销售之物业或以任何其他方式获取权益——无论是法律意义上或衡平法意义上。"粥"先生的太太受委托卖这块农场地并获取佣金，因此第 63 条禁止她直接购买（即用她自己的名字）或间接购买（即以"粥"的名义）或以任何其他方式获取这片农场地的权益（即通过"粥"获得联合产权），除非她事先征得卖主（即委托人）以法律规定的方式同意许可。农场主（即产权持有人）并没有给她这个许可。据艾丽斯父母的律师了解，农场主也不愿意给她这个许可。

CAVEAT: JOE'S LAWYER
"警示通告"："粥"律师扮演的角色

[7] A caveat is a formal notice filed by an interested party requesting that no action is to be taken until the filer is heard. Caveats do not create new rights, they are used to protect existing rights. The person lodging the caveat must have a caveatable interest.

"警示通告"指的是某一权益当事人依法定程序给出的一个正式"通告",也就是说,未经该当事人知晓,不得采取任何行动(包括更换产权人)。"警示通告"并不是产生新的法律权利,而是用以保护现有权利。要想行使"警示通告"权,首先得具备"警示通告"权。

[8] A caveatable interest is an interest in the land itself. It is important to note that there is a distinction between an interest in the land itself, which is caveatable and a personal claim against the proprietor of that land, which cannot on its own sustain a caveat. Applying to the current case, even if Joe was correct in asserting that he had paid the surveyor's fees as a part-performance of that oral promise, then he might have a personal claim against Alice's parents, but he did not have any interest in the land itself. If the person lodging the caveat does not have reasonable cause to do so, under the *Land Transfer Act* "any person is liable to compensate anyone who suffers loss as a result of the caveat".

"警示通告"权指的是针对土地本身的权利。需要分清针对土地本身的权利(即具备"警示通告"权)和针对土地产权人的个人诉求权(其本身则不具备"警示通告"权)。引用现有事例,假如"粥"先生所陈属实,即他所依据的口头承诺成立,支付勘探师费用本身等于口头承诺形成的合同法律意义上的部分执行,那么"粥"先生或许具备对艾丽斯父母的个人诉求权,但他并没有因此而获得对农场地本身的诉求权。根据《土地让渡法》如果有人因其"警示通告"而蒙受损失,那么"任何人"都将[因乱放通告]而负法律责任。

[9] Liabilities under section 146 of the *Land Transfer Act* may extend to the solicitors lodging a caveat on behalf of their client. The lawyer acting for the parents warned Joe's lawyer and put him on notice that the parents reserve their rights against both Joe and the lawyer for damages including additional costs and interest.

（因为是"任何人"）《土地让渡法》第 146 条将有关责任延伸到有关责任人之律师。因此艾丽斯父母的律师正式向"粥"先生和他的律师提出警告，威胁说他们将保留一切权利，追索"粥"和他的律师一切损失（包括律师费和利息）。

[10] The parents' lawyer also contacted the manager of the real estate agent to ascertain whether Joe's wife had complied with the provisions of section 63 and 64 of the *Real Estate Agents Act*.

艾丽斯父母的律师并且联络地产公司经理，以确认"粥"先生太太的行为是否符合《地产经纪法》第 63 条、第 64 条规定。

[11] Surprisingly, the agency advised the lawyer that Joe's wife had been sacked but refused to elaborate why she had been sacked.

令人吃惊的是，地产公司回答说"粥"太太已经被解雇了，但那位经理却不愿透露解雇的原因。

[12] While the lawyer was excited and telling Alice's parents that he might be able to convince the other party to remove the caveat, the vendor's solicitor struck another blow. They served the parents with a Settlement Notice requesting them to settle within 12 working days or otherwise, they threatened, they would exercise all rights available to them including cancelling the agreement.

律师正高兴着呢，告诉艾丽斯父母说有希望说服对方解除"警示通告"。然而农场地卖主的律师却又抛出一个晴天霹雳。他们送达一份"交割通牒"，要求艾丽斯父母 12 个工作日内过户〔他们明明知道"警示通告"不解除便不能过户〕。否则嘛，哼哼，他们将"行使一切权利"，包括取消合同、寻求赔偿。

Kevin and Alice(4): Acquisition of Real Estate in New Zealand

凯文和艾丽斯的故事之四："最后通牒"与
"给丫曝光"

Background 背景

The Vendor's solicitor served a settlement notice on Alice's parents ("the parents") requesting them to settle within 12 working days or the vendor would cancel the agreement. The parents could not settle because Joe, the husband of the real estate agent, had lodged a caveat on the title and refused to withdraw it. The parents were left with no other option but to issue proceedings in the High Court.

Shortly after the parent's lawyer served Joe with a writ, Joe caved in and forwarded his withdrawal of the caveat to the parents to enable them to settle.

Because New Zealand has introduced a new on-line electronic system for registering land title documents, the parents obtained a search copy of the certificate of title shortly after settlement, showing they were the registered proprietors.

In the meantime, it has emerged that Joe's wife was sacked by the real estate agency because she was sued by another vendor "for breach of the fiduciary duty owed by an agent to a principal".

Overwhelmed by the saga surrounding the purchase of the farmland property, the parents decided that they should give the property to Alice and help her settle in New Zealand. Excited by the news, Alice told Kevin that she was soon to become a multi-millionaire. However, Kevin told her that he had already become a multi-millionaire as his parents had transferred US＄2 000 000 to him to establish a company providing financial services. But before long Kevin realised that the financial service business is even more difficult to handle than the one he and Alice had just experienced through the acquisition of the real estate in New Zealand.

艾丽斯的父母接到卖方律师的"最后通牒"，必须在 12 个工作日内交割，否则卖方就要撤销合同。艾丽斯的父母不能交割，因为地产经纪的"粥"先生在房契上放了一个类似冻结条款式的"警示通告"。无论好说歹说，"粥"就是不撤。出于无奈，艾丽斯父母只好下最后一步棋，将此案递交到高等法院。

令人吃惊的是，"粥"根本不经打，一收到法庭传票就蔫了，立刻准备好撤销"通告"书，让艾丽斯父母顺利过户。

新西兰刚刚实行土地让渡电子注册制，因此刚一交割完毕，立刻登记过户。艾丽斯父母拿到了房契，在"地主"那一栏赫然标着他们的大名。

与此同时，"粥"太太被地产公司开除及其他一些隐情也露出端倪。原来她早就被人告了，而且法庭判定她"违背经纪和委托人之间的衡平法原则"。

为此次交割，艾丽斯的父母算是被折腾了个够，因此他们决定将农场物业交给艾丽斯，这样还可以帮助她在新西兰立足。

听到这个消息，艾丽斯自然很兴奋，忙不迭告诉凯文她不久就要变成百万小富婆了。可是凯文却告诉她，他早就是百万小富翁了。在她父母为过户打得不可开交时，凯文的父母给他转过来 200 万美金让他在新西兰开金融公司，没过多久，凯文就发现，在新西兰开金融公司比购置房地产还要受罪。

Settlement Notice "交割通知"（最后通牒）

[1] The vendor served a settlement notice on the parents under

clause 9. 1 of the agreement, making time of the essence for the parents to settle within 12 working days. The standard ADLS/REINZ form of contract allows a party to cancel the agreement and/or pursue other remedies if the other party fails to settle in accordance with the settlement notice. The vendor's remedies include suing the purchaser for specific performance, suing for damages and/or cancelling the agreement. Specific performance is a remedy by which a court orders the purchaser to perform the contract. Cancelling the agreement, on the other hand, is another remedy by which the vendor may retain the deposit paid by the purchaser (but not more than 10% of the purchase price), and to sue the purchaser for damages. In this case, as explained in the previous articles, the vendor's intention was to cancel the agreement because the value of the farmland property had increased significantly since the end of last year when the parties negotiated the agreement.

　　卖方根据合同第 9.1 条款给艾丽斯父母下达了一个最后通牒，要求他们 12 个工作日内交割，刻不容缓。根据律师协会和地产协会联合制订的这份标准合约，如果一方不能够根据这样的最后通牒完成买卖手续，另一方则有权取消合约和/或索求赔偿。就卖方而言，可以循司法途径，要求强制执行和/或撤销合同。"强制执行"指的是法庭强制你非买不可。"撤销合同"，顾名思义；并且卖方可以扣罚订金（但不可以超过售价的 10%），同时索赔。就本案来说，时下房地产价值每日攀升，卖方眼红了、嘴馋了，因此只想以最后通牒的方式撤销合同（那样不仅可以待价而沽，而且还白捞 10% 的订金）。

　　[2] Joe, the husband of the real estate agent, had lodged a caveat on the title and refused to withdraw it. The lawyer acting for the parents warned Joe and his lawyer and put them on notice that Joe had no caveatable interest and under section 146 of the *Land Transfer Act*

1952 "any person" lodging a caveat without reasonable cause is liable for damages.

地产经纪的"粥"先生在房契上放上那个"警示通告",而且死活不肯撤。艾丽斯父母的律师早就警告过"粥"和他的律师,"粥"根本没有"警示通告"权,依《土地让渡法 1952》第 146 条,"任何人"没有合理依据而乱放警告,是要负法律责任、赔偿损失的。

High Court Proceedings 高等法院立案

[3] The parents had no other option but to resort to the assistance of the High Court. They issued proceedings including an interim injunction to prevent cancellation by the vendor and claims for damages against Joe and his lawyer under section 146 of the *Land Transfer Act 1952*. This section states that a person who lodges a caveat without reasonable course is liable to compensate anyone who sustains damages as a result.

艾丽斯的父母被逼无奈只好寻高等法院讨个公道。他们提请诉讼,包括申请临时禁止令,禁止卖方撤销合同以及向"粥"和他的律师索赔。如上面所叙,依《1952 土地让渡法》第 146 条,任何人因某些人滥用法律而蒙受损失,都可以依法索求赔偿。

[4] The lawyer acting for the parents cited a Court of Appeal case to support the claim that both the client and the solicitor may be liable to pay compensation under section 146: Gordon v Treadwell Stacey Smith [1996] 3 NZLR 281.

艾丽斯父母的律师援引上诉法庭的一个判例,证明依第 146 条,当事人和律师是有可能连带受罚的(该案例在新西兰案例大全 1996 年编第 3 部有详细记载)。

[5] In order to obtain an interim injunction, the lawyer acting for the parents explained to them, they would need to establish to the

satisfaction of the Court that:

要申请临时禁止令，律师向艾丽斯的父母解释说，他们必须说服法庭以下几个要点：

(1) they had an arguable case that the vendor had not validly issued the settlement notice.

卖方并未有效出示交割通牒〔注：有效无效是有一定前提的。例如：如果卖方不能证明是缘于买方过失而致交割不能，则交割通牒无效〕。

(2) the balance of convenience favoured granting of the interim injunction.

揣度之平衡点倾向准予临时禁止令。

(3) damages would not be an adequate remedy; and

赔偿损失不是恰当之法律补救。

(4) the overall interests of justice favoured the grant of the interim injunction.

公义原则倾向准予临时禁止令。

〔6〕Surprisingly, shortly after Joe was served with the Court documents, he caved in. Settlement therefore took place in accordance with the agreement and the parents have now become the happy owners of the farmland property.

始料未及的是，传票一送达，"粥"立刻兵败如山倒。过户顺利进行，艾丽斯的父母成了骄傲的农场地主。

The Real Estate Agent 那个地产经纪

〔7〕As more surprises unfolded, we learned more about Joe's wife, the real estate agent. She was sacked by her agency company and was sued by another vendor for the sale of a commercial property and the High Court just delivered a judgment against her.

慢慢地，那位地产经纪的真面目也显现出来。她被地产公司开除，并且早就被人告到高等法庭，她的案子刚刚判下来。

[8] In that case, the vendor ("the plaintiff") had owned a commercial property, which he had asked the defendant ("the agent") to sell. She became interested in purchasing the property herself and had made an offer to the plaintiff. At that time, as she told the plaintiff, she intended to retain the property for investment on a long-term basis. The plaintiff accepted her offer to purchase. Before the transfer was effected, the agent received an unexpected offer from a third party for the property at almost double the price she had paid. She rushed to accept this offer but did not inform the plaintiff, who thereafter issued the proceeding for the profit which the agent had made from the on-sale.

那桩案子涉及一幢商业房产。卖方（下称"原告"）委托她出售。她自己想买，便出了个价。那个时候她告诉原告她自己想购置这个屋业做长期投资，原告接受了她的出价。过户前，她却意外地拿到一个第三方出价，比她的出价高出一倍。"贪"字面前，她早忘了对原告的承诺（即自购投资），转手卖了个高价却不让原告知道。因此原告提出诉讼，索要她倒卖所获利润。

[9] The High Court found that the defendant's duty as an agent to disclose the purchase (the on-sale to the third party) might have continued beyond the point where assurances were given that she intended to keep the property in the long term. The agent was found in breach of the fiduciary duty she owed as an agent to the plaintiff as a principal. Consequently, the agent was not entitled to make a profit out of the relationship without disclosure and consent of the plaintiff. The High Court granted judgment for the plaintiff, and ordered the agent to account to the plaintiff for the profit made (through her family trust) from the on-sale of the plaintiff's property.

高等法院裁定，被告作为一名经纪，她必须向原告披露转手倒卖之职责；在逾越最初自购投资那个行为以后，仍继续维持。换句话说，作为一个经纪人，必须依法向自己的委托人披露这一事实而未披露，在经纪人—委托人这层法律关系中，她违反了衡平法原则中经纪人受托职责。因此，在未向原告披露并征得原告同意之前，转手倒卖所获利润，被告不得享有。法庭判定，被告地产经纪在转手买卖中所获利润全数给付原告。

[10] In a sequel to that case, the agent's solicitor (who was one of the trustees of that trust) was also found in breach of fiduciary duty and also liable to the plaintiff because that solicitor had knowingly assisted — and on settlement knowingly received — the windfall profit on behalf of the trustees. It was reported that the solicitor was very upset and swore that he would be "extremely careful" in acting for such an agent.

补充介绍一点，被告地产经纪是以其家庭信托成交第二桩买卖的（即转手倒卖）。在随后的一个相关案件中，她的律师即其家庭信托的托管人之一，也被裁定违背衡平法原则，被判赔偿原告损失。因为这名律师以其托管人身份，明知故助；并在过户以后，明知故取地以托管人名义，让被告人家庭信托获取这一横财。据说那位律师气急败坏，发誓再不跟这种地产经纪为伍。

Kevin and Alice(5): Trespass Notice
凯文和艾丽斯的故事之五：禁止非法侵入

Background 背景

Kevin, a wealthy student from China, incorporated a company providing financial services jointly with one "close friend" Joseph, who is a permanent resident. They are both directors, each holding 50% of the shares. They are friends, so they decided not to enter into a shareholders agreement. Nor did they believe they should adopt a constitution. They got the company registered on-line and encouraged by the user-friendly service, they believed other legal activities would be likewise and thus entered into a formal deed of lease of a CBD commercial property without seeking any legal advice.

凯文是来自中国的一个有钱的学生，他和铁哥们儿约瑟夫一起注册了一个金融公司，约瑟夫有绿卡。他们俩都是董事，各持50%股份。既然是铁哥们儿嘛，也就无所谓签什么股东协议了。公司章程也懒得要。他们在网上注册了公司，发现网上注册特方便，心想其他法律文件也不过如此，于是没有咨询律师便签了一份正式租约，租下市内一个办公楼，做起金融生意来。

Initially, they had a substantial amount of student clients and the business looked good. One morning, Joseph brought two international students to the office and introduced them to Kevin as "new staff members". Kevin questioned Joseph as to why he had not sought his consent for the employment and more importantly, Kevin said, the two students had no necessary work visas and should not work there or in any place. Joseph said he was "the first boss" because he was a permanent resident, whereas Kevin only had a work permit. Kevin was angry and went away.

创业伊始，学生客户特别多，生意势头很好。一天早晨，约瑟夫带了两个留学生来到办公室，向凯文介绍说是"新职员"。凯文纳闷，问约瑟夫为什么不事先征求他的意见。更有甚者，凯文说这两位并没有工作签证，既不能在这、也不能在任何地方工作。约瑟夫说他是"第一老板"，因为凯文不过是持一纸工作签证，而他却是堂堂的绿卡一族。凯文很生气，转身就走了。

In the evening, Joseph took everyone by surprise by serving Kevin with a Trespass Notice which threatened prosecution if Kevin breached the notice by entering the business premises. Kevin refused to kowtow and went to the office the following morning, only to find two police officers waiting for him at the front entrance to the office saying politely but firmly:

傍晚，约瑟夫让全城都跌破眼镜地向凯文出示了一张禁令，禁止凯文"非法入侵"办公地，否则"会招致公讼"。不屈服约瑟夫的威胁，凯文第二天照常去上班，却意外地发现大门口正等着两个警察，冲他又礼貌又坚定地说：

"Sir, if you are not going to stop, we will arrest you."

"先生，您要是不立马给我站住，我们就把您给逮起来。"

Trespass Notice 禁止非法侵入警告

[1] The Notice stated:

" This Notice was served pursuant to the *Trespass Act* 1980. Entry into the business premises in breach of this Notice would render you liable for prosecution resulting in jail. Your position as a director and/or shareholder in the company does not entitle you to enter into the business premises in breach of this notice. "

警告是这样写的：

"本警告依据《禁止非法侵入法 1980》设列。如若违背本警告而非法侵入，则招致公讼以致身陷囹圄。即使你身为本公司董事和/或股东，并不能因此赋予权利，让你违背禁令而非法进入。"

[2] Joseph also made threats that he had contacted the central police station to the extent that the police officers were in an on-call position. Should Kevin attempt to enter into the business premises, he would then commit a criminal offence and could be arrested.

约瑟夫还放出话来，声称早已联络好市中心警察局，现在局子里的警察们整装待发。凯文你胆敢进办公楼一步，便是犯了刑法，到时候先抓起来再说。

Lawyer's Advice 律师的意见

[3] On advice from Alice, Kevin went to her parents' lawyers who helped them tackle the problems surrounding the purchase of their farmland property earlier this year. It is a large law firm and the two solicitors who agreed to meet with Kevin looked very serious. But when they sighted the Trespass Notice, they both, almost in an uncontrollable manner, burst into laughter.

艾丽斯让凯文找她父母的律师，年初买农场的时候是这些律师帮他们解决了问题。这是一间大律师楼，两个答应见凯文的律师均做严肃状。但一瞥见"禁止非法进入警告"，便难以自控地噗嗤一笑。

[4] The lawyers explained to Kevin why the Trespass Notice was not appropriate:

[i] Firstly, as a director, Kevin has rights as to the possession of the business property;

[ii] Secondly, as a co-owner, Kevin has concurrent rights "to occupy and enjoy the land";

[iii] Thirdly, as a person in possession, Joseph has no right to sue for trespass given that Kevin was lawfully in possession of the company and the land at the time of the alleged trespass. Therefore, Joseph had no authority, nor grounds to issue the Trespass Notice.

律师解释给凯文其中究竟：

第一，作为公司董事，凯文享有对办公地之"占有权"；

第二，作为公司的共同拥有人，凯文共同享有所租办公用地的"占有与享用权"；

第三，约瑟夫无权就"非法侵入"提出诉求，因为在所谓的非法侵入时，凯文以其占有人身份，对公司及其租赁办公地享有合法的占有权。

Kevin is still concerned 凯文仍然很担心

[5] In reply to Kevin's concerns that he might be arrested by the police, the lawyers said they could not envisage the police doing that. Nevertheless, the lawyers explained to Kevin that even if the police did arrest him (which the lawyers doubted would occur), the defences available to Kevin include:

凯文依然担心会被警察逮捕，回答凯文这一顾虑，律师表示他们难以想象警察愿意干这种傻事。退一万步说，万一警察真逮捕了他（律师怀疑逮捕之可能性），凯文的抗辩包括以下几个方面：

Claim of Rights：声张权利

(a) Kevin may prove that he had a right to the possession of the land at the time of the alleged trespass [Holmes v Newlands (1839) 11 AD & EI 44]. Kevin has rights to the possession of the land given that he is a co-owner of the company.

第一，凯文可以证明，在所谓"非法侵入"时，他拥有该租赁地的合法占有权（见 1839 年，Holmes 判例）。因为他是公司法律意义上的拥有人之一，因此拥有占有权。

(b) Kevin can also defend his trespass order by being able to prove that he entered onto the land in the exercise of his legal rights which he would have under the *Companies Act* 1993 and other relevant acts. Further, section 14 of the *Trespass Act* states that a right of entry provides a defence to a charge of trespass. Equally, Kevin could also claim a defence under section 57 (1) of the *Crimes Act* 1961 which states that a person is lawfully entitled to enter if he enters peaceably in the daytime on some land or building to which he is lawfully entitled to. Similarly, under section 58 of that Act, Kevin would be justified in peaceably entering onto the land for the purpose of exercising a right-of-way or profit to which he is lawfully entitled.

第二，凯文依《公司法 1993》和其他法律，证明自己进入该办公地是为了行使自己的合法权益。再者，《禁止非法侵入法》第 14 条明文规定，面对非法侵入的指控，"进入权"是个有效抗辩。同理，凯文可依据《刑法 1961》第 57 条（1）款抗辩。第 57 条（1）款清楚表明，如果一个人在白天、平和地进入一个他有权进入的土地或建筑物，则视作合法且有权进入。同样的情形，依《刑法》第 58 条，凯文只要是为了行使他有权行使的通行权或受益权，其和平进入则不但合理而且合法。

(c) Reliance on Kevin's other rights:

Section 13, *Trespass Act* 1980 specifically provides that nothing in the Act shall derogate from anything that any person is authorised to do under any other enactment, or restrict the provisions of any instrument (such as an employment agreement) conferring a right of entry on any land. In particular, as a director of the board, Kevin has rights and duties which he is unable to exercise because of Joseph's contravention of sections 131—138 of the *Companies Act* 1993. Joseph is also violating section 128 of the Act, which states that the business and affairs of a company must be managed by — or under the direction or supervision of — the board of the company, to which Kevin is a member.

第三，依凯文其他权利：

《禁止非法侵入法 1980》第 13 条明文规定，该法不得毁损或限制某人依其他法律或约定（如雇用合约）而合法行使进驻权。就凯文而言，因约瑟夫的"一纸禁令"（该禁令违反《公司法 1993》第 131—138 条），而不能履行他的董事权利及义务。

约瑟夫此举也违反《公司法 1993》第 128 条。第 128 条规定，公司的事务必须由公司董事会管理或督导。凯文作为董事，是董事会成员之一，因此享有管理权或督导权。

[6] In conclusion, the Trespass Notice has not been validly issued given that Kevin enjoys rights as a director and co-owner of the company. The lawyers encouraged Kevin to return to his office immediately and confront Joseph fact-to-face. "If the police choose to do the stupid thing by arresting you for breach of the Trespass Notice, ring us and we will take the police to court."

结论："禁止非法侵入通告"无效，因为凯文享有作为董事和公司拥有人之所有权利。律师鼓励凯文立即回办公室，直接面对约瑟夫。"如果警察真选择做傻事，说你非法侵入而逮捕你，给我们打电话，我们会把警察告上法庭。"

Kevin and Alice(6): Building without consent
凯文和艾丽斯的故事之六：未获许可而擅自建筑遭起诉

Background 背景

Kevin and Alice bought a section in Auckland. Kevin initially consulted a solicitor regarding building a house on the section, but then decided that following their advice would be too difficult and costly, so he ignored it. Encouraged by friends, Kevin and Alice began building work on the section before applying for a building consent. They continued work while the consent was being processed, despite being served with a stop-work notice. Subsequently, the City Council declined their application for the building consent and prosecuted them under the *Building Act* for carrying out building work without a building consent. Kevin and Alice were convicted，fined and directed to pay costs on each charge.

Kevin and Alice took exception to the Council's decision to decline their application and the subsequent prosecution. Their friends told them that the Council allowed owners of neighbouring properties to carry out significant building works prior to the issue of their building consents. Also，the Council officer who declined their application for building consent did not have the formal delegated authority to process and grant or refuse building consents at the time he declined Kevin and Alice's application.

Kevin and Alice believed it was unfair and appealed their conviction. They also commenced judicial review proceedings of the Council's decision to decline their application for a building consent.

凯文和艾丽斯在奥克兰买了一块地。初步和一个律师咨询了有关建房事宜，凯文断定若是按律师的建议去做，不但麻烦而且费钱。于是在一帮朋友的鼓动下，凯文和艾丽斯决定先动工，后申请批文。批文申请在审核过程中，市政府给他们下了一个停工通知，但凯文和艾丽斯不予理睬继续施工。随后不久，市政府驳回了他们的建房申请，并依《建筑法》起诉他们未获许可擅自施工。凯文和艾丽斯被定罪名成立，被罚款并按每项指控罪状付诉讼费用。

市政府驳回申请在先、依法诉讼随后，凯文和艾丽斯对此大为恼怒。他们的朋友通风报信，说他们的邻居也是先斩后奏而市政府却睁只眼闭只眼。更有甚者，当时驳回他们建房申请的市政官员并没有严格意义的行政权力来接受或驳回此类申请。

凯文小两口认为此事极为不公，于是大着胆子去上诉。与此同时，他们还启动了一个叫司法审核的法庭程序，要求法庭对市府驳回他们建房许可这一行政行为，进行司法审核，以判断其程序之合理性。

Kevin and Alice's arguments 凯文和艾丽斯争辩理由

[1] Kevin and Alice firstly argued that they advised the Council that unauthorised works were being carried out at the neighbouring property and that the Council turned a blind eye, allowing the works to be practically completed prior to the issue of a building consent. They said that the Council officer confirmed that the works were done prior to the issue of consent but suggested this was an acceptable scenario provided the works were supervised by an engineer, or left open for inspection. Therefore, Kevin and Alice argued that there was an "implied policy" and they complied with that implied policy.

第一，凯文和艾丽斯说他们已经将邻居动工之事报告了市政府，但市政府却无可无不可地允许对方施工完毕，随后才拿建房批文。市政府官员也曾证实，完工之后才拿批文，这种做法是可以接受的，只要施工有工程技术方面的把关并且可以让市政府官员去验收。因此，市政府此举等同一个"默示政策"，而凯文和艾丽斯是按照这个默示政策去行事的。

[2] Secondly, Kevin and Alice complained that they were not afforded natural justice. And thirdly, they argued that the Council's decision to decline their application was made in bad faith.

第二，凯文和艾丽斯申诉他们未曾得到公平待遇。

第三，他们认为市政府驳回他们建房申请，实属动机不良。

[3] In legal terms, Kevin and Alice pled three main causes of action: (a) Legitimate expectation; (b) Procedural impropriety; and (c) Prosecution in bad faith.

套法律上的语言，凯文和艾丽斯依据三个主要诉因：(a) 合法期待权益（即依法可以期望得到的利益）；(b) 程序不当，(c) 告诉动机不良。

Legitimate expectation 合法期待权益

[4] The Council stated that there was no such an "implied policy" as Kevin and Alice cited and there was no comparison between the neighbouring properties and the unauthorised work undertaken on them. In Kevin and Alice's case, the unauthorised work was to reinforce concrete foundations and other structural work which could not be inspected as the concrete had been poured. The Council inspectors, or any other authorised person, would not have been able to check compliance with the building code.

市政府否认有这种"默示政策",并且凯文艾丽斯和邻居之间的施工并没有可比性。就凯文和艾丽斯的工程而言,他们是为了加固水泥地基和其他结构性工作,这样的施工是没法检验的,因为水泥已经浇上去了。市政府验收官或其他行使此类职权的人,无从验收,也就无从判断工程的合法性了。

[5] The key difference between the work on the neighbouring property and Kevin and Alice's property was that Kevin and Alice's work was completely new work, whereas the work on the neighbouring property was within an existing building. In any event, there was no evidence that the Council has a policy of permitting works to be carried out prior to the issue of a building consent and a related policy of not prosecuting in such circumstances.

凯文和艾丽斯与隔壁邻居施工的最大不同在于,凯文和艾丽斯是全新工程,动静很大,而邻居的工程却是在现有住房内小敲小打。无论如何,没有证据可以证明市政府有政策允许在批文下达以前可以施工。当然,更谈不上有在这种情况下可以免于起诉的政策。

[6] As early as when Alice's parents purchased that farmland property, Kevin and Alice had dealt with the Council on similar issues

and would therefore have been on notice that the Council did not issue retrospective consents. Accordingly, there was no reasonable basis for them to have a legitimate expectation that they could commence building work of the nature they sought to undertake on the section without first obtaining a building consent.

在艾丽斯的父母买下那块倒霉的农场地之初，凯文和艾丽斯就类似问题和市政府打过交道。于公于私，凯文和艾丽斯都有概念上的认知，懂得市政府不会溯及既往，追补批文的道理。因此，凯文和艾丽斯"合法期待权益"一说，是没有合理依据的。

Unfair treatment? 不公正待遇吗?

[7] Was their application treated fairly? A review of the progress of their application for consent shows it was treated fairly. Moreover, Kevin and Alice were given notice of the Council's concerns and the request for further information. Given Kevin and Alice's refusal to supply the information, the Council was entitled to decline their application for consent.

对市政批文申请程序的审核，发现市政府对他们的申请处理得当、公正。更有甚者，市政府已经对凯文和艾丽斯行动表示关注，而且发出通知要求凯文和艾丽斯作为申请人提供更多数据。鉴于凯文和艾丽斯拒绝提供数据，市政府是有权拒绝批准他们建房申请的。

Prosecution in bad faith? 诉讼动机不良吗?

[8] The third course of action was prosecution in bad faith and that the Council commenced the prosecution with a collateral purpose of circumventing the judicial review proceedings. The Court found there was no evidence of bad faith. With regard to the argument that the Council officer did not have the delegated authority to process building

consents, the Judge held that where the error is in the nature of a technical error and has occurred in the exercise of good faith, the Court is entitled to approach the matter with an awareness of the needs of public administration and that good public administration is concerned with substance rather than form.

第三个诉因是市政府诉讼动机不良，此举不过是为了规避司法审核。对动机不良说，法庭予以驳回，因为没有证据可以支持这种说法。鉴于市政府主管审批的官员当时并没有行政意义上的权力来行使这一职能，法庭裁决：如果此类过失属技术性失当，并且在合法行使公务过程中发生，那么法庭有权以施政管理之需为前提来考虑这一问题。而好的施政管理总是重内容而轻形式。

[9] The Court could direct the Council to reconsider the application for a building consent, however, Kevin and Alice would have to apply for a fresh building consent under the *Building Act* 2004. The same difficulty would apply in applying for a fresh consent because the work had been already carried out. The Judge was not prepared to make an order that would have the effect of grating a retrospective building consent. Nor would the Judge be willing to set aside the decision of the Council declining the application.

法庭可以让市政机构重新考虑凯文和艾丽斯的建房申请，但他们必须依《建筑法 2004》重新申请。但问题又回到原点，因为工程已经实施。法官无意回溯既往式判发一个批文。更无意推翻市政府驳回建房申请的决定。

Conclusion 结论

[10] Section 40 of the *Building Act* 2004 prohibits any building work being carried out without a building consent. Breach of this section can lead to a fine of up to ＄100 000 and, in a continuing offence, a fine

310

of up to ＄10 000 for every day it continues.

《建筑法 2004》禁止先斩后奏、不申请批文而施工建房。违法可致 10 万美元罚款。如果屡教不改，每持续一天，每天可罚款 1 万美元。

［11］Although Kevin and Alice's prosecution was under the *Building Act* 1991，the sections are the same and demonstrate the strict liability of this section. In conclusion，the decisions make it clear under both Building Acts that failure to obtain building consent where required will be dealt with as a strict liability offence：it is no defence to say that one did not intend to commit an offence.

尽管凯文和艾丽斯是在旧的《建筑法 1991》下被起诉定罪，但新旧两法有关"严格责任"原则的各项条款是一致的。凯文和艾丽斯案十分清楚地表明，先斩后奏、不申请建筑许可而自行建筑的，均依严格责任原则对待，也就是说，即使没有违法意图也不能因此而成为抗辩理由（Based on Partner Joanna Pidgeon's article）。

第三章
"共同拥有" 还是 "拥有共同"

Joint tenants or Tenants in common — Consequences

"共同拥有"与"拥有共同"
——财产拥有权方式与财产继承

[1] The difference between owning property as tenants in common or as joint tenants often causes confusion.

拥有财产的两种方式——姑且译作"共同拥有"和"拥有共同"——常常引起混淆。

Joint Tenants "共同拥有"

[2] If you own property as a joint tenant with another person, you equally own the entire property.

"共同拥有"指的是你和另外一方共同拥有该共有财产的全部。

[3] Bank accounts, properties, shares and other assets can be owned jointly. Jointly owned assets do not form part of your estate when you die. The whole of the property passes to the survivor.

312

银行存款、不动产、股票及其他财产均能共同拥有。共同拥有的财产在一方拥有人过逝之后并不成为该拥有人之遗产。共同财产的全部转到幸存的共有人（即另一方）名下。

Tenants in Common "拥有共同"

［4］Property owned in common with another person（a tenancy in common）is owned together but in separate defined shares and can be dealt with separately. When you die your defined share of the property owned in common is dealt with according to your Will.

如果与另一方共同拥有但各自拥有明确份额并且可以分别处置的则为 "a tenancy in common"，为方便起见，译作 "拥有共同"。如果一方过逝，他/她所有拥有的那部分财产则依其遗嘱处置。

What is Appropriate for You? 何种方式适合你?

［5］This will depend on your circumstances. The ownership structure should be tied into your Will. If you want your share of the property to be controlled through your Will，then the property must be owned as a tenancy in common.

依各人情形而定。拥有权结构应在遗嘱里交代清楚。如果你希望共同财产中你所拥有的部分能够依你的遗嘱处置，那必须是以 "拥有共同" 方式。

［6］For example，if Bill and Mary own a house as joint tenants，and then Bill dies，Mary will own the house，as sole survivor. If Mary should then enter into a new relationship and her new partner lives in the home，after three years the home will become relationship property. The new partner will be entitled to half.

　　举例说明，如果比尔和玛丽以"共同拥有"方式拥有一幢房子，比尔死后玛丽作为幸存方则拥有该房产的全部。如果玛丽与他人建立新的关系并同居此房，三年后，该房便成为"关系财产"（旧称"夫妻共同财产"）。关系财产人（即与玛丽同居的那个人）有权分其一半。

　　[7] If Bill and Mary own the house as tenants in common，then Bill's share of the house will pass according to his Will. If，for example，Bill's Will provided that Mary can live in his share of the house through her lifetime and then upon her death the house goes to Bill's children，Bill's share does not become relationship property if Mary enters a new relationship. Bill's children can ultimately receive his share of the house.

　　如果比尔和玛丽以"拥有共同"方式拥有，比尔拥有的那部分则按其遗嘱处置。比如说，如果比尔遗嘱规定玛丽可以全部占有他拥有的那部分（也就是说可以终生住在这所房子里）但死后那部分财产由比尔子女继承，那么比尔所拥有的部分不会因玛丽和他人产生新的关系而变成"关系财产"。比尔的子女最终能够继承比尔所拥有的那部分财产。（Note：This article was written while a staff lawyer of Brookfields Lawyers. It was based on an article published by the firm. It has not been updated since its first publication in the Chinese-language media in 2005. 按：此文是我在 Brookfields 律师楼任职期间写的，依据律师楼的一篇文章。需要注意的是，中文版 2005 年发表以来，未经更新。）

第四章 反垃圾电子邮件法
The Anti-spam law

《反垃圾电子邮件法》实施，违法将遭重罚。

The *Unsolicited Electronic Messages Act* was introduced in 2007 to address the sending of unsolicited commercial electronic messages, also known as spam. Some Asian business people and companies, however, still send email or SMS texts to their existing or potential customers to market goods or services, without first obtaining consent. When advised that such an action might be in breach of the law, one replied "what's wrong for me to send uninvited emails to my customers for advertising?"

新的《反垃圾电子邮件法》已出台三个多月，亚裔商家或个人对此却知之甚少。不少人仍然未按法律规定事先征得收件人同意，而通过电子邮件方式派发广告或促销信息。告诉他们这样做会违法，却被抢白一句：主动给顾客发广告有什么错？

The Unsolicited Electronic Messages Act 2007（"The Act"）不速电子讯息法 2007（《反垃圾电子邮件法》）

［1］The Act came into effect on 5 September 2007. The Act prohibits "any person" （individual, company or organisation）from sending commercial electronic messages to anyone without obtaining the recipient's consent first. The Act also prohibits the use of address harvesting software in connection with the sending of "unsolicited commercial electronic messages".

《反垃圾电子邮件法》于 2007 年 9 月 5 日生效。该法禁止 "任何人"（包括个人、公司或团体）在未经收件人同意以前，向他们派发商业用途的电子讯息。该法并且禁止任何人，为发送 "不速商业用途电子讯息" 而使用 "特别软件自动收集地址"。

［2］Under the Act, a plaintiff may file complaints with the new "Anti-spam Enforcement Unit" of the Department of Internal Affairs, or issue proceedings in the High Court against the perpetrator. Breach of the Act can lead to a fine of up to ＄200 000 for individuals and ＄500 000 for companies to be awarded against the perpetrator.

根据该法，受害人可以向内政部 "反垃圾邮件执行小组" 投诉或在高等法院提出诉讼。因违法而被定罪者，个人可罚款达200 000美元，公司则500 000美元。

What are "commercial electronic messages"?
何为 "商业用途电子讯息"

［3］There must be an "electronic message" which means any

316

messages that are sent using a telecommunication service to an electronic address. These include emails, SMS texts, instant messaging, multimedia messages and other mobile phone messaging. However, standard telephone service voice calls, voice over internet protocols and facsimiles are excluded.

首先得有"电子讯息"即任何以通讯方式发往一个电子地址的讯息。这样的讯息包括电子邮件、手机短信、实时或多媒体留言，以及其他移动电话留言。但是，标准的（有线）电话语音通话、互联网语音和传真不在此列。

[4] The message must be "commercial" in that it "markets or promotes goods, services, land or a business or investment opportunities."

其次，必须是"商业用途"即营销或推展产品、服务、土地以及生意或投资机会。

[5]　"Unsolicited" means the recipient has not consented to receiving the message prior to it being sent.

"不速"意为"不速之客"，也就是说收件人在收件前未曾同意接受。

[6] It is noteworthy that even if your message does not contain marketing content, it may still be regarded as a commercial electronic message if it provides a link or otherwise directs the recipient to promotional or marketing messages.

值得注意的是，即使所发讯息本身不含营销内容，但却提供有关营销服务的链接，也可视作商业用途电子讯息。

When is it lawful to send commercial electronic messages? 怎样派送商业用途电子讯息才合法呢?

[7] Generally, there are three steps to be followed:

1. The recipient consents before the commercial electronic message is sent.

2. The message should clearly and accurately identify the sender and provide the sender's contact details.

3. The message contains a functional unsubscribe "opt-out" facility.

通常有三个步骤。第一，讯息发送前征得收件人同意。第二，清楚、准确地标明发件人以及发件人联络细则。第三，邮件包含一个"自动退出"功能，收件人想从收件名单中退出便可立即退出。

Consent 收件人同意

[8] There are three basic types of consent: express, inferred and deemed. Express consent requires an actual communication by the recipient via written, electronic or verbal means to positively indicate that the recipient wishes to receive the messages. Where there is no express consent, consent can be inferred from relevant conduct, or from the business or other relationship the sender has with the recipient. Consent is deemed to have been given if the electronic address of the recipient is published without a "no spam" type of statement and the sender's message is relevant to the recipient's business. Under the Act, the onus is on the sender to prove that it had such prior consent.

"同意"有三种方式：明示、推测和断定。明示性同意，顾名思义，需要收件人实际确认，确认方式可以是书面，也可以电子或口头方式。

318

如果没有明示同意，收件人同意之意思表示可以通过其相关行为或从发件、收件人之间的关系中推测出来。第三，如果收件人的电子地址公开发表却没有"谢绝垃圾"字样的说明并且人的讯息与收件人有关，收件人的同意则可依此断定。究竟收件人是否给出这样的同意，证明责任在发件人。

Sender information 发件人信息

[9] The message needs to clearly and accurately identify the person who has authorised the sending of the message，and include the accurate information about how the recipient can readily contact that person. The contact details provided in your message must be valid for at least 30 days after the message is sent.

发件人须清楚、准确地标明授权发件人及其联络细则，以方便收件人联系发件人。发件人细则在邮件发出后，至少要保持 30 天有效。

"Opt-out" option 退出性选择

[10] You must have a clear functional unsubscribe facility built into the message you send. This facility must allow the recipient to unsubscribe by sending a message back to the sender，using the same method used by the sender without incurring any costs. Also note the requirement of the 30-day period for all unsubscribe facilities.

在发出的邮件中必须预设一个有效的"退出"功能。该功能可以让收件人以发件人同样的方法，在不产生任何费用的情况下，用回件方式退出收件人名单。30 天有效要求同样适用。

Conclusion 结论

[11] The anti-spam law has far reaching implications for anyone who sends commercial and promotional type messages by electronic

means. You now need to have the consent of the recipient before sending any such messages. You also need to accurately set out the sender information and have a functional unsubscribe facility built into the message you send.

对任何以电子传送方式派发促销信息的人来说，《反垃圾电子邮件法》意味深远。要想合法传送，首先要事先征得收件人同意；其次，提供发件人联络细则；再次，邮件中必须设立让收件人"退出"功能。

[12] The onus of proof requirement means that your organisation should establish a system whereby evidence of each recipient's consent for each commercial electronic message sent can be produced. If you have an electronic message template, ensure you include authorisation, contact details and unsubscribe facility on that template. If your email addresses are published on the business website, consider including a "no spam" statement that you do not wish to receive any uninvited marketing messages.

因为证明收件人同意发件的责任在发件人，因此发件人必须建立一套系统确保收集、提供这类证据。如果有电子邮件发送蓝本，需要依此法要求更新，即收件人授权、发件人细则及退出收件名单功能。如果你自己的电子邮件地址在网站上公开，而又不想收到那些不速之客，要考虑放上"谢绝垃圾邮件"这样的说明。

[13] There are different levels of remedies and penalties, including a maximum fine of up to ＄200 000 for individuals and ＄500 000 for companies.

违法判罚个人最高可达200 000美元，公司500 000美元。

第五章
关于《公平交易法》的几个案例
Seller or promoter beware:
cases under the Fair Trading Act

The Fair Trading Act 1986 《公平交易法 1986》

[1] The *Fair Trading Act 1986* ("Act") acknowledges that in a market economy purchasers rely on the statements made by the vendors of products and services. In some ways the Act has replaced the principle of "buyer beware" with "seller or promoter beware".

市场经济中，买方往往依据卖方的陈述和说明来判定其产品或服务。《公平交易法 1986》讲的就是这一情形。从某种角度看，该法改变了以往"买方小心原则"，代之以"卖方或促销者小心原则"。

[2] The Act achieves this by controlling the statements made to consumers, prohibiting certain conduct and practices, and setting product and information standards where required.

获得这种成交的办法大致有几种：控制那些针对消费者做出的陈述和说明；禁止一定的行为和做法；如果必要，设定产品和相关信息标准。

[3] The Commerce Commission is tasked with administering and enforcing the Act. It has powers of investigation including the power to

requisition information and to execute search warrants. It can also require people to appear before it to give evidence.

商业委员会负责该法的管理、实施。委员会有权调查，包括侦查和执行搜查令。亦有权传唤法人或自然人当面作证。

［4］A company and its directors and employees can be fined for breaches of the Act. Recent cases illustrate that non-compliance with the Act will have serious consequences.

公司及其董事和雇员可以因违法而被课以罚款。从最近的几个案例可以看出，违犯《公平交易法》后果是很严重的。

The Zenith Case：directors fined ＄800 000 over false diet claims 减肥饮料案：公司董事判罚 80 万美元

［5］Zenith Corporation（"Zenith"）, the company that had promoted a bogus weight-loss product, Body Enhancer, was sentenced in the Auckland District Court on 13 July 2006 after being found guilty of 23 charges of breaching the Act.

顶峰公司（Zenith）因推销伪劣减肥饮料"Body Enhancer"，23 项控罪成立，于 2006 年 7 月 13 日在奥克兰地区法庭被判以重罚。

［6］Judge Lyndsay Moore ordered Zenith directors Winston and Sylvia Gallot to pay ＄632 500 in fines and ＄130 000 in costs. Judge Moore also ordered the Gallots to undertake a nationwide advertising campaign worth about ＄30 000 in newspapers and on Radio Pacific, where the once popular protein drink advertising was aired.

摩尔法官判顶峰公司（Zenith）两位董事给付罚款632 500美元并律师费及法庭相关费用130 000美元。摩尔法官还判令这两位董事出资

322

30 000美元在报纸和电台刊登、播放校正广告（该伪劣产品在这家电台广告做得很火）。

[7] The charges related to claims about Body Enhancer's weight-loss and health effects made in widespread advertising between March 2000 and December 2002. The protein drink was advertised on radio as "an easy way to lose weight." Zenith was charged after a Commerce Commission investigation. The Auckland District Court found that there was no evidence that Body Enhancer was scientifically proven to be effective, putting any weight loss down to its accompanying process of diet and exercise.

对顶峰公司的指控，主要是针对该公司在 2000 年 3 月至 2002 年 12 月期间，对其产品"Body Enhancer"减肥及健身功效的广告宣传。在电台所做的广告称该饮料为"减肥易方"。经调查，商业委员会对该公司进行指控。奥克兰地区法庭裁定，没有任何科学证据证明该饮料有减肥功效。即使有一些减肥效果，也是因随之而为的节食和运动。

[8] In his sentencing, Judge Moore also criticised Zenith's ongoing selling of a product called Neo Nutrients Body Enhancer, which the company claimed was a completely different formulation. "All [Body Enhancer or its successor] are merely successive forms of a product designed to be advertised, not a product that works."

在判决中，摩尔法官对顶峰继续推销其所谓更新产品的做法提出批评。该公司称其新一代产品采用完全不同的新配方。但法官明确表示"无论是旧产品还是新产品，都是换汤不换药，产品是为广告而设计，而不是有什么功效"。

[9] The Commerce Commission has welcomed the fines, which are the highest given for misleading weight-loss claims.

商业委员会对重罚裁决表示欢迎，这是迄今为止对伪劣减肥产品最重的处罚。

The Air NZ case: $ 600 000 in fines and $ 65 000 in costs ordered 纽航广告误导案：判：600 000美元罚款，65 000美元律费

[10] Air New Zealand was convicted on 112 charges under the Act after being prosecuted by the Commerce Commission over false advertising which could mislead consumers. The conviction related to 112 advertisements between 2001 and 2003 which displayed cheap international and domestic fares in large bold fonts. They were misleading because they did not include airport, insurance and fuel charges which were added to the fine print in the advertisements.

针对新西兰航空公司2001～2003年间所做的112件广告做出的112项指控，日前被判全部成立。这些广告用醒目大字体标明纽航提供优惠国际国内航线机票，但在小字体上却列明大标题的价格并不包括机场、保险费用及燃油税。因此所谓的优惠价格纯属误导。

[11] Air NZ was ordered on 16 June 2006 to pay $ 600 000 in fines and nearly $ 65 000 in costs. In an agreement with the Commission, the airline also undertook to move to using all-inclusive prices for both its international and domestic airfares.

2006年6月16日，纽航被判付罚款600 000美元和65 000美元的律师费及相关法庭费用。纽航并和商业委员会达成协议，保证在随后的广告中无论国际、国内航班，皆列明包括所有费用的实价。

[12] The Commission said that it was vital consumers understood the total price they were being asked to pay for a service. Without this knowledge, they could not be expected to exercise real choice, and competition within the industry became less likely.

商业委员会表示，让消费者了解实价，是货比三家的前提，如果票

价有水分，谁也不知道究竟什么是最终价格，业内竞争便是一句空话。

[13] Other airlines and travel agents were watching the case carefully and most had already changed their advertisements so that they provided the consumers with a single, all-inclusive price.

其他航空公司和旅行社一直密切注意此案的审理。大多数已经调整了自己的广告，采用单一实价。

The Etop case: advertised price 9% less is misleading 数码相机案： 广告价比售价低9%，构成误导

[14] This case was about an Asian parallel importer who was fined for advertising digital cameras at cheaper prices than they were available. Both the company, Etop Limited, and its director were found guilty under the Act.

这是关于一位亚裔进口商推销数码相机的案子。广告价低，实销价高。该公司及其董事均被裁定为违反公平交易法。

[15] The company was advertising cameras at one price but selling them for up to 60, or 9 per cent more in store. When challenged by the Commerce Commission, the director claimed no knowledge of the Act.

该公司广告一个价，销售时却高出 60 美元（约 9%）。商业委员会调查指控后，该公司董事表示不了解公平交易法。

[16] The case, although relatively smaller in scale, demonstrates how the Act works. Section 9 of the Act provides that "No person shall, in trade, engage in conduct that is misleading or deceptive or is likely to mislead or deceive."

此案虽小，但却说明问题。《公平交易法 1986》第 9 条规定："任何

人，在商业运作中，均不得从事误导、诈欺或有可能误导、诈欺之行为。"

［17］Liability can arise through statements or omissions which cause deception. Intention or negligence is irrelevant. It is also not relevant whether anyone was mislead or deceived so long as it is likely that someone may be.

因此，通过言论陈述或行为疏忽均可能产生法律责任。主观故意或疏忽过失皆不相干。是否有人被误导或诈欺亦不相干，只要有可能导致误导或诈欺便可成立。

第六章　法律不计较琐事
De minimis non curat lex

[1] In *Rick Dees Ltd v Larsen* (CA82/05), the purchaser purchased ten residential units from Larsen, the vendor. The sale and purchase agreement provided that the payment was to be made by bank check. The purchaser made payment by way of electronic funds transfer just before 5 pm on the day of expiry of settlement notice and sent notification of payment by fax. However, the vendor's fax was engaged and the notice was not received until 5:07 pm. According to the agreement, any notice served by a party after 5 pm on a working day, or on a day which is not a working day, shall be deemed to have been served by that party at 9 am on the next succeeding working day.

　　这是一宗涉及房地产买卖的上诉法庭案子。买方从卖方购 10 幢民宅。买卖协议规定付款方式为银行支票。买卖过程出现插曲：卖方发出交割通知（相当于最后通牒）。在交割通知到期日当天下午快到 5 点时，买方以电子转账方式付清款项并传真通知卖方，但卖方传真占线，因此付款通知直到 5：07 才送达卖方。根据协议，任何通知如果是在工作日下午 5 时以后或在非工作日任何时间送达，均视作在其后的那个工作日上午 9 时送达。

　　[2] If the payment was not made before 5 pm on the day of expiry of

settlement notice, it simply means that the purchaser has failed to comply with the settlement notice.

如果该付款不是在交割通知到期日当天下午 5 时以前完成，则意味着买方没有按照交割通知的要求履约。

[3] A settlement notice usually makes time of the essence, with the primary purpose of persuading the recalcitrant party to settle within a specified time frame. Failure to settle in accordance with the settlement notice demonstrates that the party has repudiated the contract, justifying the serving party in pursuing a remedy.

"交割通知"通常规定时间为履约要素，其主旨是说服（勒令）不履约方在既定时间内履行交割。如果不按交割通知要求履约，则说明该方拒绝履行协议、协议废止，另一方则因此有权寻求司法补偿。

[4] The vendor's remedies if the purchaser fails to comply with a settlement notice include suing the purchaser for specific performance, or cancelling the agreement. Specific performance is a remedy by which a court orders the purchaser to perform the contract. Cancelling the agreement is another remedy by which the vendor may retain the deposit paid by the purchaser (but not more than 10% of the purchaser price) and sue the purchaser for damages.

类似案件中卖主的司法补偿包括两个方面：一个是特定履行令；另一个是撤销合同。特定履行令是衡平法院强制违约方履行合约的命令。也就是说由法院强制违约方履行原先订立的合约。撤销合约则是指卖方撤销合约、扣买方已付订金（一般不超过成交价 10%）并诉买方赔偿损失。

[5] The purchaser in this case argued that alternative method as to the payment should be allowed under de minimis principle, departure from prescribed method was not breach justifying cancellation of the agreement. Notification and proof of payment was not essential term of

contract justifying cancellation and communication took place within reasonable time following payment.

在本案中，买方抗辩理由有三：第一，依"法律不计较琐事"原则，银行支票以外的支付方式应该被接受，因此以协议约定方式以外的手段支付不属违约，因此对方无权撤销合同。第二，付款通知不属履约要件，即使未能按时送达亦不能因此撤销合约，何况该通知是在付款后合理时间内送达。

[6] The purchaser's appeal was allowed. The Court of Appeal held that electronic funds transfer was sufficient tender of payment and the vendor did not stipulate payment by bank check was only acceptable method or that that was essential to the vendor. Notification and proof of payment was not an essential element of settlement obligations but needed to be made within reasonable time of payment.

上诉法院对买方的上诉请求予以支持。上诉法院裁定，电子转账付款方式法律元素完备可以接受。卖方并未规定银行支票是唯一可接受方式并规定该方式为履行要件。付款通知及凭证不是交割责任之要件但须在支付后合理时间内送达。

第七章
案例分析：撩起法人面纱

之一： 公司破产和债权人保护
Johnson v Felton （1）

INTRODUCTION 引言

[1] A company's legal personality is separate from that of its shareholders (the owners) and its directors (the managers or controllers). By virtue of limited liability, a shareholder is not ordinarily personally liable for the company's obligations.

这是新西兰上诉法院 2005 年 9 月的一个判例。本案至少有三个理由会引起读者关注。第一，关于有限责任公司的"有限责任"，这一概念似乎大家都很熟悉，也就是说，有限责任公司作为法人，它和股东（业主）及董事（经理人）是彼此独立的。因为"有限责任"，股东个人通常不承担公司作为法人所承担的责任和义务。

[2] Although the courts have generally upheld the principle of limited liability, they have occasionally refused to recognise a particular company as a legal entity separate from those who control it, in a process known as "lifting the corporate veil". People therefore need to

be aware of the liability of directors and/or employees for acts committed on behalf of the company.

第二，尽管法庭对有限责任（法人）原则予以支持和保护，法庭在某些特定情形下，会拒绝将法人实体与操纵它的个人区别对待。这一过程俗称"撩起公司（法人）面纱"。鉴于此，本案可望激发大家对与之相关的问题予以深度思考。譬如董事和/或职员因公司行为而承担的责任和义务。

[3] If a director is found personally liable and damages are awarded to creditors, what options are available to creditors if a director has transferred his assets to his spouse/partner in his assets planning scheme?

第三，假定一个董事因公司行为而导致个人责任被判赔偿（如本案），但是该董事却已经通过财产规划方式将财产转给配偶/伴侣——那么债权人在这种情形下有什么办法来对付债务人和他/她的配偶呢？

[4] The Johnson v Felton Court of Appeal case（September 2005）clarifies the issue as to what circumstances creditors can overturn a relationship/matrimonial property agreement, where the transferring of assets to a debtor's spouse/partner rendered the debtor asset-less.

Johnson v Felton 是上诉法院（高等法院以上最高法院以下）的一个判例。如果一个公司宣告破产，董事个人判负法律责任，但该董事却以"婚姻（关系）财产协议"方式将财产转移而变成一个身无分文的被告——债权人能不能/在什么情形下可以挑战债务人将那个转移财产的协议推翻呢？本案判决澄清了在这个问题上的疑虑。

FACTS 事实经过

[5] Since 1990, Mr Johnson had been involved in a number of businesses, including as a shareholder and director of Ritec（NZ）Limited（"Ritec"）, which granted franchises for its product called

"Clear-Shield". By late 1992 the franchisees started expressing dissatisfaction with their franchises. The complaints were addressed, primarily, to Ritec. No threats of personal litigation were made at the time against Mr Johnson.

1990 年以来，约翰逊同时经营几家公司，其中包括 Ritec（新西兰）有限责任公司，任股东及董事。该公司将其经营的一个产品，以特许经营的方式授予特许权购买方。1992 年后期始，该特许权购买人对这种合作表示不满。但投诉和其他行动主要针对 Ritec 公司。对约翰逊本人，当时并没有采取法律行动。

[6] But in 1997 the franchisees commenced proceedings against both Ritec and Mr Johnson. In 1999, Mr Johnson was found personally liable on the grounds of deceit and was ordered to pay damages in excess of $800 000 to the franchisees. A subsequent appeal by Mr Johnson against that judgment was dismissed in December 2000.

自 1997 年起，特许经营持有人开始对 Ritec 公司及约翰逊个人采取法律行动。1999 年，约翰逊因诈欺而被判个人负责须赔偿对方800 000 美元以上的损失。约翰逊对该判决的上诉被驳回。

[7] In October 1993, Mr and Mrs Johnson signed a Relationship Property Agreement ("RPA"). The effect of the RPA was that Mr Johnson was left with the shares in Ritec and his other business interests and Mrs Johnson with what might be regarded as the bulk of the "hard assets".

早在 1993 年 10 月，约翰逊夫妇签署婚姻（关系）财产协定（简称"协定"）。协定所达到的效果是约翰逊保留 Ritec 和其他公司的股份，而约翰逊太太则持有他们之间的"硬资产"。

[8] Those assets included the matrimonial home, a subdivided rental unit, a number of factory units, two motor vehicles and a yacht. The value of the assets transferred to Mrs Johnson was $730 000 and

the value of the assets transferred to Mr Johnson was $685 000. The shares were not independently or professionally valued, but were allocated the value estimated by Mr Johnson. In the High Court, the court considered that the shares were worthless or almost worthless. The imbalance in the property division was later calculated to be approximately $550 000 in favour of Mrs Johnson. Later, in mid-1994, acting on their solicitor's advice, the Johnsons established a trust called the Dunstan Trust. Mr and Mrs Johnson and their children were the beneficiaries. Both Mr Johnson and Mrs Johnson transferred assets into the trust.

这些"硬资产"包括他们的住宅，一幢分割（后加建的）投资房，其他几个工业投资单元房，两辆车及一艘游艇。转到约翰逊太太名下的财产价值达730 000美元，转到约翰逊名下的达685 000美元。那些转到约翰逊先生名下的股份并未经独立/专业估价，而只是他本人的一个估算。在高等法庭，这些股票被认定为毫无价值或基本毫无价值。因此，他们夫妇之间的财产分配是不均等的，约翰逊太太所持有的财产价值超出她先生550 000美元。1994年中，约翰逊夫妇采纳律师意见，成立一个信托。约翰逊夫妇及其子女均为该信托的受益人。约翰逊夫妇又双双将财产转入信托。

[9] Mr Johnson was subsequently made bankrupt. Following Mr Johnson's bankruptcy, the Official Assignee was joined as a co-plaintiff, who, together with the creditors, sought help from the High Court to decide whether the RPA was void.

约翰逊先生随后被告破产。法定受托人（"OA"）随同债权人，将诉状递交高等法院，请法院裁定，约翰逊夫妇的财产协议是否规避债权人而因此无效。

[10] The High Court found that the RPA was not "an agreement [...] intended to defeat creditors" but the RPA did have the effect of

defeating creditors. As a result, the RPA was void against the franchises and Mrs Johnson was ordered to pay the franchisees the amount they claimed.

高等法院认为约翰逊夫妇的财产协议"［……］其意图并非规避债权人"，但该协议在实际效果上却达到规避债务的作用。因此，高院宣告该协议无效，约翰逊太太必须给付债权人。

[11] Mrs Johnson appealed to the Court of Appeal and her appeal was allowed.

约翰逊太太上诉到上一级法院。新西兰上诉庭 2：1 对她的上诉请示予以支持。

之二： 公司破产与财产转移（高等法院）
Johnson v Felton（2）

The Johnsons, who at all times lived together and remained married, entered into a relationship property agreement（"PRA）in 1993. The effect of the PRA was that Mrs Johnson was left with the bulk of their" hard assets. "The franchisees commenced proceedings in 1997 against Mr Johnson and his company and Mr Johnson was found personally liable on the grounds of deceit and was ordered to pay damages in excess of ＄800 000 to the franchisees. However, as Mr Johnson had been adjudicated bankrupt because of the agreement, the creditors cannot recover the damages. The creditors sought to have the PRA overturned under s 47 of the *Property（Relationships）Act 1976*. The High Court found that the RPA did have the effect of defeating creditors and as a result, the agreement was void against the creditors and Mrs Johnson was ordered to pay the creditor the damages. Mrs Johnson appealed to the Court of Appeal.

约翰逊夫妇——尽管婚姻稳定又一直生活在一起——在 1993 年签署了分割财产的协议。协议的效果是他们的"硬资产"全部转移到约翰逊太太名下。1997 年约翰逊先生和他的公司被告上法庭。约翰逊先生因诈欺败诉并被判罚800 000美元赔偿金。因该协议，约翰逊先生实际已经破产，身无分文。债权人因此向法庭申请依《关系财产法 1976》第 47条推翻该协议。高等法院裁定该协议无效，约翰逊太太必须给付债权人。约翰逊太太上诉到上诉法院。

The Property（Relationships）Act 1976 《关系财产法 1976》

[12] Section 47 of the *Property（Relationships）Act* 1976 enables creditors and the Official Assignee to overturn a RPA on two grounds：

据 1976 年《关系财产法 1976》第 47 条，债权人和法定受托人可依以下两点推翻财产分割协议：

Section 47（1）：Any agreement，disposition，or other transaction between spouses［...］with respect to their relationship property and intended to defeat creditors of either spouse［...］is void against those creditors and the Official Assignee.

47 条 1 款：配偶之间就共同财产所达成的任何协议、处分或交易，如果其目的是为了规避债务、击垮配偶任何一方的债权人，（该协议、处分及交易）对那些债权人和法定受托人来说无效。

Section 47（2）：Any such agreement［...］that was not so intended but that has the effect of defeating such creditors is void against such creditors and the Official Assignee during the period of 2 years after it is made，but only to the extent that it has that effect.

47 条 2 款：任何这种协议、处分或交易虽无此目的，但实际效果是为了击垮其债权人，对这些债权人和法定受托来说，在其制定或完成之日起后两年内无效。但仅限其有如此效果。

High Court (HC) decision 高等法院判决

[13] Justice Venning held that the Official Assignee had not proved that Mr Johnson had entered into the RPA with the "dominant intention" of defeating his creditors. Although the agreement had the effect of defeating Mr Johnson's creditors (i. e. the franchisees), the limitation in s 47 (2) meant that relief was not available to the Official Assignee because he had not been appointed within two years of the matrimonial property agreement being entered into.

高院认为法定受托人未能证明约翰逊先生在订立婚姻（关系）财产协定时其"主旨"是为了击垮他的债权人。尽管该协议有击垮约翰逊先生债权人（即特许经营权之购买方）的效果，47（2）条之限制，意味着法定受托人不能获得庭判赔偿，因为他并没有在该协议所签署的两年内被任命为法定受托人。

[14] For the purpose of s 47 of the Act, the franchisees were creditors of Mr Johnson as at October 1993. The franchisees could, therefore, overturn the PRA because they had become creditors of Mr Johnson within two years of the PRA being signed. Justice Venning granted relief to the franchisees and also made orders as to interest and costs.

就47条所言，特许经营权购买人因此行为而在1993年10月成为债权人。因此，他们可以推翻这份转移财产的协议，因为他们是在约翰逊先生订立该协议两年内成为其债权人的。高等法庭支持债权人赔偿请求，并判约翰逊支付利息和律师费。

The appeal to the Court of Appeal (CA) 上诉到上诉法院

[15] The issue is whether s 47 (2) applies to render the agreement void against the creditors. This depends on whether the two year period in s 47 (2) is a limitation period or whether, as found by Venning J, it

defines the group of creditors who can challenge the agreement.

上诉法院所要解决的问题是，是否适用 47 条 2 款而致该协议无效。这取决于 47（2）之两年期限是指诉讼时效，还是如高院所判，只是用来确定哪一类债权人可以挑战该协议。

［16］The starting point of a more detailed analysis of s 47（2）is the words of the subsection. The CA held that the word "during" clearly sets a time period. The question is to what the time period refers. "In our view, on an ordinary reading of the word, the phrase 'during the period of 2 years after it is made' qualifies the word 'void' and not the word 'creditors'. So read, the phrase refers to the time period during which the tainted agreement is voided."

对 47（2）条款的分析首先是其文字。"期间"这个词清楚地表明一个时间段概念，问题是它指的是什么时间段？"我们的观点是，对这些词的普通解读可以发现，'在其订立两年后'这句话修饰和限制的是'无效'而不是'债权人'，因此，这句话是指不良协议无效的那个时间段。"

［17］This conclusion is reinforced by the fact that the word "creditors" is coupled with the "Official Assignee" because the phrase "Official Assignee during the period of 2 years" makes no sense. Therefore, a limitation period approach is the only fit with the language of the section. If the drafters had intended the section to apply to creditors whose debts arose during the period of two years, then they would have used more explicit language.

立法行文中"债权人"与"法定受托人"并列更加强了这一结论的正确性。"两年中之法定受托人"语焉不通。因此，诉讼时效说，是唯一贴近该条款文字的解释。如果立法者有意使该条款适用债权关系在两年中产生这一情形，立法者势必会用更明确的文字来表达这一立法意图。

［18］Also, the interpretation that the two year period in s 47（2）is a limitation period fits more easily into the scheme of the *Property*

(*Relationships*) *Act* itself and the general insolvency regime.

而且，关于 47（2）的两年期限是指诉讼时效的解读，更符合关系财产法案以及破产法案之框架。

之三： 公司破产与财产转移（上诉法院）
Johnson v Felton（3）

[19] The regime under s 47 of the P（R）A mirrors that relating to insolvency generally. Section 47（1）aligns with s 60 of the *Property Law Act*, under which transactions intended to defeat creditors are voidable but with no time limit. Section 47（2）mirrors ss 54—57 of the *Insolvency Act*, where transactions that took place within set periods of adjudication of bankruptcy can be challenged.

《关系财产法》第 47 条与《破产法》的有关原则相呼应。47 条（1）款与《财产法》第 60 条相匹配，即任何旨在击垮债权人的交易可作无效处理且无时效限制。47（2）则与《破产法》第 54—57 条相对应，即在破产宣告一定期限内产生的交割是可以被挑战的。

[20] There is no reason why the interests of creditors should, after a reasonable period has elapsed, be favoured over a spouse or partner who received no more than his or her entitlement under the P（R）A. "There must come a time when a spouse or partner should be able to feel secure that an agreement can no longer be challenged. […] As a matter of social policy, the trend in family law has been to encourage the 'clean break principle' in matters of property and maintenance."

没有理由可以说服我们，债权人的利益——在经过一定合理期限之后——应该大于一个配偶或伴侣的利益，而该配偶/伴侣不过是接受了法律赋予他/她应得的财产而已。"我们应该是到了一定时候了，一个配偶或伴侣应该有能力对自己的财产分配协议不被挑战而产生信心，

［……］抑或从社会政策而言，在财产和抚养方面，家庭婚姻法越来越倾向'平分原则'。"

[21] In the *Insolvency Act* context，a two year period is generally thought to give creditors sufficient time to make their claims. The CA believes that there seems no reason why a longer period is needed in the P（R）A context.

就《破产法》有关内容而言，一般说来两年期限已经给债权人足够的时间去追债索赔。没有任何理由要在婚姻财产法案框架下延长这个两年期限。

[22] Section 54 of the *Insolvency Act*，dealing with gifts，is of particular relevance. There is no extension under the P（R）A to five years as there is under s 54（2）of the *Insolvency Act*. Therefore，there is no reason why a spouse or partner who may have received no more than his or her entitlement under the P（R）A should be worse off than a person receiving a gift.

《破产法》第54条是讲赠与关系的。第54条（2）款将这一期限延展为5年，而婚姻财产法却没有这样的延展。因此，两法想比较，一个不过是接受法律赋予他/她应得财产的配偶/伴侣，不应该比接受赠与的人承担更多的压力。

[23] Previous authorities considered it vital that there should be proof of the existence of creditors at the time of the agreement，disposition or other transaction. It may be inferred that，for an agreement to have the effect of defeating creditors，there must have been creditors in existence at the time of the agreement or other transaction and it must be those very creditors who are defeated by a later shortfall.

此前判例已经明确裁定，要主张这种法律权利，必须明确无误地证明在订立该协议和处分、交割该财产时其债权人就已经存在。可以推断，一份协议如果具备击垮债权人的效果，在订立该协议或处分该财产时，起码有这样的债权人存在，而该债权人为随后的财产流失而蒙受损失。

[24] Justice William Young disagreed however with the majority decision, finding that Mr Johnson defrauded the franchisees and conferred a windfall benefit on Mrs Johnson, with the practical effect of defeating his creditors. Justice Young was of the view that a creditor should be able to challenge a PRA if the creditor's debt arose within two years after the date of the agreement.

上诉法院以 2：1 支持约翰逊太太的上诉请求，持异议的大法官则认为约翰逊先生诈欺了债权人，然后天上掉馅饼式地将财产转移到他太太名下，这实际上已经达到了击垮债权人的效果。该法官认为，如果一个债权人其债权债务关系在该协定订立两年内产生，该债权人则有权挑战这个转移财产的协议。

Conclusion 结论

[25] The ordinary meaning of the words in s 47 (2) is that the two-year period is a limitation period. Although the franchisees were creditors at the time of the agreement, there was no manifested adverse effect during the two year period. The Official Assignee was not appointed during that period and the creditors did not take any legal challenge to the agreement or to take any steps to recover the debts. As a consequence, s 47 (2) is not engaged in this case and Mrs Johnson's appeal was allowed on this point.

47 条 2 款的文字解读说明其"两年期限"指的是诉讼时效。尽管那些购买了特许经营权的人在协议订立时已经确立其债权人身份，但该协议在当时并没有对他们产生明确的不利效果。受托人（OA）在当时尚未产生而债权人并没有采取任何法律行动挑战该协议或采取行动索账追债。因此 47 条 2 款不适用本案，上诉法院对约翰逊太太的诉讼请求予以支持。

340

第八章　跨国合同中，
司法管辖权条款十分重要
——从澳大利亚的一个案例说起

Getting Jurisdiction Right in International Contracts：
ACE Insurance Ltd v Moose Enterprise Pty Ltd
[2009] NSWSC 724 (Published 10/8/09)

［1］ In any contractual negotiations，particularly those with an international character，it is important the parties choose how and where disputes will be decided，and for this to be reflected clearly in the contract. Failure to do this can have unintended and potentially adverse consequences for one or more of the parties when a dispute arises. A 2009 case in the NSW Supreme Court demonstrates the importance of clear and precise drafting of jurisdiction clauses in agreements.

合同谈判——尤其是具有国际特点的合同谈判——合同双方选择争议裁决地点，并有效体现在合同中，十分重要。如若处理不当，一旦产生争执，将对合同一方或多方产生不良后果。就司法管辖权问题，新南威尔士州最高法院 2009 年的一个案例，说明在合约中清楚明示地订立相关条款，十分重要。

［2］ ACE Insurance Ltd v Moose Enterprise Pty Ltd [2009] NSWSC

724 (Justice Brereton，31 July 2009) arose from a dispute between the manufacturer of an allegedly defective children's toy（Moose）and its general liability insurer（Ace）. It concerned Ace's refusal to continue funding Moose's defence of class actions in the United States brought by the toy's consumers（the class actions）. Ace had ceased funding the defence after deciding that the consumers' claims were not covered by the insurance policy it had issued to Moose.

王牌保险公司诉穆尔玩具公司案（2009 年 7 月 31 日判，法官布莱雷同），起因于涉嫌制造伪劣儿童玩具的穆尔公司以及为其承保一般责任险的王牌公司之间的纠纷。两公司在法庭刀兵相见，是因为穆尔生产的玩具在美国被消费者以集体诉讼法的方式告上法庭，而王牌保险却拒绝持续为穆尔的抗辩提供资金。王牌保险认定，提供给穆尔的保单，并未涵括消费者诉讼部分，因此决定停止提供资助。

［3］Moose then brought a proceeding against Ace in California（the insurance proceeding），seeking a declaration that Ace was obliged to fund Moose's defence of the class actions. By bringing the insurance proceeding in California，Moose attempted to benefit from Californian law，which might have required Ace to continue funding Moose's defence. There is no equivalent law in Australia or New Zealand.

穆尔于是在加利福尼亚将王牌公司告上法庭，索求法庭宣告王牌保险负有责任为穆尔遭到的集体诉讼提供资助。在加利福尼亚提出诉讼，穆尔的目的是希望藉加州相关立法，可以勒令王牌保险为穆尔抗辩继续提供资助。在澳洲和新西兰，均没有类似加州的相关立法。

［4］Relevantly，the insurance policy contained the following jurisdiction clause：

"Should any dispute arise concerning this policy，the dispute will be determined in accordance with the laws of New Australia and New Zealand. In relation to any such dispute the parties agree to submit to

342

the jurisdiction of any competent court in a State or Territory of Australia. "

关于司法管辖的条款在保单上是这样行文的：

"涉及本保单若产生任何争执，该争执将依新澳和新西兰之法律裁断。涉及任何如此争执，合同双方同意服从澳大利亚一州或地方法庭之司法管辖。"

[5] Ace relied on this clause when it applied to the NSW Supreme Court for an anti-suit injunction (the injunction proceeding). That application sought, on numerous bases, to have Moose restrained from continuing the insurance proceeding. Relevantly, Ace argued that Moose's pursuit of the insurance proceeding breached the jurisdiction clause, as that clause conferred exclusive jurisdiction on Australian, rather than Californian courts.

王牌保险是依据该条款，向新南威尔士州最高法庭申请支持，以中断穆尔诉讼。王牌是依据不同的法律立场申请法庭支持的。王牌抗辩理由是，穆尔的诉讼请求违背了合同上的司法管辖权条款，因为该条款赋予澳洲司法管辖的排他性，因此加利福尼亚法庭并不适用。

[6] Justice Brereton observed that the question of whether the jurisdiction clause conferred exclusive jurisdiction on Australian courts is one of construction of the particular contract. In that context, his Honour considered previous cases concerning the construction of other jurisdiction clauses. This indicated that the courts had not always been consistent in their approach to the construction of jurisdiction clauses that did not use the word "exclusive". For example, in one case the words "the parties [...] submit to the jurisdiction of the courts of England in connection with any dispute arising hereunder" were found to confer non-exclusive jurisdiction on English courts, while the similar words' for all disputes [arising out of the contract] the parties expressly

343

agree to submit to the jurisdiction of the courts of Budapest having jurisdiction in such matters' were held to confer exclusive jurisdiction on the Budapest courts.

法官布莱雷同认为司法管辖权条款中的是否赋予澳大利亚法庭排他性司法管辖问题，属于合同的法律解释问题。鉴于此，法官布莱雷同参照既有判例来解释相关条款。这也表明，当相关条款没有明确使用"排他/专属性"字眼的时候，法庭对类似司法管辖权条款相关措辞的解读，并没有一个统一的模式。例如：在某一案例中，合同用了这样的字眼，"因此产生的任何争执，双方同意［……］受英国法庭司法管辖权约束"——被判定该条款仅赋予英国法庭的非排他性司法管辖。而类似措辞"［因合同引起的］所有争执，双方明确同意受布达佩斯法庭的司法管辖权约束"则被裁定为赋予布达佩斯法庭独家司法管辖权。

[7] His Honour drew the following general conclusions from these cases：

(a) while the absence of the word "exclusive" from the jurisdiction clause is not determinative, it tends against the clause being an exclusive jurisdiction clause;

(b) where the courts identified in the clause are the "natural forum" for the dispute, this supports it being read as an exclusive jurisdiction clause;

(c) where the clause is ambiguous and contained in an insurance policy, it should be interpreted in favour of the insured; and

(d) the use of words such as "all" or "any" disputes in the clause, as well as mandatory words such as "shall" or "must", tend to suggest that it is an exclusive jurisdiction clause.

依据以上判例，法官得出以下结论：

(a) 如果"排他性"在司法管辖权条款中语焉不详，法庭解释倾向该条款为非排他性条款；

（b）如果所指法庭在该条款中视作该争端之"专属管辖地"，该条款则因此被视作一个赋予排他性专属管辖权条款；

（c）如果该条款模棱两可而又用于保单，该条款则以对要保人（即被保险人）有利的方面解释；

（d）条款中涉及争执用字如"所有"或"任何"以及强制性用词如"必须"、"必然要"等，则法庭倾向将其解释为排他性专属司法管辖权条款。

[8] Justice Brereton decided that the jurisdiction clause in this case was an exclusive jurisdiction clause conferring sole jurisdiction on Australian courts，despite the absence of the term "exclusive" in the provision. The following factors were determinative in the court's ruling and should be borne in mind when drafting jurisdiction clauses.

法官布莱雷同裁定本案中司法管辖权条款属于"排他性司法管辖权"条款，因此赋予澳洲法庭专属司法管辖，尽管该条款中并没有使用"专属/独有"这个字。以下要素在法庭裁决中十分明确，因此，在起草司法管辖权条款时必须牢记在心。

[9] The reference to "any such dispute" was equivalent to "all such disputes" and this was suggestive of an exclusive jurisdiction clause.

（a）As Ace and Moose were both Australian companies which made their contract in Australia and provided for Australian law to govern it, Australian courts were the "natural forum" for hearing and determining the dispute. Therefore，the clause was superfluous unless it was read as conferring exclusive jurisdiction on Australian courts.

（b）The clause was intended primarily to benefit Ace (the likely defendant in any proceeding arising out of Moose's insurance policy) and the commercially sensible interpretation was that it was intended to require the parties to litigate in Australia only.

"任何这样的争执"等同于"所有这样的争执",而这样的字眼则暗示该条款为司法管辖权方面的排他性条款。

(a)因为王牌保险和穆尔玩具均为澳洲公司,在澳洲订立合约并以澳洲法律相制约。因此,澳洲法庭理所当然为"专属管辖",行使对争执的听审和裁决权。因此,除非做出对澳洲法庭专属司法管辖的解读,否则该条款纯属多余。

(b)该条款在订立时,双方意愿是使王牌保险受益(是穆尔公司保单中,可能引起诉讼时最有可能成为被告)。而商业行为比较合乎常理的解释是,合同双方意图在发生争议时在澳洲藉诉讼解决。

[10] Justice Brereton noted that this was a "particularly strong case" for inferring, in the absence of the word "exclusive", that the clause was an exclusive jurisdiction clause because of the strength of the connection with Australia. Accordingly, his Honour granted the injunction restraining Moose from pursuing the insurance proceeding.

布莱雷同法官认为,在没有"排他性/专属"字样的前提下,因其与澳洲联系的紧密性,该条款具有强烈的推断色彩,以确定其专属性质。因此,法官裁定,禁止穆尔公司对此案的诉讼。

[11] This case demonstrates the importance of contracting parties drafting jurisdiction clauses clearly to give effect to their mutual intention. If an exclusive jurisdiction clause is intended, the word "exclusive" should be used. Conversely, if a non-exclusive jurisdiction is intended, the clause should specify this. These simple measures may avoid costly and prolonged litigation about the meaning of the provision. Importantly, it may well also avoid the prospect of contractual disputes being determined in unintended and unfavourable jurisdictions. This lesson is particularly important for parties to a contract with a more international character than the insurance policy in this case.

此案说明合同双方起草合约时,必须明示彼此有关司法管辖的意向。如果希望是排他/专属的司法管辖，则必须明确使用相关文字以达到专属司法管辖的效果。另一方面，如果不希望是专属性司法管辖，也应该在条款里写明。这样才可以避免为解释合同条款卷入耗钱耗时的诉讼官司。重要的是，这样也避免了因合同争执而陷入原本不想去，去了也对你不利的司法管辖地的可能。对跨国合约而不是仅仅一份保单的合同各方而言，这个教训尤其重要。（Note：This article was based on an article by Queen City Law. 这篇文章据 Queen City Law 律师楼同名文章改写。）

第九章　附录
言论自由与名誉保护
——浅谈《1992 诽谤法》

（注：这篇文章是根据我在 2006 年媒体座谈会上的讲话整理而成，只有中文版本）

英国法中，诽谤分两种：文字诽谤（libel）和言语诽谤（slander）。新西兰在《1954 年诽谤法》实施以后，不再有这样法律上的区分。新的诽谤法（1992）又取消了刑事诽谤，因此诽谤法目前只属民法（tort）范围。

谈论诽谤法自然要谈论言论自由，因此人权法（*New Zealand Bill of Rights Act 1990*）第 14 条，不但相关而且重要，因为这涉及名誉保护和言论自由之间的平衡。

诽谤法有三大要素：第一，诽谤言论；笫二，诽谤言论针对原告；第三，针对原告的诽谤言论已经发表。

诽谤言论

何为诽谤言论？成文法中并无司法定义，因此只能从判例法中找依据。但通常来说，那些旨在诽谤、中伤、损害名誉、降低人格的言论，都有"诽谤言论"之嫌。具体案情具体对待。1848 年英国一个案例判定，如果被告说原告"不忠"、"胆小鬼"、"粗俗"可以构成诽谤言论。同样的情形，形容一个人是"骗子"、"不诚实"等等，亦可构成诽谤。

根据新西兰1961年的一个判例，说某某"犯了罪"或"是犯罪嫌疑人"都有可能构成诽谤。总之要依不同的情形而做判断。

讽刺文学和政治漫画相对来说享有较大的自由空间。其界限似乎是在"讽刺想象"与"暗陈事实"之间。如果作者不能证实所暗示的事实或所陈事实是虚假的，那么离诽谤言论就不远了。

最近，当局对"Bloody Mary"（血淋淋的圣母玛丽）的裁定就很能说明问题。电视四台所播出的讽刺卡通，因"过于荒谬而触犯不能"（too absurd to offend），因此并没有违背大众传播好品味、合礼仪之标准（did not breach standards of good tastes and decency）。

诽谤法中还有一个概念颇似中国文化中的"春秋笔法"。Innuendo的原意是"讽刺"、"讥讽"、"曲笔"，即表面上一层含义，但弦外有音，知情人能看出另外一层含义。例如，说某某绅士那夜进入一幢房子，而读者知道那所房子其实是妓院，这自然构成诽谤言论。

Brady Bunch 电影中就充满这种性事曲笔。如，女方问男方"你有什么保护措施吗（以防下雨是否有伞）?"男方回答："有，而且是不同颜色和质地（指安全套）。"普通观众不知究竟，但"圈内人"自然明白。因此"春秋笔法"言论虽是曲笔，但攻击和伤害效果显而易见。

英国1929年的一个案例，说明原告甚至不必出现在这些诽谤言论中。此案源自一幅新闻照片，其图片说明是这样的："C先生——著名夺冠赛马拥有人和X小姐——她已经宣布订婚。"

对普通读者，这则图片新闻并没有什么特别含义，但对当时这份报纸的读者来说，不但这对男女关系特别，而且C太太的婚姻合法性似乎也成问题。法庭判原告C太太胜诉，尽管C太太并没有出现在这则图片新闻中。

笔误

笔误亦可构成诽谤。这涉及诽谤法的另外一个概念，即"本意"、

"故意"（intention）并非必须。也就是说，判定字词所传达的含义，不仅仅依据被告主观意向，而且要依据这些字词传达给普通、正常读者或听众、观众的实际效果。

言论针对原告

测试标准是：一个正常、合理的人是否正常、合理地认为这些言论是针对原告。如上述图片新闻，原告不必出现在诽谤言论中，暗示或旁敲侧击足矣。

也有集体诽谤的可能。如果诽谤言论是针对某一组或某一类人，如果其中一人能确定这些言论是针对他/她个人，则可成为原告。例如，"所有的律师全是骗子"，自然谁是原告很难确定。但是如果说"某个区的律师全是骗子"，而那个区只有四个律师，那么这四个律师可以分别成为原告。

公司和法人亦可作为原告
言论已经发表

在中国"文化大革命"中，很多人因为在日记里写下许多不满或感想而被打成"右派"或"现行反革命"，是个很好的反例。假定日记是写给自己看的而不是被传阅，便不构成发表。同理，如果言论只针对原告一人（无论视、听），也不构成发表。但是，譬如说一个人将"情况"传递给记者，这一传递便构成对该记者的发表。如果诽谤言论经传递而刊印，则构成一系列发表：作者对出版商，出版商对印刷商，最终对受众。每一环节都构成一个独立的民事诉讼。

1891 年英国 Pullman v Hill & Co. 案确定，一人向自己的秘书口述一封信，便构成将该信内容对那位秘书的发表。

互联网（**Internet**）

互联网对如何构成发表，提出了新的挑战。互联网因其实时性以及地球村的特点，聊天、发帖、下载等等是否构成发表，显然是个难题。即使构成发表、诽谤成立，如何确定原告、被告以及司法管辖权问题，这都是有待完善的课题。

也有人认为，互联网因上述特点，应该比传统媒体空间享有更多的宽松和优待。但新西兰 *O'Brien v Brown*［2001］DCR 1065 案法官已驳回这种观点。此案确定，法庭不接受互联网有特定文化氛围、较之其他空间骂人比较容易的说法。

澳大利亚 Dow Jones Ltd v Gutnick（2002）194 ALR 433 案更对司法管辖权问题有了明确界定。澳高等法庭裁定，维多利亚州人 Gutnick 可以在维多利亚法庭就美国一家报纸在其网站所发表的诽谤言论提出诉讼。该裁决的依据是，该网站所刊言论，在澳洲下载、阅读，构成发表，因此在澳洲对原告名誉构成损害。

网上出版与其他全球性出版方式并没有本质区别。如电视、广播或全球发行的杂志。因此从法律技术层面看，不排除原告"择优而告"的可能。也就是说，依各国立法程度及原告在某一国的影响和受挫程度而选择不同国家/地区法庭。

需要注意的是，提供互联网平台或载体的 ISP 是否负有连带责任，已经有不少案例和立法可供研究。

重复发表

对诽谤言论的每一次重复，便构成一次新的诉因。最典型的例子是时下流行的电台"脱口秀"（talk-show）和"叩应"（call-in）。1976 年新西兰 *Russell v Radio i Ltd* 案说明，如果听众叩应，说一通诽谤言论，电台也要负法律责任。

同理，英国在 1964 年 *Dingle v Associated Newspapers Ltd* 案中确定，报纸如果重复发表同行已经发表的诽谤言论，并不代表后说话的就没有责任或责任较轻。既然已经重复发表，自然因此构成新的一重诉因。

笔者在最近接受国家电台（National Radio）、News Talk ZB 和 Radio Live 采访过程中，也深有体会。这些记者对行规和有关法律熟悉，开口和下笔（报道亦会在其网站刊出）都慎重。采访是与笔者受理的一宗引渡案有关。除引渡条例外，难免涉及犯罪嫌疑人以及案发的背景和相关人物。在电台播出的内容都经过了筛选。这样可以避免两个问题：第一，sub judice；第二，无罪推论原则。关于第一个问题，sub judice 原意是：在法庭审判中"尚未决定"。我们经常听见一些社团呼吁"警察透明办案"或"公布案情真相"一类的话。须不知，一旦案件递交法庭，控、辩双方依法庭程序进行司法调查时，媒体报道此类案件，是有很大的限制的。这一点尤其需要提醒我们中文媒体。因为对这一类立法和案例不甚了解，往往容易陷入"开口即错"的局面。第二个问题，无罪推论指的是被告在法庭宣判有罪之前都是无辜的。这个问题，概念上理解起来容易，但操作起来易犯情绪化的错误。例如，一旦某嫌疑人被收押，受审，报道中常见的字眼是"罪犯"、"坏蛋"、"流氓"等等。一旦这样情绪化，或自以为是在为正义而直笔谠论，这就比较麻烦了。

后 果

法律上的补救（赔偿）措施大致有五种：

第一，目前在诽谤诉讼中最常见的是诽谤法第 25 条庭外和解。任何人如果认为被诽谤，可以在自己得知诽谤言论发表之后 5 个工作日内，要求对发表负责任的人，在同一媒体或报刊的同一位置或相当位置刊登声明收回已发表的言论；或者要求责任人就发表之言论给予一个合理的答复。

第 25 条庭外和解，也意味着责任人愿意给付名誉所损害人（原告）的律师费、相关费用（即围绕刊登声明或道歉的费用）以及原告因诽谤言论而造成的直接损失。

第二，被告更正。

第三，禁止令（临时或永久性），禁止被告刊登或播放诽谤言论。

第四，法庭宣告。第 24 条规定，原告可以请求法庭宣告被告对诽谤言论负责。如果法庭依第 24 条宣告，原告通常获赔律师费。

第五，损害赔偿（damages）。通常分赔偿性和惩罚性。以前者较为常见。数额一般由陪审团裁定。从目前较出名的几个案子看，损害赔偿数额不等，较大的数额分别达 350 000 美元和 1 500 000 美元。

抗辩

较常见的有三种：

第一，诚实观点（第 9 条）。

诚实观点抗辩恐怕是言论自由的核心。从技术角度看，自由言论人必须列明观点所依据的事实。例如，先陈述事情经过（事实），然后再阐明依据该事实而做出的结论。这是诚实观点抗辩的第一个要件。第二个要件是观点必须有可识别性，也就是新闻法上所说的新闻（news）和观点（views）必须有严格的区分。早年的中国新闻中，经常出现"神采奕奕"、"迈着豪迈的步伐"之类的报道，这不是新闻。现在的中文媒体中，也不时看见"是可忍孰不可忍"（报道某一不平事件）之类的诘问，这也不是新闻，倒像是记者的观点。我们可以从 *New Zealand Herald*（《新西兰先驱报》）中看出西方媒体在处理"news"和"views"的一些作法。例如，发一则新闻报道时，通常只列记者名（by-line），但述评和带有观点的文章，则通常刊登一张作者的头像，并在文章相应版面列明"社论"或"观点"字样。第三个要件是观点必须是真实的。也就是早年常说的"公正（正当）评论（批评）"。法庭测试标准注重评论的诚实性（honesty of the opinion）而非合理性（reasonableness）。换句话说，只要是真实的观点，即使存有偏见也可以。所谓仁者见仁，智者见智是也。例如，奥克兰大停电，如果先列明事实，再得出结论认为停电是管理问题或技术维护问题，或者根本就不是他们的问题等等，这就是你的观点，而不是捏造的事实。说到这，需要强调的是，好的媒体一定注重平衡报道。比如关于停电的新闻，英文《新西兰先驱报》中的每一篇报道，几乎都有电力部门的响应，这样报道就平衡了，不失偏颇，自然离诽谤雷区就远。

第二，真实报道。毋庸赘述。

第三，特权。分两种，绝对性特权（absolute privilege）和限制性（合格性）特权（qualified privilege）。

国会里所有言论皆受绝对特权保护。Prebble v TVNZ［1994］3 NZLR 1 案已明确裁定。此案中 Prebble 诉电视一台，电视一台援引原告在国会的言论做为报道依据，但被法庭驳回。

同理，诽谤法第 4 条规定，所有与司法程序或其他事务相关的，也属绝对特权。（参见上述 sub judice）。

相比绝对特权，限制/合格性特权不同处在于此抗辩在一定情形下是可以被击破的。《1992 诽谤法》规定，如果原告证明被告在发表这些言论时，其动机是恶意中伤，则被告抗辩不能成立。但原告必须证明被告之恶意动机。

1998 年英国 Reynolds 案（［1998］3 WLR 862（CA），即爱尔兰前总理诉时报案）列明几条考虑因素对媒体判断有指导价值：第一，是传言的严重性，传言越严重，被起诉的可能性越大，如果诉因成立，对原告所造成的伤害越大。第二，传闻（或信息）之性质。第三，传闻（消息）来源。第四，是否采取步骤证实和核查传闻（消息）。第五，（参见上述平衡报道）是否请原告响应有关传闻（消息）。第六，有关报道中是否包含原告方所陈事实和立场。

如果采取了以上步骤，并且平衡执导，那么合格性特权的抗辩含量就大；反之，则小。

总之，现代社会复杂，人际层面多重。不敢碰敏感话题的媒体不是好媒体。敢越雷区又不被陷住的，一定是胸有成竹而知法晓理的媒体。媒体也才能因此获得大的读者群和好的广告及发行收入。

免责声明

时下对免责声明的理解，存在两大误解。一种误解是"没用"；另一种误解是"全能"。说全能的，认为有了这么一个免责声明，就不负任何法律责任了，这显然是错误的。说没用，是没有明白免责免的什么责任。

一般来说，免责声明是为了防止某一内容的提供者因提供内容而因此承担各类责任。因此常见的免责声明（尤其出现在互联网上）声明所提供的信息只属泛论或仅供参考，不能当做专项事物之专家意见或指导。因此，如果有人据此行事招致损失，信息提供人（即本网站，本刊之类）概不负责云云。例如，一个网站提供金融服务信息或股票期货信息（"提供"在此有两层含义，一是网站自备信息；另外一个是为其他金融服务公司提供平台），该网站并不因此而承担金融服务或股票、期货交易的责任，因为只起一个媒介作用。

这是免责声明最基本的作用。但是如果一个媒介超出其平台作用，而实际上起主导作用并为其行为负责，那么免责声明是不能起到免责作用的。

当然我们也见过有些人一方面刊登恶意中伤的文章（以发帖或读者投书方式）；另一方面又声明"文责自负"，企图以声明而免责，这是对免责声明的一大误解。出版（发表）或重复，是构成诽谤或侵权的原因。

说话至此，我也必须发表个免责声明：关于传媒法和诽谤法的介绍，都是泛论而非特指。有关法律问题，必须咨询专业人士。尤其需要提醒的是，许多概念和案例分析，都有其特定的背景或事实依据，切不可断章取义。在涉及诽谤元素及其抗辩依据时，更要具体问题具体分析。判例法（英美法系）较之成文法（大陆法系）最可爱的地方是其断案的类推（by analogy）方法。每一宗案子都是不一样的，因此每一宗案例都是下一个案子的参考或旁证。当然不能直接拿来，照搬照用。

DISCLAIMER: THE CONTENTS OF THIS PUBLICATION ARE GENERAL IN NATURE AND ARE NOT INTENDED TO SERVE AS A SUBSTITUTE FOR LEGAL ADVICE ON A SPECIFIC MATTER. NO RESPONSIBILITY IS THEREFORE ACCEPTED BY THE AUTHOR (S) FOR RELIANCE ON ANY OF THE INFORMATION PROVIDED IN THIS PUBLICATION. A SPEICAL ATTENTION SHALL BE DRAWN TO THE FACT THAT THE MAJORITY OF THE ARTICLES ARE A RE-PRODUCTION AND SINCE THEIR FIRST PUBLICATION IN THE CURRENT BILINGUAL FORM SINCE 2005—2010, THEY HAVE NOT BEEN UPDATED. RELEVANT LAWS MAY HAVE BEEN CHANGED AND CASE LAWS, SUPERSEDED.

免责声明：这里所发表的中英对照法律文章仅就相关话题泛泛而论，并不针对某些具体问题，因此不可视作并替代相关问题之具体法律意见。遇到具体问题，请咨询律师。不咨询律师而盲目依照这些文章所提供的资讯而致后果，文章的作（译）者对此不负任何责任。需要特别注意的是，这些中英对照之文章大部分初次发表于 2005—2010 年间，此次只是重印，对其内容并未做相应更新。有关立法或判例或许已经被更改或替代。

第四部分

诗　　人

第一章　缘何写诗

1.01 中文：精神食粮

　　生活在北方的南方人，不管多么入乡随俗，都或多或少保有一种习惯：隔一段时间没吃米饭总觉得"没吃饭"，心痒痒的觉得缺点什么。

　　这可能是我们身居海外而时常不由自主用中文写点什么的一种心态，至少对我来说是这样的。英文是主食，是谋生工具。而中文则是"米饭"意义上的精神食粮。

　　对我们这样新移民中的第一代，除精神层面眷恋中文外，子女的中文教育问题，也随着孩子们一天天长大而变得刻不容缓。第二代华人生长在海外，英语成了母语（指英语国家而言）。他们学习中文，除了实用价值，更多的恐怕是为了"不忘本"——中国人不说中文，无论如何是说不过去的。"说"在这里是泛指，父母是华人（或有一方是华

1982 合肥

大一时的霍建强

日本众议院议长晚宴。喝清酒、赛唐诗之前合影

人），子女说中文总归不是问题，但当个文盲只会说不会读写也说不过去。

2009年4月，我随议长出访日本。日本众议院议长在官邸设宴，请我们品尝日本传统佳肴。我们吃刺身，喝清酒。眼饧耳热之际，几个日本国会议员居然拿起纸笔，和我来了一场默写唐诗的比赛，他们告诉我，背唐诗、练书法在日本大受尊敬。

本书第一部分《东方视点》中，收录一篇旧文："CCTV不是CCTV：什么时候'中国中央电视台'不再是'闭路电视'？"可见在日本喝清酒、赛唐诗之前，我就已经发出过如此感慨了。许是在海外生活久了，对中华文化本能上有种莫明的"捍卫"意识。

因此，第四部分的诗人篇，也不仅仅停留在文化和语言层面。

1.02 半个诗人

冠之以"诗人"主要为方便起见。虽然地球村和互联网使文化之间的阻隔越来越小，获得中文读物的途径也越来越多，但生活在海外——尤其是在南半球一隅的新西兰，与"主流"中文文化圈还是相距甚远的。我只敢在闭门造车的前提下，勉强冒充个诗人或半个诗人。

我的中文写作（尤其是写诗），与通常的情形相比有很大的不同。如前所述，我一天中精力最好的时段都放在需要用英文操作的事情上。当记者时写报道，做律师时写诉状以及现在当国会议员在国会里的听、说、读、写，无一能离得开英文。如果本书文字之间做个内部审计（auditing），中文部分大可冲英文部分叫屈：最好的条件都给你们了，质量有问题你们没有借口，我们有！

钱锺书先生好像在一篇文章里说过一句俏皮话：那帮蹩脚的作家也通过什么文学作品来创作，岂不知因创作的生硬和苍白，不知让多少人物、多少角色屈死在那些不成功的作品里（这篇文章我好像是在北京读法律时从哪儿看到的。现在回想不出它的出处。若有出入，我向读者和大师道歉）。对这个俏皮话的理解，无形中给我设立了一个标准。无论何种体裁的写作，我绝不碰那些我不理解的东西。也尽量使自己写出的东西，能够以一种让普通读者能看懂的方式出现，至少不要在文学作品中制造那样的命案。

在奥克兰大学读完与文学有关的硕士，我毅然放弃原先读博士的念头。不少朋友觉得惋惜，硕士论文45 000字，获得了一等优异，一鼓作气再扩充两三万字就是一篇上好的博士论文。但我至今也不觉得可惜，反而认为不读博士却重读一个法学学士是正确的选择。这不光是从实用角度考虑（只有法学学士才能让你有资格成为执业律师），更重要的我恍然明白了胡适先生当年所提倡的"实证科学"。读法学好比读医科，每门课程、每个案例都可以用作"临床试验"，否则社会科学范畴纯理论、纯抽象的东西——用法官判案时经常讲的一句客气的刻薄话——是很有价值但局限在极小范围内。

这大致是我诗歌"创作"的心理背景。

写诗对我来说无疑是职业生活的一个调剂。细心的读者或许已经看出，越是工作紧张时，写出的诗越是轻松、简单。当律师好比当医生，除常规体检，找你的多半是或轻或重有问题的人。这种情况下，作为调剂的诗，不必再晦涩和沉重了。

若干年前在北京，我和我的同乡、大诗人简宁聊天，谈到诗。那时他刚出版诗集《倾听阳光》和《天真》，因此他有感而发说他自己是"职业写诗"，而我则是"情怀写诗"。"如果职业诗人能以情怀写诗，便是大诗人"。并说诗有谶语的并且"诗能吃人"，进入状态，往往不是人写诗而是诗写人。

这样的对话使我受益匪浅。"情怀写诗"便是我写诗的另一个标准和理由。

西方文化中把日记当做"诗＋真实"，因为既然是日记自然有真实成分，但似乎人人都不可避免有唯恐衣锦夜行、好东西被埋没的心

那时本职工作是国际私法，业余
时间忧世伤生。1991 年在杭州

理，因此虽写日记，也难免写些让自己之外的人读的东西，这样，日记里发挥或"创作"的成分就或多或少有那么一点了。如果这样的说法成立，那我的诗则是"日记＋真实"，好比做笔记时用草书，简明扼要却准确达意地记录自己的所感所闻。我不会成为一个靠酗酒或其他办法才能释缓压力的律师（这种个案周围比比皆是），我更不会变成一个只会按职业形态去行事的"政治动物"，因为有诗。写诗可以比较容易让人找到平和。仰望星空，每一颗星星都有自己的位置。

1.03 诗、 文

这一部分第二至第五章选自 1993 以及 1994 年出国定居后所写的诗

作。第二章《故乡月照》，从写过的古体诗中挑出二十几首。第三章《梦里依稀》，所选多半为"情诗"。第四章《京都九章》，是"回眸北京，往事历历……惆怅有加，不能自已"之后的几段回忆。倒真像是诗作体裁的日记了。第五章《天葬台上》是第三章"情诗"的大反差，辛格说"上帝给了我们一副肩膀"，那肩膀是要用来挑起重担的。我在1993—1996年间写了很多这样的诗，可见担子不轻。

许多人出诗集，喜欢辟一个单独章节叫"早期习作"，以显示后期的不是习作。而我的诗作，迄今为止篇篇都是习作，因此就不再遮羞了。倒是有好几篇读起来比较"深沉"的，这次都被我统统删掉了。包括"天葬台上仰望蓝天，任阳光将我撕成碎片"这首，太长、太晦涩。删掉不可惜。稍觉可惜的，是考虑到篇幅限制，我将英译中和中译英的诗只能各选一篇。

早年读英文专业时，曾选修何功杰教授的《英诗选读》，从何教授那里学到很多东西，也第一次弄清楚了十四行诗（sonnet）莎士比亚体与意大利体的基本区别。

人类文化有好多是相通的。读赫里克（Robert Herrick）的《快摘玫瑰花蕾》："Gather ye rose-buds while ye may, / Old time is still a-flying：/And this same flower that smiles to-day, /To-morrow will be dying. /"黄杲炘将其译为："快摘玫瑰花蕾，趁你还年少，/时光在飞逝不停：/今天，这朵花儿还含着微笑，/明日它就会凋零。"

但是你读唐人绝句《金缕衣》："有花堪折直须折，莫待无花空折枝。"似乎我们的先人，早就在"海内存知己，天涯若比邻"的状态下，将彼此的诗作互译了。

还有一首曾经让我十分着迷的诗是琼森（Ben Jonson）的《致西莉雅》（To Celia）。原诗开头四句："Drink to me only with thine eyes, / And I will pledge with mine；/ Or leave a kiss but in the cup / And I'll not look for wine."卞之琳先生的译文是："你就只用你的眼睛来给我干杯，/我就用我的眼睛来相酬，/或者就留下一个亲吻在杯边上，/我就

不会向杯里找酒。/"

黄杲炘先生的译本与之不相上下："只求你用眼神为我干杯，/我也用我的来祝酒；/要不，单在杯中留下个吻，/我就不取杯觅香酎。/"

何功杰教授当年给我们介绍了另一个译本，忘了是他自己的译作还是综合了大家的译作，但这个版本无疑给我提供了一个中译英的绝妙样本。"你若用秋波向我敬酒，/我会欣然相酬，/或只留香吻在杯中，/我便不要美酒。/"

我之所以列出这些诗人和诗作，是体会到有时和这些不认识的人对话，比只跟自己认识的人对话要有价值得多。这也是"诗能净化"的一种作用。

第六章《槛外人语》说的都是俗语、实话。依不同内容，分别选登了四篇散文。第四篇是近期为朋友的诗集写的一篇序文。其中借诗作表达的主题，也简要地提到中文以及中华文化或文字的传承问题。

总之，第四部分以"诗人"为名，置于书中成为四重天的一个组成部分，是有用意的。

前三部分恪守宗旨，尽量少谈工作内容之外的东西。第四部分则以诗文方式，将国会（立法）、律师（司法）和传媒（"第四权"）三个职业骨架之中，填充了一些血肉和精神元素。《海外创出四重天》，重重相辅相成。

1991 年 10 月在巴黎圣母院

第二章　故乡月照

2.01 独上北楼 （诗三首寄台北名侠）

其一

独上北楼数寒星，
遥观南天长白云。①
回首沧桑五百岁，
故乡月照他乡明。②
九十英里无歧路，③
八千蜀道共沾巾。
借问桃源今何在，
闲云有意水无心。

写独上北楼数寒星时的霍建强

　　① 毛利（Maori）神话对此有不少传说。一种说法是探险家孤波（Kupe）艰苦漂泊，有一天突然在天尽头看到一线陆地。他的太太（亦说他的女儿）大声惊呼："云！云！（He Ao! He Ao!）"于是，孤波就把他们看到的第一眼陆地（应该是今天"大堡岛"Great Barrier Island 一带）命名为 Aotearoa，即长白云（Long White Cloud）。另一种说法与导航有关。孤波的探险最先是漫无目的的。因纬度低的缘故，白天黑夜都可

以看着云来确定方位。据说在发现新西兰大陆之前，天边总是笼着一线悠长洁白的云彩，孤波带着大家拼命划过去，划了好久好久，终于有一天，发现长长的白云下面，就是今天的新西兰。"新西兰"的毛利名字就是"Aotearoa"。

②《红楼梦》甄士隐解"好了歌"："……乱哄哄你方唱罢我登场，反认他乡是故乡。"将现实人生比作暂时寄居的他乡，而把超脱尘世的世界当做人生本原的故乡。(人民文学出版社 1987 北京版，第 10 页。)

③ Ninety Mile Beach 九十英里海滩，新西兰北岛北部，借指新西兰。

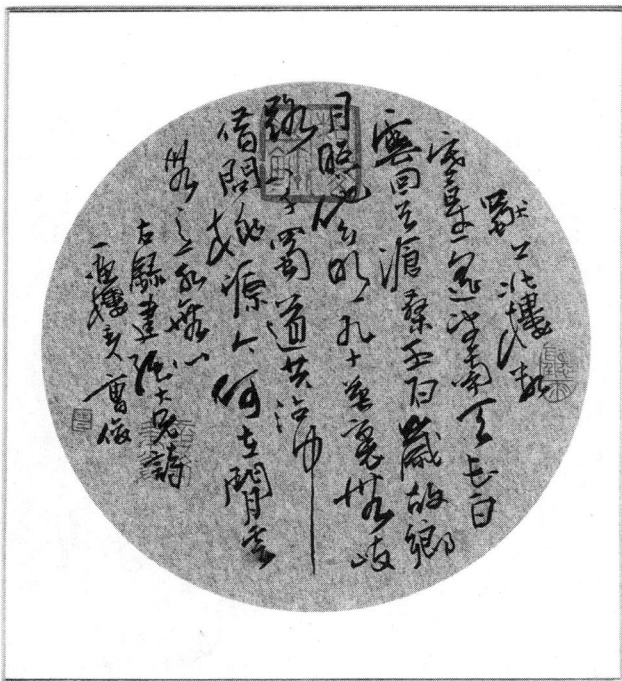

旅新（西兰）华裔画家曹俊手书霍建强诗《独上北楼》。
曹俊于 2011 年 1 月获中国华表奖。Han Ping 摄

其二

相识何必曾相逢，

高粱酒鬼异曲工。

两岸三地无穷碧，
一样秋来一样冬。
南国有草好放羊，
风光不与四时同。
记得胡家有暖房，
香茶一盏舞东风。

其三

女子不必论中年，
半亩方塘可耕田。
境由心生写气象，
台北依然好人间。
夜奔东西寒彻骨，[①]
魔戒南北暖新篇。[②]
名山不必在荒岛，
侠胆一身玉生烟。

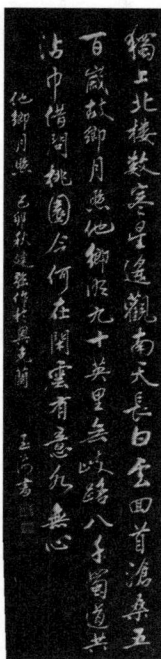

旅新（西兰）书法家凌玉海手书《独上北楼》

（2001年9月27日，"其三"若干年后略有修改）

① 《夜奔》是一部电影，剧情横跨中国大陆和欧美。名侠是编剧之一。

② Peter Jackson 在新西兰编导的三部曲大片 *The Lord of the Rings*，即《魔戒》，中国大陆译《指环王》。

2.02 诗两首：仿义山，心火

"名侠"，小才女、大编剧，为体验生活，放下笔到路边卖烤鸡，人谓"烤鸡西施"。

其一，仿义山

高阁客去客又回，

小园花开花乱飞。
参差 OE 连大陆，
迢递台北送斜晖。
残花未扫留宝黛，
整鸡有烤待客催。
芳心向春春不尽，
所得沾衣熏香妃。

其二，心火

向晚天不昧，
心火借余晖。
明炉烤新我，
侠胆意相随。
入地扎旧根，
上天吐新蕊。
一夜东风暖，
满园多一味。

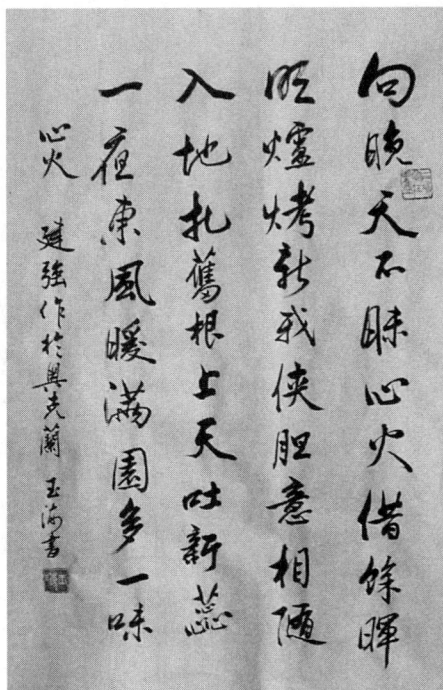

旅新（西兰）书法家凌玉海手书《心火》

（2002 年 10 月 13 日）

2.03 有梦不觉人生寒

有梦不觉人生寒
无梦轻舟过邯郸
朗吟飞过南北岛
云淡天高见山川
弹指旧雨唤新知
挥毫春意润笔端
长夜天音带暖语

368

无声此处展长卷

（2008 年 12 月 4 日惠灵顿）

2.04 应试

南岭一枝梅
北风四季吹
东西一合相
绽香待时飞
他乡任游走
此处亦当归
山重现村舍
水复邀清辉

（2009 年 8 月 2 日飞机上）

2.05 青骥

青骥篇，之一

读网友转帖诗及"打油诗"各一首，试步其韵以和之。
试和一首：
青骥初征惟致远，
雏凤始飞向太空。
好钢千锤绕指柔，
风霜过处叹年丰。

青骥篇，之二

喜读陆波、文扬、应钦诗、词，匆就三首，补壁、喷饭均可。时大
选在即，台上台下皆有风景。

369

其一，老骥

老骥伏枥知路遥，[①]
新鹏展翅邀云霄。
惟有心中藏宇宙，
云破月来出天骄。

其二，蜜蜂

蜜蜂苍蝇同朝臣，
各司其职共侍君。[②]
蜜蜂轻歌四海香，
苍蝇酽曲一方腥。

其三，风流，仿西江月

风流不看年少，
扬蹄自当健身，
旭日亮丽落日朗，
于无声处听经。
因果源自烦恼，
论剑未必当真。
山花烂漫有四时，
夜黑之后天明。

（2008 年 6 月 19 日奥克兰）

① 薪火传承，传的是大男儿气概。
② 君乃民心也。

附：文扬

青骥疾行不惧远，雏凤劲飞半云空。
纵有失蹄折翅事，权当命运叩人生。

陆波

青骥初蹄不甚远，雏凤刚飞已半空。

失足折翅他人事，吾今当世铸人生。

张应钦

青骥初蹄不思远，雏凤始飞何虑穹；
不思失足与折翅，咬定青山不放松。

2.06 忆故人（两首）

之一

北风残照文西楼
雪压新松几时休
仰观太虚疑碎梦
俯瞰浅底鱼龙游
半盏绿茶惟呵护
一腔热血暖春秋
须臾新楼蔓旧苔
萦怀老梦湿新忧

之二

春痕蜀山试深浅
布谷初醒唤农田
墙外校园任野趣
扑闪童心赛少年
一亩三分赖耕种
雏燕初飞试比肩
莘莘学子心气傲
望洋探古考先贤

（2009 年 9 月 18 日飞机上）

2.07 故乡八首

一九九九年十月十一日，地方官吏潘大人邀游罗汉、王河故地。面目全非，然触绪一如当年。

之一，引子 罗汉院落：一九七〇至一九八一

> 春闻布谷窗外啼，
> 夏赏百草雨亦奇。
> 秋听落叶惊魂定，
> 冬舞白雪刺槐低。

院后多植刺槐。夏盛，枝繁叶茂，常在丛中看书或瞎想。秋天的时候，看成群成群的野蝴蝶飞来飞去。十年后的今天，刺槐树早已荡然无存。"罗汉院落"中的杂草有一米多高，真是人去楼空，一派没落景象。

之二，六店：西河大坝，八岁左右

> 幽梦又回古槐边，[①]
> 天高心远地更偏。
> 不知居家在何处，
> 野鹤无声催人眠。[②]

①大堤上有古槐，常去看。幼小的眼中，那里又神秘又恐怖。

②夜深时常听到，起初以为是天鹅或野鹤，家长说那是"孤雁"，现在根据当时的地貌环境推测，应该是普通的野鸭。冰凉的夜空中叫几声，淡淡的、由近即远，很能勾起人的遐想。

少时习作 烟涛微茫 1980 年 9 月 4 日

之三，罗汉：脱叶犹飞，一九七五年及之前几年

欢腾小河河水凉，[①]

乱舞狂蜂蜂做王。

脱叶风中望宁日，

挂牌[②]墙端奇文赏。[③]

[①] 当时放映一部"政治电影"《欢腾的小凉河》，借指那个时代。

[②] 指父亲被造反派挂上木牌，上书"叛徒"、"右派"、"反动医学权威"之类，每天必须在所工作的医院门口站上几个小时，是"思想改造"的一部分。五岁不到的我，居然仿制了一块小牌子陪站，一时传为一个小小的政治幽默。

[③] 奇文句：直到一九七六年，医院的墙上还时见大字报。

之四，野寨三祖寺，一九七八年春，中学同学，"携来六侣曾游"

九井[①]西风凉，

野寨映山红。[②]

闲来找风景，

禅林溢晚钟。

[①] "九井"，天柱山前沿一个小景区，入夜，定时刮西风。

[②] 穿过几座玲珑坐化塔，无意中看到一两朵，宝贝得不得了。然张目一望，满山遍野都是，奇怪为什么一开始看不到。明白杜鹃花之为映山红。

九井西凤

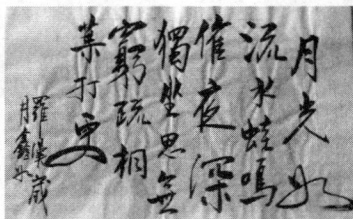

月光如流水

在新西兰很少有机会碰毛笔。年初，一位朋友送我一支，于是我拿起便笺，沾着上好的 Parker 洋墨水写下这几个字。用的是在新西兰不太能用得着的笔名"鑫如"。

之五，西河：桥南竹林，一九七九年

《异性遥感》觅闲愁，

西河有水不做舟。

新笋不知拔地起，

沙埋水侵苦中修。

《异性遥感》：第一篇小说习作。十五六岁居然写了一篇"爱情"小说。若干年后，大学同学读到，居然获得热评，说是"文笔流畅，读后怦然心动"。现在想来，当时纯粹是凭空在精神上"提前消费"，居然想象得有鼻子有眼。代价是文学细胞或许因此翻腾，而功课却一天比一天差。

为写这本书，翻箱倒柜找一些童年记忆，居然找到一本封面写着"学描"的画册。"街头宣传"作于1977年，显然临摹了当时的一本连环画。

我十四岁时的作品，用的是枯墨，可惜当时没有条件拜师。

374

之六，西河：桥北东头石堤，脚下一脉潺潺，一九八〇年（现在已见不到那么有灵气的流水了）

> 春风拂面春来早，
> 苦海撑筏路迢迢。
> 不是向水觅闲赋，
> 只为明朝又上朝。

筏，家乡俗称"竹排"，是西河主要运输工具，那些年常见，无论水深水浅。现在因河沙淤塞，筏是不见了，只有上游深山景区有一些，供游人"漂流"。

之七，西河：一九九九

> 沉沉一线①穿田家，
> 村村小楼夕阳斜。
> 天柱云腾作山色，
> 西河水干②铺白沙③。

① "沉沉一线"指新修的合九铁路，很壮观。

② 发展和环保，一个难题。还有一个问题，就是城区越扩越大，耕地越变越少。因普遍依赖农药，乌鸦连同喜鹊都不多见了，据说是被毒死的。照此下去，又是新的一轮恶性循环。

③ 儿时的西河有世界上最好的沙滩，白色，踩上去软软的却很实在。河水浅处过膝，深处不过1.8米左右，清澈见底，常年川流不息。不知为何，现在日渐干涸。白沙又被大量地采挖，因而出现了人为的"陷沙"现象，即使是在正常季节（指洪涝之外），像小时候那样游泳或在沙滩上行走，怕是不太可能了。

之八，罗汉：院中独居（八〇至八一年间），潜山的天地就那么大，然精神的时空却漫无边际。

其一

> 月光如流水，

蛙鸣催夜深。
独坐思无穷，
疏桐叶打更。

其二

月影又敲窗，
蛙鼓诵老庄。
心静水潺潺，
稻花十里香。

2.08 大学·慧原（三首）

之一

山重水复避一方，
小荷尖尖水中央。
青灯照壁穷法理，
旁征博引凑文章。
慧根过江连南北，
原野清旷散幽香。
辟谷角落变书童，
健脑强身四时忙。

（2002 年 4 月 6 日录）

之二

书楼玉香缘日暖，
清风一把散广寒。
小雨池塘洗泥浊，
闲云天边照百川。
墨荷田田染仲夏，

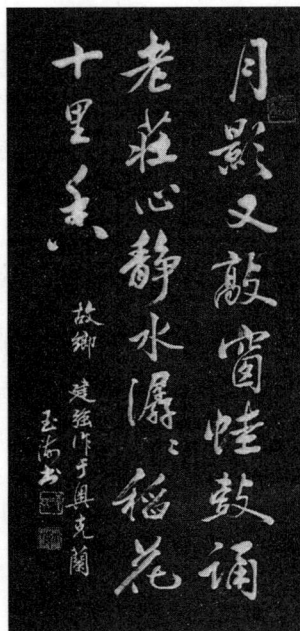

旅新（西兰）书法家凌玉海
手书月影敲窗

376

红莲点点催破禅。

慧根欲化千层冰，

原上青鸟相与还。

　　　　（2002 年 4 月 13 日录）

之三

青鸟徘徊三两载，

巴山夜雨还复来。

梦里依稀异乡客，

书楼香案变瀛台。

春风无痕唯怯懦，

秋雨有声暗自衰。

慧当源头流活水，

原应梦尾奉素斋。

　　　　（2002 年 4 月 23 日录）

第三章　梦里依稀

3.01 大学 1982

我向校南奔去
身后一片流萤
回眸你的微笑
——幸福从天而降
撒我满头满身

我向校南奔去的时候
成片的油菜花点头微笑
然后用一个完整的季节
铺垫青春年轮

是无数初始灵魂
石头质朴
雕塑青春律动
清静有如竹叶上的水珠

成为诗人的条件之一是没有作息时间，没有人情物理。偶尔还要做深沉状，为人类、为祖宗八代挨不着的人和事操心

378

折射未来若干年的灿烂

于是邀请空中飘过的歌
作一首新天地的献词
　　　　　　　（1982 年）

3.02 大一大二

低音，无伴奏合唱
浑厚，惊涛拍岸
一浪赶过一浪
铺垫一个金秋清晨
放眼望去
你来
若即若离
真实得仿佛梦境

第一主题脱口而出
和声典雅、悠远
一排高大的梧桐
叶子在和声里飘呀飘呀
荡起一阵风的涟漪
这一片涟漪里
你分外幽香

你的眼睛绵延了和声里的空间
一望无际的旷野
风吹草低，云淡天高

一朵朵淡紫的小花
点缀了童年
地平线那端的故乡

该有好几个声部吧
风起云涌般爬高
将天地浸得不能自已
心绪彻底不宁了
满脑子全是你的眼睛
你眨动一下
便跳出一串音符

于是守着一团静
在夏夜或是秋夜
淙淙流过一亩方塘
流过一个好听的名字叫稻香楼
月华洗濯你的脸
脸上的笑意
是淡淡的莲花映着淡淡的仲夏

远处清悠飘来一缕乐音
是双簧管
田园诗的一段忧愁
忧愁地那么绝望
绝望得可以用手触摸
化作一段别离
飘到夜空深处
散发到未来若干年

鸡叫了，原来不必天亮

于是主题不见了
低音依旧浑厚
和声推开所有时空限制
……怎样的一番意境！
世界瞬间消失
剩下你的影子
将我和风掺在一起
颤抖地再经一次折磨

（1985 年回顾，2007 年 3 月整理）

3.03 八月

梦将黑夜撕开一扇窗
涌入一阵又一阵春风
阳光进入
遥远的你
　　飘然而至

极目相对
将彼此撞成内伤
染红小荷一角
莲叶田田
你的眼睛水天一色

松涛一浪接过一浪
溅了一身水花

此处有蝉声
　　阳光撒满整个童年

......

大雁南飞
勾起一道思乡轮廓
　　　　　　（2008 年 8 月 30）

3.04 心田守望

一组幸福平行着另一组幸福
映照天边彩虹
合成了，折叠在一起
彩虹只是大手笔七彩泼墨
画板是真实太空

说着说着，我们穿过了彩虹
你说还是第一次，
　　　开车从彩虹脚边穿过

你的眼睛明亮了半边天地
早春沐浴般
我跳进油菜花摇曳的馨香

风一样在田野打滚
将照片夹在日记本
打开一页

　　满地飘香
合上一页
　　柳絮轻扬

乡村小道上你永远陪伴
于是变成心田的守望者
不用盟约
　　你等我到天明
　　我等你到梦乡
　　　　　　（2008 年 9 月 17 日飞机上匆草）

3.05 我这样看你

一

我将自己扑向你
飞蛾扑火般
品味凤凰涅槃的感觉

毛竹上的到此一游
十年后变成十倍的乡愁
而你，却以杜鹃的一声鸣叫
唤醒山那边一群碎梦

二

惊醒的不光是早春大地
在你的眼睛里
我看到很远很远

三

风醉了似的
将街灯一盏一盏点燃
黄昏的乡间小路
谁也不愿理智地思考
你将地平线一端轻轻拉开
晃晃手，说
就是这张立等可取的照片

四

雾已经很深了
白天黑夜不停地转换
去拉你的手
你已经回到昨天的记忆

五

雨，淅淅沥沥下个不停
雨的声音盖过了一切声音
下山的小路
你噼里啪啦跑来
而我却以光的速度
将你的名字写在手心

（2008 年 10 月 11 日夜深）

3.06 朱丽叶

——不眠夜听莫扎特单簧管协奏曲（K622－2）

当炊烟浮起你的金发
你大海一般的蓝眼睛
　　让我大海一般心潮起伏
所有的思乡追逐
随长笛一声亮色
　　　透明在满山遍野

很安静的田园山村
安静的傍晚或清晨
萦绕 1791 年 10 月的时光
小托盘上古色古香地回味

指尖带着焙烘小点的暖香
一小杯浓咖啡
咧着嘴傻笑的鲜奶杯
你套着白底碎花的围裙……

厚厚实实好几个层面的弦乐
你一缕散发
雕塑般挺直的鼻梁
音乐辉映夕照
将思念勾出一道光边

一段时光追逐另一段时光

豆油灯光亮渐渐放大
三四个声部排山倒海
一阵霹雳
你我凝聚为铜镜上的一枚小照

⋯⋯

音乐重新响起
炊烟浮起你的金发
你却转身离去

昨夜相隔太久
明日尚未来临
而你我已失去记忆

铜镜上的小照
岁月一般模糊
心火相煨的瞬间
将世间万象烤成一张光盘

（2008 年 10 月 2 日）

3.07 远去的大雁 （歌词）

我看见远去的大雁成对成行
天边白云深处是我惦念的故乡
深秋的野菊花把山坡染的发黄
悠扬的牧歌是我的阿莱城姑娘
她赤着双脚随长笛的乐音飘来

长笛的乐音里还有夜的芬芳
就在这夜的纯净里我和银河化成一片
从此飘荡在无始无终里
　　　　一边思念故乡
　　　　一边回味流浪
　　　　　　（1995 年 12 月）

3.08 紫竹院在海淀

带往荒岛的音乐
满眼飘荡城南旧事
依偎在红尘的一个拐角
任窗外久违的离绪飘落

戒台的钟磬布满尘埃
檐下细雨凝成一缕记忆
记忆在初夏化作一道彩虹
顺着彩虹爬到今天
天边是你眸子的一泓清水

满眼全是你活泼的身影
说晨练穿这件 T-shirt
　　　还是那件
跑得很远，跑到西昌
隔得太远了
　　　卫星在巡天遥看
　　　你我却彼此不见

冷峻的冬夜灯下苦读
你遥远的暖意只能化作冰凌
夜张着大眼呼吸
明天又息事宁人，任凭
　　寒风、黄沙和一张张
　　阴森的脸
将京城抹上一层无奈

荒岛音乐悄然无声轰鸣
茫然四顾依旧不见你的身影
记忆的封条被风掀起一角
闭上眼，你说
　　紫竹院在海淀
　　　　　（1995 年 12 月 23 日）

3.09 九溪烟树 （杭州西湖景区）

九溪烟树醉了
泉也盈盈，风也盈盈

桃花和山茶
你也呢喃，我也呢喃
任凭春风轻佻
只顾枝头热闹

九溪烟树的酒气扑在我脸上
翠谷泻珠，树荫轻摇
我学徐志摩，

　　　一把揪住东南风
说这个我要，那个也要
　　　　（1993 年 4 月 7 日）

3. 10 如愿

如愿，
你我穿过隧道
回唐朝看看

如愿，
你我拉着手
漫步樱花园

左边是诗
　右边是歌
　　中间是你玩过的陀螺

只轻轻一拨
你说，哦——
　真这样转过

风吹动竹叶瑟瑟响
风吹过竹面，
　带走一片清凉

左边是日出
　右边是晚霞

中间是你的嫁衣裳

一朵彩云飘过
轻轻披上
你说，哦——
　　真做过新嫁娘

樱花树一阵欢笑
撒了一地花瓣心香

风吹过竹面，
　　不带走一丝清凉

左边是你
　　右边是我
　　　中间是你和我

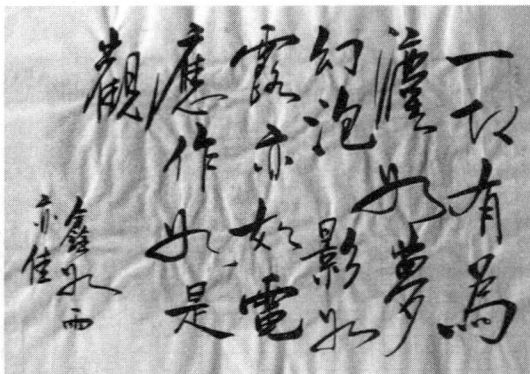

一切有为法

双手紧握
极目相望
你说，哦——
　　原来是这样

（2008 年 9 月 28 日，想起昨夜读《金刚经》）

3.11 源头

未曾描绘的图画
画面却一幅幅展开
找到所有源头

冰川流动冷香

那一刻，云端的我
迈出一步
又迈出一步
异常熟悉的景象
光年前仰视的星空
催眠曲一般
给我一个幸福童年

无怨无悔
冰川流向星空
汇成云河
超越人类的交响
不过一对音符的协和
画面交替着排列
有的熟悉有的陌生
模糊的未必久远
刻骨铭心的却张张清楚

不必解释天体物理
他并没有按下电钮
澎湃了火山的喷发
积攒的热能不分善恶
清澈的湖水
映衬雪山顶峰

柔和的版本书写历史

跨上骏马
从亘古的北极
奔驰变暖的南方

（2010年11月5日奥克兰到惠灵顿飞机上）

3.12 近乡

一

古镇，小街石子铺就
碎雨打湿记忆
蝉声掺着风声
小脚印一串一串
地图上缀满星星

山坡上的野花一朵朵绽开
顺着小路走出时间隧道
听一曲老歌
悠扬地将炊烟轻轻托起

暖暖地，看头顶一丝蓝天
小溪两岸挤满野花
遗失的那朵
顺炊烟飘进歌里

天空一页一页的书
往前翻翻，往后翻翻

深一脚浅一脚

挤满野花的小溪
溅我一身水花

二

走出浓雾
明天还有后天隐隐约约
太阳爬得很高
大桥多了一道影线
于是水面跳跃了无数的光
入夜，和银河连成一片

顺长堤寻找源头
爬到了山顶
山风四起
云不动时山动
树叶瑟瑟发响
回首来时路
惊起一身寒噤

大雪封山了
长河从容入海

(2010 年 5 月 4 日 惠灵顿)

3.13 北京，今夕

只有一个窗户亮着灯
和上世纪的星星一起眨眼
蒙太奇将人生切成一块一块

我上楼了
几十年前的脚步声
回荡在尚未拆净的胡同
一阵风穿堂而过
托起一阵欢歌笑语

闹市中的一株古槐
新垒还是旧有的一方鸟巢
任凭车水马龙
稀疏的叶子
折射许多人气

手机叮当一声
收到二十年前的一封短信

（2010 年 6 月 9 日夜，大木仓胡同和民族宫一带）

3.14 白天的风没有颜色

白天的风没有颜色
不容易迷路
蝉声便是夏天

傍晚的风朦朦胧胧
看不清你的脸
蝉声说起童年

入夜，莲花清香四溢
随风飘来的时候

你和时空融为一体

乡间的碎花一路奔跑
跑出一幅好山好水
小院落一株梧桐
入秋，一片落叶

撞响古寺一片钟声
撞出都市车水马龙

　　　　　（2010 年 6 月 9—24 日北京）

第四章　京都九章

一九九九年七月十八日夜深。回眸北京，往事历历。虽无增无减，然怅惘有加，不能自已。

4.01 似尘如梦

似尘如梦望京畿，
紫陌红尘了天意。
欲抚无琴叹九歌，
炼石补天学面壁。

4.02 双环亭下

写《京都九章》时的霍建强
1999 年 7 月于潜山

双环亭下蓄春风，
剪纸戎马亦倥偬。
亭内开花亭外放，
陶然路上又一冬。

双环亭是北京城南天坛公园北边一个僻静一隅。"有亭翼然"，而且是双环的，是 BWE（Beijing World of English Friendship Association）

396

的活动据点。第一次知道 BWE 是读《英语世界》杂志的一则简讯。《英语世界》是陈羽纶老先生主编的月刊,商务印书馆出版。对那些年学习英语的人来说,有三点可以证明这份杂志的分量。第一,被誉为"文化昆仑"的钱锺书先生,为杂志题写刊名。钱先生是不会随便题字的。第二,陈羽纶先生曾主编商务版《英语小词典》,简洁而质量很高。那本词典,是我进大学英文系前,高考准备那几年的案头必备。第三,文章全部中英对译,注释也详尽,真功夫可见一斑。

在 BWE 我结识了一批有质量的朋友。李音祚是发起人,作家金马说他是"情绪领袖"。当时他在方庄暂住的那套三室一厅,成了协会核心人员聚餐及"商讨大事"的地方。北京师范大学出版社出版的那套金马先生《生存智慧论》《创新智慧论》《21世纪罗曼司》等,以及南怀瑾先生《如何修证佛法》《金刚经说什么》共 5 册佛法书籍,都是在那段时间由音祚责编出版的。

1992 年在北京,左起音祚、小龙、王茹、玉华、我和王涛。
六个朋友分散在四个国家

另一个核心人物是中学校长尉小龙。留美,说英语像说北京话一样流利、卷舌。他有很强的亲合力。后来我和他合作,参加了一套英语简易读物的注释工作。后来得知那套读物有了电子版本,也是北京师范大学出版社出版的。

隔了十五六年，那些核心朋友的名字张口就在嘴边：留在北京的大记者孟小捷，还有马宏达、年志礼；去美国的刘志立、苏憬、魏峥；加拿大的何玉华、王颖；澳洲的同名同姓又在 BWE 成了两口子的王涛；英国的蔡青，这位协和的医科博士善舞；另一个医科博士才旦能歌，才旦应该是当时西藏来北京的第一个医学博士，后来去了上海，之后就失去了联络。

写这首诗的时候，武断地认为那些年虽然忙碌，也不过"剪纸戎马"，因此才派生"又一冬"（自天坛回南菜园途经陶然亭）。现在看来，不能这么讲。每一寸光阴，都有它的意义和必然。

4.03 风前有水

风前有水皱一潭，
南菜园里小大寒。
月出云破又弄影，
隔海看山山是山。

这组诗是 1999 年写的，距离"南菜园里小大寒"已有时日了。云破月出，老僧参禅（至少是 older 较老些），回过头看事情，许多迷雾都散了，山不过是那座山——而已！

南菜园是我曾经住过的"陋室"，现在居然忘了是在二楼还是三楼。一个嘈杂的大院。那些年的早晨，从来没有睡到自然醒，因为外地打工的，天刚亮，便操着方言、扯着嗓子："收破烂儿……收废品……纸壳酒瓶的卖"。

在陋室我有一张很大的北京"两头沉"书桌，有两个漂亮的书橱，保存着自大学以来所有的课堂笔记、教材和各类读物。移民前，认为有保留价值的全送了朋友；没价值的全都扔到了每个楼层都有的那个垃圾通道里。对"纸壳酒瓶的卖"回收废品的民工来说，一大早，看到这从天而降的一大堆，恐怕会高兴的了不得。

在南菜园这套房子里，我完成了《通俗美国习语》一大半的译注工作。剩下的匆匆丢给音祚去"善后"。1994 年宏达寄到奥克兰的，已经是油墨喷香的新书了。

在这里写了中央新闻电影制片厂记录片《都江堰》的英文解说词，并去了一个很专业的录音棚配音。那位年轻却很资深的录音师小姐，用差不多两个小时，训练了我如何在灵敏度极专业的麦克风前，张口而不让嘴唇碰出声音。

在南菜园期间，还到北京电视台《英语桥》节目"走了一回穴"，用 MTV 方式，录了一套英国诗歌鉴赏。七八年后，听了英国演员 Michael Sheen 用纯正的 BBC 英语朗诵莎士比亚十四行诗 Shall I compare thee to a summer's day? 我才体会什么叫"无地自容"——因为我当时的吐字、语气和韵脚都不到位。

我从来就没喜欢过南菜园的那套房子，可能是它环境的嘈杂。可是步行十多分钟就到大观园，你能说它没文化吗？

4.04 夏夜小荷

夏夜小荷紫竹园，
雨打嫩柳泪潸然。
好钢未做绕指柔，
虹挂天外捧婵娟。

在北京有好一阵子，我常常痛苦，充满沧桑感、挫折感，因为我操心。和那个时代许多同龄人一样，操的多是"全人类的痛苦"或外星球的心。她也常问：究竟是什么让你那么痛苦、那么不愿意"生活起来"？但她对我从不评判，而是摇摇头，淡淡一笑，仿佛幼儿园老师看孩子们淘气。

有一年秋天，她用很清秀的钢笔字写了一封信给我，"好钢化作绕指柔"就是她在信中给我讲的道理。依我当时的心境，是不会领悟这句话的意义的。我现在却开始用这句话，开导我的一些朋友。他们当中有一些正处于我当时的那个年龄段，个别也充满沧桑感。

移民前清理办公室，居然找不到那封信了。我也从此不知她的下落。

4.05 红烛照天

红烛照天天起风，

东方欲晓蓟门钟。

小月河上无月色，

南国秋千牵残冬。

既不是为了忘却而纪念，也不是为了纪念而忘却，而是老老实实的一个小记录，记录里掺着淡淡的追怀和感念…… 只要是认真的，酸甜苦辣都是美好。

4.06 金蛇狂舞

金蛇狂舞古林园，

谁家天使欲临凡。

不是蠢材醉浊酒，

轻舟已过万重山。

"金蛇狂舞"指的是在圆明园举行的一场科技灯会，该是 1987 到 1988 年之间的事。

4.07 关窗掩扉

关窗掩扉避苍狼，

颐园西堤柳成行。

昆明湖上虽不净，

心远地偏好纳凉。

4.08 大蜀山下

大蜀山下落晓星，

纷飞淫雨晴复阴。

一念枉引尘刹起，

兼葭牵手抛真经。

这首诗，试图揭开 "Believe this, you will believe anything" 式的谜团。谜底从大学时代写下，从谜底到谜面，全长约十载。

诗的前三句一直未动，但后一句却全盘做了修改。有一位老师级的人物说"你们这个年龄层的人"，都必须经历"约翰·克里斯朵夫 (Jean-Christophe)"式的磨练。这样才能尽量减少困惑、愤懑和鄙夷，增添平静、释怀和度量。一句纯观察式的评介是：那时节太年轻了，年轻才会冲动、偏激、盲目，有时候则更容易上当。

英国作家和诗人 Rudyard Kipling 说 "At least one third of the population . . . reveres every sort of holy man"，因此可以理解，骗子往往会利用人们的虔诚，披着宗教外衣行骗。

因此，好多骗子是高高在上的、神神秘秘的、表面上不动声色内心里男盗女娼的。但骗子多半不是那些经受折磨的人，甚至可以笼统地说，但凡经受折磨的人都或多或少是个受害者，因此或多或少值得宽宥。

这可能是悟出道理的第一步。这一过程中，《傅雷家书》、《红楼梦》、Bible《圣经》和《六祖坛经》都会起到开悟作用。心理学家 Thomas A. Harris 的书和他的 "Transactional Analysis" 理论，可以起到疗伤作用。这样理论可试译作"交换分析学"，因为每一行为都是行为动作的一次交换，才有了 C-P-A 之分，也就是通过对"任性顽童"—"说教家长"—"理性成人"思维定势和行为习惯的分析及剥离，达到恢复平静、回归正常的效果。[①]所以，第一步是要让自己坚强，让自己抱着希望、不被击垮。疗伤的结果，是成为一个正常人，这样才能在被欺骗之后，恢复心理健康，恢复对人的信任。

便有了能量去扪心自问：除却披着宗教外衣的骗子，当事人有谁对谁错之分吗？谁对谁错自然是有的，但这不是究竟。

于是，才会觉得"蒹葭牵手抛真经"是个答案。《金刚经》里如是我闻："佛说般若波罗蜜，即非般若波罗蜜，是名般若波罗蜜。"所谓智慧，不要向外求，它并不离世间的一切。般若在哪里？到处都是，有的是以善缘以喜悦而来；有的是以恶缘以悲痛而来。有了这个"恶"的概念，恐怕还体会不到万物万念给我们带来的机缘。所以，在禅宗眼里，"青青翠竹，悉是法身；郁郁黄花，无非般若"。

回头看去，才感慨什么叫过眼烟云。便顿生怜悯之心，恨不得对那些哪怕伤害过你的人，含着泪水，感谢他或她帮你破了一关。这算是第二步。

有了第二步，即使是一段悲剧，也会带来受洗的快乐。

傅雷先生 1937 年为《约翰·克里斯朵夫》写的"译者献辞"：

"真正的光明决不是永没有黑暗的时间，只是永不被黑暗所掩盖罢了。真正的英雄决不是永没有卑下的情操，只是永不被卑下的情操所屈服罢了。

所以在你要战胜外来的敌人之前，先得战胜你内在的敌人；你不必害怕沉沦堕落，只消你不断地自拔与更新。

……战士啊，当你知道世界上受苦的不止你一个时，你定会减少痛楚，而你的希望也将永远在绝望中再生了罢！"[②]

① Thomas A. Harris MD（1967，1968 & 1969）I'm OK — You're OK. London：Pan Books Ltd.

② 傅雷译：《约翰·克里斯朵夫》，北京：人民文学出版社（1957 年第一版）。

4.09 看动风幡

看动风幡意渐平，
思惑十载酿古今。
灯红一隅任月淡，
不将晴雨揣天心。

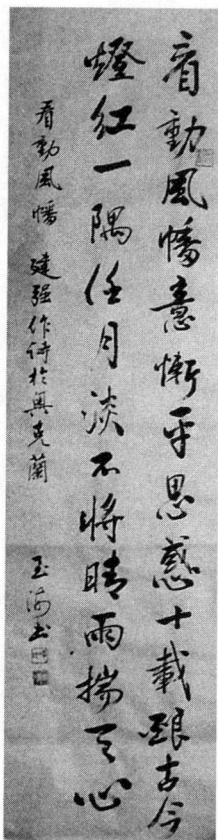

旅新（西兰）书法家凌玉海
手书《看动风幡》

第五章　天葬台上

5.01 担子

上帝给了我们一副肩膀
　　　　　　　　——辛格

之一

就守着一大片的空
一大片的空
大片的空
空！

1. 1　她

被弹出黑色时间通道
看见熟悉的脚步声
埋葬在牧场的小径
风卷动所有的追忆
涌出一幅故乡画卷
村口那株老槐树

404

依旧落着

几只迟到的候鸟

1. 2　它

逻辑！

科学命令所有的爱恋

停止追逐

1. 3　他

候鸟拒绝飞翔

那时空会是怎样的时空呢？

我厌倦了

厌倦的候鸟在空中放了一个屁

于是有人剃光头

说

参透了那声巨响

之二　深沉来临

2. 1　她

金黄的头发

从沙漠来

短粗手指键入

"真—主"

电脑屏幕轰然一派驼铃

鲜红的誓言

爱真主是因为

那派驼铃

2. 2　他

都过去了！

最后的晚餐

原不止一个叛逆
思维只幻化
记载谎话的语言
十字架周围落满黑暗
黑暗制造了
星星亮点

2. 3 它

星星亮点
润滑了地球公转

之三

小夜曲被锈浊重金属
敲成一张皱脸
脸上写满
空洞情诗
情诗炮制了诗人
空乏的虚空
平添一层螺旋

(1996 年 1 月 20 日)

5. 02 京籤物语（之一，时间流在碰撞）

1

冰凉冰凉
成捆成捆的日记
打开一页
便是一套冰凌
冻僵的岁月

卷曲着又透明着
一组坚硬的微缩景观
2
北海公园一个叫仿膳的地方
高底木屐噼啪噼啪
小院落撒满一个王朝背影
一只玉手
轻轻一碰
我的心便一道道血痕
3
高大而阴森的参天大树
秦代树根
汉代树干
现代树梢、树叶
　　　刻满了
汉文、唐诗、宋词、元曲和
　　清朝对联
树叶哗啦哗啦
跳跃着全是三维动画
一声霹雳
好几片树叶成了化石
好几片树叶成了数码
好几片我没看见
却有一片
　　像故宫墙上的影子
随风轻扬、轻扬
飘到几百几千光年以外
又是一组微缩景观

被一个叫上帝或平民的人
　　反复把玩，发出
　　几声感叹
4
六部口是个大十字路口
5
一阵暴雨
北京的古槐和法国梧桐
树叶瑟瑟地抖个不停
暴雨冲刷了路面
干干净净
　　干干净净
6
这次死神扮演成一枚灯泡
噗——
灯泡熄灭
天地一片漆黑
漆黑前是生
漆黑后是生
　　生生相熄
熄灭的光亮只有星星一点
却用毕生去填充
7
原来灯泡那么容易熄灭
诗人便复制了一个灵魂版本
笔尖轻轻一触
便吱呀一声
灵魂出窍

飘呀飘呀飘呀

诗人不见了

8

灵魂替诗人写诗

蛰伏在每一口呼吸

喷出的酒气

把绿草染得发红发黄

发黄的属于秋天

于是收获了

　　满地飘香

　　　　　（2007 年 4 月 19 日）

5.03 参禅（外一首，钟声）

参禅

天边一弯冷月

小路深处的驼铃

敲碎疲乏的夜色

昨日放任的罂粟花

折断了，遗失路边

冷月挂在天边

清冷的夜高傲得无法触摸

春风又傻乎乎使股猛劲

苜蓿一如从前复苏

时间快马飞驰而来

一鞭子抽在好事的手上

睿智的老胡子颤巍巍地说
那就是亘古的年轮

蒲公英悲伤地哭了
刚明白自己的身世，却又
　　　纷纷扬扬

纷纷扬扬是岁月的碎片
飘散成为一个记忆的轮廓
就是天边
　　　那弯冷月
　　　　　（1995 年 12 月 25 日）

钟声

一

铛……
回音里，钟声
　　越飘越远
二
山茶花不顾主人吃素
依旧在寺院
　　灿烂放浪地笑

青石上
狗枕着晨风
　　呼呼大睡

　　　　（1993 年 4 月 10 日）

5.04 秋风

历史
在先辈的坟冢
找到尊严
大地挺着肚子
向世界昭示
失贞的轻松
图腾涨红脸
不满意眼前漂浮的
不仅是驯服的影子

秋风算什么——
用死，也可以
证明自己
　　曾经活着

　　　　　　　（1993年3月25日）

5.05 埋葬岁月的日子

又见京郊夕阳
和暖的五月空气
飘着爱的气息
那一双美丽的黑眼睛
将种种追怀击得粉碎
把大地的那份干净
尽揽怀中

411

又回复一个崭新的我
不再恐惧
那纷扰的死寂

马路延伸着黑夜
年青的树叶抖擞着
　　　只属于两个人的宁静
粉尘、蛛网、水浮莲……
　　　悄悄地拼凑一个初夏
低而沉闷的几声蛙鼓
试探明天的天气

……一切！

树叶又在抖擞
黑夜只闪着呼吸的眼
我拉起你的手
　　　你说
我们不放走春天
马路上一个聋哑人，说他
信奉巴哈依啦

忽然，夕阳蜕变了
下起一阵狂沙
天空染上黄疸肝炎
无数的迷彩大皮鞋
踏在淡绿的灵魂上
灵魂被碾成春泥

滋养了无数的藤蔓

豢养了一群一群的野狼
那一张深沉、瘦
　　而露骨的脸
笑容里藏着哲理
24 小时吞云吐雾
弥漫浓密的假语村言

城市依旧交通
通往西山的路上
人们
　　不喊不叫……
　　　　（1995 年 2 月 22 日）

5.06 清明时节雨昏沉（二首）

一、清明

从容归去 在时光的狭长里
　　用巨斧砍出无痕
荒谷
　　听鬼号伴着松涛
茶林 人间的侍者
宁馨儿最后一丝余温里
　　坟冢一个个裂开
　　看天边日落
　　　　（1993 年 4 月 9 日）

413

二、日子

又一次，将自己
带回熟悉又陌生的地方
看自己做梦
若有若无，淡淡的蒿草
将秋天染得发黄

天尽头的某个驿站
包裹在黄昏的痴迷
时空将灵魂随意切换
如今再也寻她不着

堤岸的粗犷
使河流愈加温柔
荒冢的额头上面
有上世纪野炊的残留

虞美人是土地爷的新嫁娘
亘古的小道消息
全在她的玉手上
冷艳的鱼不理会岸边的忏悔
忏悔者的足迹
只归忏悔者自己凭吊
时光是狭长的隧道
土地爷的一把欲火
将虞美人烧回前朝

（1993 年 3 月 26 日）

414

5.07 漫画：生命中不能承受之轻

正午，有阳光
灯下黑
苍蝇披着道袍

傲视一切
斜放的文件夹上
如履平地
手脚翻飞
品尝看不懂的文字

年轻的工程师
一脖子的肥肉
用不说话
证明精干还有忠厚

近处有公猫
发自肺腑尖着嗓音
嚎出内心饥渴
不知在何处，母猫
想必眯着眼
舔她的骄傲、心跳

时间简史
缩短了"嗖"的时间
心动转换行动

咏叹调，两条曲线
交错着
玩的就是那个心跳

年轻的工程师
用年轻的心握着拖把
狠命抛去
剥离了两条曲线

抛物线成了思想心得
于是来了宦官

瘦小的脸笑容可掬
乌黑的嘴唇叼着香烟
用一次性进口铅笔
写了编年史
思想纲领，还有
生活准则

苍蝇回眸一笑：
公猫母猫纯洁了审美情调
从此
　　逢人说"妙！"
　　　　　　（1993 年 3 月 6 日北京西城）

5.08 标本

一九九三年四月二十四日西单地铁站出口
倾覆的墨水瓶
上面一瓶下面一瓶
黑压压的头发，一团团灰色调
攒动着，从上面流到下面
　　　　　下面到上面
情人呢喃、对手交锋、闲人瞎侃……
暖烘烘涌出来，加入
都市地面的蠕动

人流中是你
枯墨大写意的对襟衫
隔世的山羊胡
双手不停作揖

引不起一丝反响

你脚下冰冷的一方土地
不是你熟识的故土

故土的人也认为你是活标本
太干瘪了
轻轻夹到书里
籁瑟一声，碎了
　　化作不大不小几个字

　　　　　　(1993 年 4 月 24 日)

5.09 新西兰即景

之一

关灯
锁门
身后一片漆黑

踏进春末夏初的夜色
大学时代的月光，风
酒一般带来醉意

看乱云飞渡的夜空
一道闪电

于是丢了钥匙
随进随出

之二

关灯
关门
身后一片漆黑
头顶一盏小灯
人为一片昏黄
电梯缓缓下降

脚下的沙滩，几铁锹下去，挖开就是热泉。这也是新
西兰得天独厚的地方。1996 年 4 月 26 日

门开了
三两张脸朝我张望

我急切离开的那方闭塞
却有人，
　　　急切挤上
下去
又上来
又下去……

关灯的那一刹那好简单
生死别离般
瞬间另一世界
脚步回响
多熟悉的声音

为了那一点馨香
晨露在阳光下闪了一下
一阵风过
大梦一场

之三

白天来临
拉开天幕
天下一派光明

多么感谢丑陋的人
让我对美丽的眷恋
暂且中止

一列火车呼啸而过

我爬到山顶
海天一色
我从这里绕地球一圈
蜜蜂一样天天飞
飞向前方，并将
自己推回原地

又回到山顶
海天一色的地球安详自转
缀满野雏菊的悬崖
露着闪亮的牙齿

午夜时分我下山
踏着风的波涛
写一段新的回想
在小草的眼里
看到地平线的痕迹
此时大风静止
绿草从中
推出新的一朵小花

之四

很难忽略的踪迹
莎翁那时还不是莎翁
一枝鹅毛笔
可怜忘情水
只有先人捧出一抔泥土
撒向空中变成陈年旧事

新西兰风景如画，于是就竖一个画框。这是奥克兰市北边的莎士比亚公园，有野生孔雀，随便喂。一开始觉得新鲜，见多了也就不当那么一回事。Emma Liu 摄

多好的景色
我为何不能停止奔波？

放逐了自由
迈开了大步
每朝前迈开一步
就更接近生命的原点

火山爆发了
从前埋没的古城
露出新的面容
明白了古都为何叫开封

那一夜烛光闪亮
星星衬得灰暗
一群人翩翩起舞
上演一出凤凰涅槃

在莎翁下笔的地方
留下一幅人间四月
轻轻拿起画卷
下起小雨
油墨未干

之五

活脱一个西部电影场景
一团蒿草
吹向左边

海外创出四重天

吹向右边
托向半空的时候
激起一阵牛仔宣泄

立在前方的一根木桩
久久伫立
远方没有任何踪迹
星星和入夜前的倒影
只有风声
风声并不入耳

久久伫立的木桩
星星之外便是远古
风沙淹没的脚印清晰可辨

顺着脚印走向你的时候
木桩侧过身影

又是梦幻
繁星点点的夜空
没有一颗熟悉的面孔

（2010年10月27—11月9日录。连日下选区，在惠灵顿北边的
Mana选区走访，对新西兰各阶层民众的生活状况有了很直观的了解。
也看到新西兰政坛的一些众生相。）

5.10 在法兰德斯战场 (In Flanders' Fields)

In Flanders' Fields　By John McCrae

In Flanders' fields the poppies blow
Between the crosses，row on row,
That mark our place：and in the sky
The larks，still bravely singing，fly
Scarce heard amid the guns below.
We are dead. Short days ago
We lived，felt dawn，saw sunset glow,
Loved and were loved，and now we lie
　　In Flanders' Fields.

Take up our quarrel with the foe：
To you from failing hands we throw
The torch：be yours to hold it high.
If ye break faith with us who die
We shall not sleep，though poppies grow
　　In Flanders' Fields.

在法兰德斯战场罂粟花迎风开放
开放在十字架之间，一排排一行行
大地是你的色彩，云雀
　　依旧高歌，展翅在蓝蓝的天上
可你却难以听见，因为战场上枪炮正响

我们死去了，就在几天之前
我们曾经拥有生命，沐浴曙光又见

423

　　璀璨夕阳
我们爱人也为人所爱，可现在却安息在
　　法兰德斯战场

继续和敌人战斗吧
颤抖的双手递给你
　　那熊熊的火炬
勇往直前，将火炬高扬
如果对我们的信念失去信心
我们将不得长眠，尽管罂粟花
　　染红法兰德斯战场

（1996 年 4 月 25 日译）

5.11 见与不见

你见，或者不见我
我就在那里
不悲不喜

你念，或者不念我
情就在那里
不来不去

你爱，或者不爱我
爱就在那里
不增不减

你跟，或者不跟我

若干年以后读乌以风教授的《天柱山志》，才知道我小时候开窗见山看到的古塔，就是禅宗三祖僧璨道场潜山三祖寺的觉寂塔。当时古塔尚未修复，凭吊时很容易将自己推回前朝。霍建明摄

我的手就在你手里
不舍不弃
来我的怀里
或者
让我住进你的心里

默然相爱
寂静欢喜

To See or not to see me

You see，or you do not see me
I am right there
No sorrow，no joy

You miss，or you do not miss me
Feelings are right there
Not approaching，nor retreating

You love，or you do not love me
Love is right there
Not increasing，nor reducing

To be，or not to be with me
My hands are in yours
Not giving up，nor quitting

Come，rest in my bosom

Or

Let me rest in your heart

Love each other with composure
Joy and tranquility

[Tsangyang Gyatso（1 March 1683 — 15 November 1706）was the sixth Dalai Lama. Tsangyang Gyatso composed poems and songs that are still immensely popular in Tibet to this day（Wikipedia）].

（仓央嘉措：第六世达赖喇嘛，著名诗人，诗作至今广为流传。2010 年 9 月 11 日 试译）

在新西兰我们是少数民族，回到祖籍国，也过了一把少数民族瘾。1999 年在云南。刘云芳摄

第六章 槛外人语

第一篇 第五套广播体操

一

互联网搜索引擎和播放器的普及，使怀旧更加容易，也使"秦时明月汉时关"式的诗意更难捕捉。

略为夸张地说，"第五套广播体操"贯穿了我少时的记忆，应该是上小学或初中时的事。熟悉的旋律和动作，是每天早晨学校生活的一部分。而学校生活，则占了那个年代单纯生活的全部或大部分。

于是，在一个初春的傍晚，有一个难得的清闲，奥克兰的家中，窗外是满眼的黄水仙、郁金香和深红、淡红的茶花。李子树梢也撒满星星点点淡白色的花，远看像是一层雾。电脑播放着二十年前的广播体操音乐，在这交错的时空里，奥克兰枝头的淡绿深红和儿时故乡的山水融成了一体。

二

父母都是医生，从省城到了县城。那时"绿水青山枉自多，华佗无奈小虫何"。水乡吸血虫肆虐，父母所在的医院从人口稠密地带到人口

427

稀少地带，对这种水稻田里的寄生虫逐步进行清理，又沿途设点治疗病人。这也意味着每成功一次，下一次工作的地点就更加偏僻。

我就是在这个县城出生的，五六岁时随父母搬到一个更偏僻的乡村。每天到县城上学要步行十几里——那时儿时的印象，长大成人后，一个留在当地工作的初中同学，骑摩托专门做了测量，说是单程3.5公里。我想这不科学，因为少时走过的路现在多半都拉直重修了，保守估计来回也有10多公里。大概从七八岁跟着年长的大同学步行上学，到十七岁左右高中毕业，十年磨一剑，走出了一双大脚和一对近视眼。

三

医院的四周是水田，改造成水田前是一片松林，多半是沙地，显然从前是附近的一条大沙河的洪泛地。松林里有一条小溪，两岸参差着不少植物，就是"池塘生春草"那种丝毫不加打理的自然景致。春天开满各种颜色的小花，至今还记得一种单瓣紫色的花，美丽朴素喜人。不远处有一个大池塘，有多种淡水鱼，夏天，池塘边随手可以抓住一个腹部是暗红色的小乌龟。白天可以到松林边玩耍，还和哥哥姐姐进松林拾干松枝做柴火。但入夜绝不敢出门，因为松林里闹过狼，也有农民的孩子被狼吃掉的传闻。

父亲有辆"二八"型自行车，不分昼夜，常常需要出诊（即上门急救），自然要穿过松林。冬天常有癫痫病人，夏季多半是农药中毒。我还常看见父亲和他的同事给农药中毒的农民洗胃。因为离城中心较远，遇到急症需要随时服务，也就无所谓上下班了。

那时农村是按公社来管理，冬季常有兴修水利、开荒种田的群众运动。就在这成百上千、人人挑一副担子，需要用军号来指挥的群众运动中，松林变成了水田，那还是上学以前好多年的事。现在想来，当时对山河变迁的感叹，好比唐朝人看汉代事，真可谓亘古悠远！

从医院到学校可以分成几个"景区"：医院两旁农田区，住户区（柏油马路两侧的十几户人家，属于一个生产组），桥头大堤坟区，1 000

米左右长的大桥，城郊区。一过蔬菜大队的果田菜地，便是小学和中学。

出医院门就是水田，人民公社的时候，看到过拖拉机耕地，插秧机种田。改革开放后，据说是要释放生产力，于是包产到户，又恢复了手工式躬耕劳作。

住户区旁边有个"知青点"，小操场上还有个篮球架，时常传来笛声。下乡的"知识青年"都是大城市来"接受贫下中农再教育的"。有一年水稻田变成了西瓜地，后来改种花生，随后又种薄荷，再后还是恢复成水田。当然现在都盖成了房子，田没了，树也砍了——这是后话。我在北京写过一首"冒充知青情结"的诗，就是记录那时的感觉。

桥头大坝上有许多坟茔，坟茔不可怕，可怕的是一种当地土话叫"Cuan-Ji"的，其实就是棺材，外面用稻草裹上，放一两年待腐化后，将尸骨捡出入葬。根据当地习俗，直接下葬叫"血棺葬"，属不孝。"Cuan-Ji"摆了一年多，夏季其味可想而知；冬天日头短，放学稍晚，路过坟区浑身会打寒噤。

"Cuan-Ji"的棺木在尸体土葬后，还能回收使用，在当地叫"回笼木"，据说有个别不良分子，竟然将"回笼木"加工成家具出卖。在知青点里还谣传了很长一段时间，说集体食堂大灶上的锅盖，就是用"回笼木"做的。

那个知青点后来出了不少作家。年纪稍长后，我曾听说过他们感慨，说世道良心如此，中国需要的不是更多的医生，而是更多的鲁迅。

住户区许多农民都成了熟人，那时一周六天上课，一年差不多有300天要路过他们。有一次一位正在放牛（当地土话称为"Kan-Niu"）的中年男人拦住我，他看着我，又像自言自语："你说这'Kan-Niu'的'Kan'是哪个字？"我说，"是'看'吧？"他很疑惑地摇摇头："如果你看看牛就能拿生产队的工分——不可能，不会是这个字！"

可能是和他的那段对话在潜意识里埋下了一颗种子，若干年后，我选择了语言和法律专业，并且有了收集词典的嗜好。因为"看"读音不同，自然语义不同。

四

那时每天清晨，天蒙蒙亮，便起身用煤油小炉子热一点汤饭吃了上学。上中学后爱上了学校的大锅粥，于是需要起得更早，赶着去喝学校的粥。无论小学中学，"课间操"是必修活动。扩音喇叭洪亮的节奏，配上好听的音乐，师生站满操场，一齐挥拳弄腿舒腰展臂，真乃一道风景！

那时流行的是第五套广播体操。先是一段高亢明亮的引子，低音浑厚，铜管雄壮，接着是"毛主席语录"，随后是起热身作用的第一部分"原地踏步走"。

进行曲的节奏中开始"上肢运动"，大概过了四个小节，音乐仿佛引入两个主题，像两股力量互相鼓劲要拧成一股气力。在这样的氛围，进入"冲拳运动"，这几个小节和紧随其后的"扩胸运动"，音乐最容易记住，因为节奏明快又不烦琐。"扩胸"的那几节尾声加上了竖琴，那么大气地一撩拨，真有一股——借中学生作文经常援引的字句——虚怀若谷，直抒胸臆的大气感觉！"踢腿运动"过渡到"体侧运动"（名字记不清了）后，双簧管成了主角，一种乡愁般的田园色彩，第一小提琴和第二小提琴交相呼应，使一个平淡的健身主体平添了许多内涵。"体转运动"和"腹背运动"（名字均记不清了）是主题之外的设色，有一种烘云托月般的效果，然后节奏加快，便是"跳跃运动"，在结束的最后一章"踏步走"中，音乐又回到广播体操的初始状态，一样的节奏，一样的音色。以"原地踏步"热身，在"踏步走"中回复平静，短短五分钟，有始有终、活泼而有序，真正的好锻炼！

现代社会的文明病，例如新西兰的青少年犯罪问题，除却诸多原因，比较普遍的就是这帮人莫名其妙的狂傲、浮躁和对纪律和秩序的蔑视。

回想我们的少时，青山绿水加"广播体操"构成了一种朴实得不能再朴实的朴实教育。我在上小学和中学时,当过好多年学生干部,有一年好像官还挺大。经常人五人六地站在广场上"喊操"(即带领同学做操)。事后想起,这是一种很好的励志性训练。

"第五套广播体操",从某种意义上说,也起到了普及严肃音乐的作用。孰不知,就当时的客观条件而言,"第五套广播体操"和同时期的交响诗《沙家浜》、舞剧《红色娘子军》,就是我们的"天鹅湖"、"胡桃夹子"、比才和普西尼!

五

或许是心理作用,走出城内的学校几千米,空间上就开始产生一种距离感和随之而来的孤独感。仿佛潜水,到了一定的深度,头顶阳光也会显得隔世。

很多时候走在路上很无聊,也曾向父母抱怨,但得到的回答是某某同学家比你远1/3,他们能走你为什么不能走?

有时候在路上也能见世态炎凉。比方说,任何朝代、任何体制,都有一批永远正确的人。他们能准确地把握风向,永远处于批评别人的位置。如果挑不到别人的错,他们就会无中生有地编造许多是非和谣言,以"无风不起浪"式的口吻散布。同时也总有那么一小批人,誓死钟情传言,又像苍蝇一样孜孜不倦地去传播。

医院里也有这样的人,他们的孩子平常不住在农村,偶住几次,也都是父母用单车接送,两个轮子转起来快而自在。但是我想(即使是阿Q自嘲式地)他们不能像步行那样一步一个脚印地沿路看风景。

就在这样的风景中,我不知何时学会了边走路边看书的坏习惯,学问没有长进,视力却因此大坏。

后来上了中学,直到高考,广播体操渐渐地淡忘了,不知什么时候又有了第六套广播体操,新的音乐、新的节奏,似乎和自己关系不大。上了大学,然后工作,广播体操无论是作为运动还是音乐,都和少时的记忆一样封存了起来。

差不多三十年过去，少时走熟的那条路已经改建成了国道，几何图形取代了田野村舍。互联网上播出的第五套广播体操，似乎在封存的记忆捅开了一个小窗口，透出了一些儿时的气息。于是在奥克兰的早春九月，又看到了故乡的农田、路旁的白杨、还有记忆中或想象里怀念的人和事。

（2009 年 9 月 2 日草于奥克兰）

第二篇　我的父亲

一

我的父亲是二〇〇五年八月二十八日凌晨过世的，享年七十七岁。

父亲的一生很普通、很平凡，按现在的时髦说法是很"低调"。但生活在他们的那个年代，和许多同龄人一样，一生虽然普通却充满波折。

父亲十四岁参军抗日，一年后左脚踝和小腿肚被炸

父亲退休前

弹掀掉了一半，因此他终年穿部队发的特制的大皮鞋。右脚的鞋与普通的无异，左脚鞋后跟部则厚厚垫起，走起路来因笨重而发出很闷的声响。

因此从幼小的记忆开始，只要听到大皮鞋那一轻一重的声音，就知道爸爸从外面回来了。穿这样的皮鞋，爸爸年青时还参加过篮球队。小时候听他描述三步上篮：双手捧球，略一瞄准，然后大喝一声"咻"，把球抛将出去。

432

二

爸妈都是医生，小时候听他们对话，经常出现的词是"荣校"、"到地方"、"灭钉螺"等，爸妈就是从位于皖、豫接壤的一个荣军学校转业到了地方（相对部队来说，部队以外的都叫"地方"），然后整批地调到皖、鄂、赣三省交界的一个僻远农村去支持"血防"工作的。"血防"是防治血吸虫病的缩写。当年农村乡下血吸虫是一大公害（血吸虫：一种寄生虫，毛蚴进入钉螺体变成尾蚴。尾蚴遇到入水的人、畜便钻入皮肤变成成虫，主要寄生在肝脏和肠内。见《现代汉语词典》第 1299页）。毛泽东主席一九五八年的一首诗中提到的"绿水青山枉自多，华佗无奈小虫何"，指的就是血吸虫。

这一支持就是四十几年。

血防工作大致分两部分。一是治疗病人，这是"惩前"；二是到田间找钉螺，这叫"毖后"。这项工作大概进行了十年，血吸虫病在当地基本得到了根治。

惩前毖后工作结束后，他们并没能回到省城，而是正式调到当地医院，从事治病救人工作，我和哥哥姐姐就是在这样的环境长大的。至今只要闻到"来苏尔"（"来苏尔"是一种甲酚和肥皂溶液的混合消毒剂。多年后学英文，才知道就是"Lysol"），就有一种说不出的亲切感觉。外面环境虽然有点野（松树林里是有狼的），但青山绿水，四季分明。医院四周是一片片的水稻田。初春时节，看整片整片的紫云英，厚厚地铺满天边。或者是一畦一畦的油菜花，傍晚时分像梦一样，若无其事地随风摇曳。

爸爸有时带我到县城，那时小，就侧坐在自行车前部的保险杆上。一边漫无目标地看两旁草木田舍，一边听爸爸讲《西游记》，至今想起"赤脚大仙"、"蟠桃盛会"或"牛魔王"这些词，就每每联想起当时的样子，仿佛还是以当时的眼光看世界，看天边闲云或马路两旁的白杨树，随脚踏车的行进而逐次移到身后。

他们的战友或同事，除了少数几个调回省城，大多数都留在乡下。也都从当年意气风发的二三十岁的年轻人，变成头发花白、步履迟缓的退休老人。

三

五十年代的事情，都是听他们当故事说出来，譬如当年上班绝不能迟到、需要一丝不苟，需要搞评比、插红旗等。

三年自然灾害的时候，爸爸因吃不饱却需要蹬自行车去偏远的农民家出诊而浑身浮肿。生活更苦的农民则吃糠麸、观音土（也叫观音粉，一种白色黏土，灾民常用来充饥，吃后不能消化，见《现代汉语词典》第403页）。如果结肠、便秘，很多时候他们作为医生，要做的是帮病人将梗塞在大肠终端的大便掏出来，有时候会喷到身上、脸上。

六十年代末和七十年代以后的事，都是我们"参与生活"的。

四

爸爸被拥护和反对他的人都称作"老运动员"，几乎每一场政治运动都有他的份儿。他年轻时脾气暴躁，遇到不公平的事，喜欢请愿、喜欢发牢骚。了解中国那一段历史的人都知道，为人处事只要沾上这一条，不让你享受这个"老运动员"待遇应该是不可能的。

经历几十年政治运动，爸妈让我们得到一个结论：这些运动对于高层人士或利益阶层来说，可能就是所谓的政治斗争。对于千千万万的普通百姓，这类的政治运动，无非就是人际关系因某种需要而进行一次新的排列组合。或者就是某些有心机的人，借势打击报复。

在这样的政治环境下，"事不关己，高高挂起；明知不对，少说为佳"应该是保护自己的第一要诀。像那种不平则鸣，动不动为民请命的，最终可不就是请你戴高帽、挂牌子外加游街示众吗？

五

伴随这样那样的政治运动，妈妈充分表现出一个中国式母亲的宽忍和坚韧，最苦的时候，应该是爸爸被停职下放到农场劳动的那段时间。爸爸工资在当时是高的，停职接着就是停薪。全家老小（加上外地的奶奶）全靠妈妈一人的薪水。也不知怎

我的父亲母亲，那时刚退休后不久

么就熬过来了。在模糊的记忆中，好像妈妈那几年的寒冬腊月，都只穿一条厚单裤而已（周围人都穿绒裤，条件好的穿毛线裤）。长江沿岸一带，冬天是没有暖气的，很冷。但给我们四个，无论四季都穿得整整齐齐。"越被人欺负，越要有志气！"这几乎成了我们那些年的家训。

有一年快过年了，妈妈患急性阑尾炎住院手术。家里应该是又冷又没吃的。我当时很小，所以最没志气，便拿着小碗去医院的食堂。

从前有一位眉清目秀的大娘，也在医院从事医务工作，政治运动开始以前，对我呵护有加。逢人就忙着介绍："这是院长家的老小"，总会热情地拿过我的小碗去张罗饭菜。

那次我应该也是一如平常地将碗伸过去的，目光一定很恳切，见到老熟人可能会平添一份天真。但她却冷冷地说："今天呐，没你的饭。"

十多年后，她的儿媳临盆难产，绕了一圈最后还是求到我妈，接下了孩子，又口对口将孩子嘴里的浊物吸出（那时没有现在的医疗手段），救了母子两个。她的儿媳又没奶水，需要催奶。爸爸晚上搬梯子，将我和哥哥养的一对种鸽抓了送给她——当时我仍年少无知，气得两天没有理睬爸爸。

那位大娘是许多事端的始作俑者。因为她政治出身不好，所以需要

435

加倍"表现"以明哲保身。大概就是钱锺书先生所说的应该"运动记愧"的那一类人。

不知为什么，那年冬天格外冷。腊月黄天，缺衣短米。父母都不在家，临时家长是大姐和哥哥，十一二岁。幸亏周围的农民朋友轮班给我们送吃的。东家送了几块豆腐，西家送来一把青菜。现在还记得，我们将送来的豆腐放在洗脸盆里用水养着。想到下一顿有着落，充满喜悦和满足。等到我们长大成人了，谈起这段历史，父母常常感慨，如果当时医院不在农村，如果当时没有结交到那些不太受风潮左右的百姓朋友，想把四个孩子顺利培养成人，应该是不容易的。

六

我们兄弟姐妹四个性格各异，面对各种运动，在外力的抗击下，各自有不同的反弹。

大姐性格最柔，当时是应该当红卫兵而不让她当红卫兵的年龄。有一次放学回家，发现前方吆喝声中走来的正是一支戴高帽游行的队伍。其中有我们的爸爸。

大姐不顾脱鞋，径自从路旁的水稻田直穿过去，绕道回家。

哥哥从小沉默寡言。压抑半天实在压抑不住，便挥毫泼墨写下"敌军围困万千重，我自岿然不动！"

二姐个性属皮球，越拍越反弹。有一次一个造反派头头点着她的鼻子，质问她为什么撕大字报。二姐一扭头，甩出一句："革命大字报，越多越好！"

至于我呢，谈论最多的是关于我的一段淘气。

爸爸有一段时间，造反派命他挂牌子，在医院大门口面对大路的地方，每天站立几个小时，默读《毛主席语录》。

一开始我给自己分派的工作是看钟报时（当时普通人都没手表）。"爸爸，还有十分钟"，"爸爸，还有三分钟"……往来奔跑，乐此不疲。

大概久了嫌枯燥，便用几天时间，做了一个符合自己身量的小牌子。随后便和爸爸并排站着，挂牌子、学语录。有时站累了或注意力不能集中，便小心揭下牌子回家歇会儿。过一会儿，再跑过去，挨着爸爸站着。记不起爸爸当时脸上的表情，也记不清给牌子上画了什么，大概是"小反革命"或"小反动权威"之类。总之爸爸对我一向宽容，一任我胡闹。倒是还交流过心得，爸爸说，如果路过的人盯着你看，你也盯着他/她看，他们就会走开。

这一老一少的风景，事后经大人们演绎，才知道引发了许多响应。革命造反派专门召开过会议，有些人还严肃地指出"霍家小儿子"的淘气干扰了运动的严肃性。但不久爸爸的挂牌站立就被免了。我一直暗自得意，认为是自己立了一功。"文化大革命"热浪也随即慢慢消退，我莫明其妙地兴奋，总以为这和自己的"干预"有关。

七

从此爸爸有了在路口站立的习惯。我当年考上大学进省城读书，爸爸在路口一直看到车子开走。

放假回家，只要事先知道，爸爸一定在路口等我。如果不知道，爸爸一定会在回来的前几天，每天踱到路口，一站就是半天。

大学毕业我分到北京，以及从北京再移民新西兰，都不是从家乡奔赴目的地的，只能在电话里跟爸妈说声再见。

九九年爸爸中风，这是他第一次生大病。我从奥克兰飞回家乡，喜见他虽然虚弱，却恢复得很好，没有留下后遗症。中风后他脾气显然大改，连说话声音都小了。凡事皆好。

我们也少有交流。其实现在想来，早在他中风前好几年，他的脾气和性格就已大变了。什么事也不能打动他，什么事也不大能影响他，凡事他也不怎么表态，一副无可无不可的样子。"未置可否"，可能是比较恰当的一个形容。

爸爸有几枚奖章，那是我小时候的"玩具"，文化大革命抄家时没丢，后来搬家时倒丢了。事后我知道了还不胜唏嘘，爸爸却十分无所谓。二〇〇五年年初，他获得抗战胜利六十周年金质勋章。我们做子女的高兴得很，自豪地仿佛自己得了勋章，爸爸也只是淡淡一笑。我有几十本连环画（北京俗称"小人书"），是我儿时的最爱，那里汇集了我幼年的全部回忆。妈妈大方地一本接着一本地送给了周围农民朋友的孩子。这对我是个大遗憾，爸爸居然幽默而让你哭笑不得地自问自答："（那些连环画）市面上还能买到吧！"

八

当年我在北京，借用几篇旧作的标题来形容，可谓"紫陌"、"红尘"、"绿袖"……免不了有那个年龄层和生活环境所特有的苦闷和快乐。静下来，便写了一首小诗：

红烛照天天起风，

东方欲晓蓟门钟。

小月河上无月色，

南国秋千牵残冬。

自认为说了好多"槛内人"知道的事。后来拿给爸爸看。他看了一眼，放下，不置可否。

移居新西兰，做了"洋人百年大报"的记者。说是父母坚决反对，因为"祸从口出"。九九年回家问爸爸，他也未置可否。

其实就是移民出国，父母也是反对的。爸爸当然未置可否。经妈妈的表达，便成了"中国那么大，新西兰那么小；北京那么近，奥克兰那么远"式的意见。

我终究离开了新闻业，做了职业律师。但毕竟没能如父母愿当上医生，尽管大家庭的其他成员几乎全都成了医生。六七月份因事忙，近两个月没打电话，竟成永诀，再也听不到爸爸的声音了。

爸爸走得非常安详，未经什么痛苦，"像睡着一样"。我未能见最后一面。等我带着全家转回到家乡，爸爸的遗体已经火化了。

九

听朋友说那天给爸爸送行的人特别多。从中心医院到城外殡仪馆的大街两旁，站满了人。灵车到处，便是一个挨一个地烧纸钱、放鞭炮，据说青烟缭绕，一时看不清街两旁的楼顶。那时正酷暑，灵车开出医院大门，便起了云头，一会儿便飘起小雨来。妈妈说谢天谢地，否则劳驾那么多人在毒日头底下站着，爸爸一定于心不忍。

据说爸爸生前说过要将骨灰撒了。求证于妈妈，这次轮到妈妈不置可否。

最后经我们兄弟姐妹四人商定，认为将骨灰撒了，可能是当时那个语境中的一句应景话而已。我们做子女的，也都"现代"，对于将骨灰撒了的做法是能接受的。但想到爸爸漂泊一生，我们决定再给他置个家。于是在好友潘总的帮助下，选了一个背山面水的位置。山下的水田，有一大片是他当年"支持血防"的地方。

我们在家乡被称作"外地人"。爸爸出生于河南，参军后在中原一带抗日。负伤后到皖北学医，转业到现在这个"地方"——哪儿才是真正的家呢？四处漂泊，不就是四海为家吗？爸爸一辈子乡音不改，到晚年"不置可否"时，河南口音依然很浓。

我常常想他的"不置可否"，绝不是他没有态度或没有话说。经历了那么多事，这样的不置可否，是不是有点"物来应就，随缘了业"式的味道呢？

人的一生，无论平淡坎坷，想想看也就那么短短一瞬。

（2005 年 11 月 24 日日记，2006 年 8 月 22 日重抄）

第三篇 奥克兰今夜无眠

没想到在穿梭大小会议、面对各种面孔的工作之余，还能坐下来静静地听一场由纯音乐人推出的音乐会。说是"纯音乐人"，因为他们当

中的大多数并不以此为
生，甚至许多成员未必
是——套一句俗语——科
班出身，但对音乐之爱是
真的，否则聚不到一块。

2009年4月4日星期
六晚，走进皇后大街429
号的浸信会教堂，似乎还
感受不到什么特别。不一
会台上的灯光亮起来，澳
大利亚"好朋友室内合唱

新西兰到处都是"我愿做一只小羊跟在她身旁"
的意境，只是只见羊不见人，因为羊多人少。
蔡明亮摄

团"五光十色齐刷刷站成两排，以一曲维瓦尔第（Antonio Vivaldi）的
"荣耀"（Gloria）开场，气氛就立刻不一样了。

人们常说，音乐的最高境界在大合唱，因为无论是声部、和弦以及
交响乐中诸如铜管的"嘹亮"、木管的"色彩"、打击乐的"节奏"，统
统需要靠每一个人的声音来表现。因为是合唱，共性需要强调，每一个
人的个性倒是退而求其次了。

听完埃尔加（Elgar）的"雪花"（The Snow），可以肯定"好朋友
室内合唱团"是用心的，因为其音准、节奏和表现堪称同行中之上流
水平。

"海市蜃楼"是一首由指挥杨永康编曲的混声无伴奏合唱（a
cappella）。"A Cappella"是意大利语，直译为英文是"in chapel"，意
思是"在圣堂"，显而易见，原本指的是教堂音乐的一种样式。作为无
伴奏合唱，其特征是层次感极强，全曲或一部分为复调，有多重分组，
哼唱是常用的一种手法。

"海市蜃楼"的处理比较大胆，因为旋律之余，又配以人声模仿海
鸥的叫声，以形体语言表现波浪，仿佛一下子把你带到海天一色、明媚
海滩的场景。

440

A cappella 是笔者的最爱，目前世界上最推崇的似乎是 King's Singers 六人组。但是有个不争的事实是，咱们中国内蒙古歌舞团无伴奏合唱，堪称世界一流。荣幸的是，一两年前他们来奥克兰演出，让我们见识"草原恋"、"四季"、"戈壁蜃潮"这样的名曲，也明白了为什么他们的表演会轰动音乐圣都维也纳。

回到"好朋友室内合唱团"，比较难得的是他们的创新。男女声六重唱"妈妈，爸爸"和"今夜无眠"，均恰到好处地将中外名曲糅到了一块，又以和声的方式交相辉映，真是一个中西合璧的好尝试。

第六首的京剧合唱"智斗"，自然让人联想到我们小时候听到的交响诗《沙家浜》。只是京剧唱腔是保留京剧的原汁原味，还是像当晚那样处理成美声唱法，似乎有待探索，不过男声声部的厚重，实在难得。

传统西洋人士评论中国民乐，一是说我们音符中没有半音，因此影响了表现力；其次就是说我们配器中低音不够厚实、没有根。"好朋友室内合唱团"在低音声部的处理上，是下了工夫的。

第五首的三男高音"啊，我的太阳"（O Sole Mio）因脍炙人口，似不难处理。难以处理的倒是普契尼《艺术家生涯》（Puccini：La Boheme）中的"冰凉的小手"（Che Gelida Manina）。汪守一、曦阳和刘律分唱这首名曲。

这部歌剧讲的是 1830 年发生在巴黎的一对青年男女的故事。男青年是位诗人，邻居羞涩的姑娘 Mimi 来借火点蜡烛，不巧手中的钥匙掉了，于是两人在黑暗中找钥匙，诗人的手碰到了年轻姑娘的手，戏就是这样展开的。这支咏叹调主题，在一部非常有名的电影 "Moonstruck" 里得到新的诠释。

在当今快餐文化世界，人们往往习惯通过通俗的电影"反观"其中援引的古典艺术，正是这样的"反观"，使得处理名曲——尤其是通过电影而让人普遍熟知的名曲——难度更大了。

除了唱腔处理之外，关键是要通过旋律营造出一种气氛，将听众带回到原作的那种意境。

当晚陈荣伟、陈维文和容承塑的钢琴表演和伴奏，令人印象深刻。

潘寅林的小提琴独奏是当晚的压轴。"苗岭的早晨"也是我们儿时听熟的曲子，经潘先生的演绎，似乎将苗岭的那个天地连同伴随那一时光的少年记忆，一同搬到了此时此地，瞬间创造了一个当下。潘先生的演奏以音色为美，诚如乐评所说："高音明亮富有穿透力，低音浑厚温暖，各个音区衔接流畅，常使听众沉醉其中。"难怪他 22 岁就出任上海交响乐团首席，随后又在日本读卖乐团、澳大利亚歌舞剧院和日本东京都交响乐乐团担任首席。此次是他 35 年后重访新西兰，为表达对玉成此行的老朋友谢意，潘先生在观众掌声中，又回到舞台，加演了一首"爱之意"。

这场音乐会是奥克兰华人小区自己组织的，属自娱自乐性质。很好一个特点就是干净、不啰嗦。舞台左前方配投影，解说节目。一到时间，立刻进入主题。使大家有了一个名副其实的"音乐之声"之夜。

人们常说音乐能陶冶情操，很大程度上是因为音乐能让人变得简单，简单让人纯粹，纯粹之后天地会豁然开朗——眼前一亮的时候，小人不见了，美丽翩然而至。

（2009 年 4 月国会办公室匆草）

第四篇　只有生命才能安慰生命
——王明霞诗集序

一

2010 年 6 月初，在"全球变暖"大背景下的上海世博园。我一身西装，满头大汗，夹在七八个"非常重要的人"（VIP）当中，从一个国家走到另外一个国家，所到之处，保安将排成长龙的队伍拦腰截断，我们便半是惶恐半是从容地鱼贯而过。三四个小时参观了差不多九个展馆。过程当中手机一颤，台北的明霞发来一封电子邮件，让我替她新出的诗集写序。这封电子邮件和随后发来的诗集，将我带到另外一个世界。

《红楼梦》借甄士隐解"好了歌",把现实人生比作暂时寄迹的他乡,而把超脱尘世的虚幻或理想世界当做人生本源的故乡。无论他乡故乡都是人生必经所在。不在现实的"他乡"打拼,只一味枉谈"故乡",似乎失却现实生活的根基,有点酸腐,人生终究难得究竟。不知从哪里读过一段经文:"一切治生产业皆与实相不相违背。"说的就是这种现实人生的历练。但是只有他乡没有故乡、对"人生本源"一无所觉,这种生活——套句俗话——也未免太俗了。因此,他乡故乡实际上是人生的一种平衡、一份把握和修身养性的一个取向。我就是以这种心态来阅读明霞的诗集,明霞的诗也正是这样老老实实又认认真真地谈天说地,用文字、用意象、用气息,将我们带入她用一种诗的张力所营造的世界,去体会她形神互动、思言并行的某些冲动。

二

与通常的次序不同,我是先认识作者再接触她的作品的。好多年以前,在我们共同的朋友胡致华奥克兰北岸市(North Shore)的家,一桌酒菜,三五好友,明霞席前就座,活泼而轻灵,好像她谈了一晚星相,并将一大半人用场景描述法戏说了各自的性格。隔了好几个月,看她编剧的《夜奔》,"一句来不及说的话,三个人半世纪的遗憾",刘若英、黄磊、尹昭德、戴立忍还有归亚蕾,大陆与中国台湾几个演技派大腕"同台飙戏"。这是一部苦戏,以昆曲"林冲夜奔"以及饰演林冲、现实生活中也叫林冲的一个苦男儿的故事为主干。"山路、庙门、月朗星稀的寒夜,他只一心要逃。"旁白听上来就透着一丝寒意:"抑郁和悲愤,那是千军万马化作一滴男儿泪,那是暗夜孤身,被弃置在荒野里的悲凉。"这种悲凉,随夜奔的主角从 20 世纪 30 年代的中国一直凉到欧洲和美国。明霞是和王蕙玲联手编剧的,看以徐立功挂帅的编导阵容,自然让人联想到与《卧虎藏龙》差不多的原套班底。只是我无论如何,很难将这样一部"悲凉"大戏的编剧,和那个自称台北来的"小女子"联系在一起。这是给我的第一个小震撼。

接下来的另一个小震撼是从中国台北传来的消息,说明霞为了体验生活，放下手中的笔（用现代语言是放下掌中计算机），到台北街头烤鸡卖，人称"烤鸡西施"。大记者胡致华在她的一篇文章中说我"喜欢吟诗做词，高兴起来就做一首诗词送给朋友"。的确，我在听到这个消息后便写了两首——《仿义山》和《心火》——寄给"烤鸡西施"。"明炉烤新我，侠胆意相随。入地扎旧根，上天吐新蕊。"说的就是明霞投笔司炉的事儿。这首诗在新西兰还引起了一段"缠宗"公案。据说一位特别喜欢中国文化的洋人在网上读到这首诗。便央一个英文说得不错的女生替他译成英文并加些注释说明。据说这位女生郑重其事地告诉他这是一首"淫诗"，并缠着他写信给作者要求解释清楚。我并没有收到那样的信，倒是应了世界真小这句话，和那位洋人见了面，他说，因为诗的副标题中出现了"鸡"和"西施"那样的关键词，因而引起那位女生的警觉。对我们这些"海外人士"而言，这则公案凸显了明霞诗集的另一宗意义，就是中华文化或文字的传承问题。尽管互联网时代文字的传播，与"西出阳关无故人"的时代相比要大大地方便，但文化上的暌隔感和带来的"断层"效应，是日渐加剧的。否则俗气的鸡和洋气的西施，不会碰撞并发酵成另外一些元素。再说，作为食物并以原始意义出现的鸡，又招谁惹谁来着？

无独有偶，在奥克兰碰见几个能说中文但不甚读写的华人子弟，说同伴当中听见"康熙来了"，第一个反应不是康熙皇帝或康熙字典，而是"康熙明星调查局"和"时尚女星换装大 PK"，因为中天卫视这一综艺节目，已经让蔡康永和徐熙娣合并而成的康熙，比大清做皇帝的那位康熙影响力要大得多。因而新生代的文化对应点也就大不一样了。这是题目外话，不赘述。

及至看明霞今年初寄来的短片《忧郁森林》，这位已放弃路边烤鸡而回归创作本职多时的小女子，入地扎旧根之后，上天吐的不是简简单单的新蕊，而是整个一片森林。

这部只有 13 分钟的影片，到目前为止已经获得 9 个大小奖项，比较切入主题又难得的是第 32 届蒙特利尔国际影展"世界电影焦点"、第

444

26 届巴黎"国际环境影展"以及第 4 届布拉格短片影展"现代启示录"。

电影画面很干净，很明亮，叙述的情节也异乎寻常的简单，但它引发的思考以及扑面而来的那种对绿意的渴求以及失去绿意而引发出的恐惧，让人久久挥之不去。这里探讨的已经超出了普通的科技与自然、环境与污染以及文明与回归这些话题，这里探讨的是关乎人类文明又超出人类文明的命题。我尤其喜欢影片结尾的一段音乐，不知是电子合成还是管弦乐的真实效果，但长笛，单簧管和钢琴为主调的音乐，似乎通透了一种绿意的念力和淡淡一丝悲悯，让人看完影片想要做点什么。而更多地，我感到了在画面、声音和文字之外，王明霞似乎还有许多东西要说。这时，我们打开这本诗集。

三

美国乡土诗人罗伯特·弗罗斯托（Robert Frost）给诗下的定义：诗就是"在翻译中丧失掉的东西"（what gets lost in translation）。如果把"翻译"这个词替换成更中性的"诠释"，读明霞的诗，似乎感到她想把诠释中丢掉的东西再凝结起来，经过蒸馏，再酿成一种新的表达方式和作品。

诗两辑，收集了她从 1993 年到现在的几十首长短不一的诗。"莫挂串风铃/就怕那风/唤醒我蛰伏已久底，寂寞。"似乎欲言又止（《寂寞的盛夏的窗有三说》）。这是 1993 年夏写的。到了秋天，"今夜，月光温度恰好/足够冰镇一壶/陈年相思"（《消息》），似乎尺度大了一些，也肯让"陈年相思"被月光的温度去冰镇。到 1998 年，"有一双习惯凝视深邃如夜的眼镜/与你长年闪耀灼热深情底目光/恰好形成太阳系两极的/强烈对比"（《我来自冥王星》），视野一下子开阔起来，巡航的艺术天地已脱离了地球引力。从此一发不可收拾。

可能是经她诠释或是需要诠释的内容越来越多，"丢失的东西"也相应越来越多，从"残酷的四月"绽放的《花季》（2008），到《逃生方向》（2010）和《如果战争不在远方》（2010），探讨的话题越来越深邃，透着一种与年龄和阅历不相称的深刻，似乎永远在一丝淡淡的忧郁烦苦中、在红尘纷扰的现实里，品位和思考诗歌和真实人生的交流与衔接。如果"……战争尚未开打/哀鸿已传遍野八方"（《如果战争不在远方》）传导的是一种忧患意识，那么"面对过去，背对未来/思索着不知还在不在现在"（《逃生方向》），品读起来则颇有一种哲人况味。"提一盏路过的烛火行经最沉底/黑夜，勾勒出光的海市蜃楼"（《逃生方向》2010）。读到此处，仿佛看了半天暗色调的电影，突然一声巨响，天地一下明亮起来！如果此处可以推出字幕——"这就是明霞！"她留给人思考的，除了忧患，更是忧患之前、之中以及之后所透出的思考和希望。否则忧患干吗？

但诗的功能和职责并非一味给人思考和希望。《红楼梦》在第一回就强行中止了甄士隐的梦，因为他在梦中不但思考并且希望着，而且差一点因此悟出了一僧一道说出的玄机。于是，"方举步时，忽听一声霹雳，有若山崩地陷……定睛一看，只见烈日炎炎，芭蕉冉冉，所梦之事便忘了大半"。这便是诗人、读者和文艺批评人士理应恪守的"行业规范"，因为许多事不可说，说了也不清楚。这便是诗，便是中国画中的飞白，便是有回味、有内涵。

这很重要，因为这决定了诗人在时代浮躁以及习尚、事象中，有多大免疫力。反射出来的，便是诗作的纯净程度。王国维在《人间词话删稿》第14条就愤激地说："社会上之习惯，杀许多之善人。文学上之习惯，杀许多之天才。"诗，讲的就是性情之真。

没有和明霞交流她写《花季》时的创作心态。依我的揣测，倒是看到这首较长的诗，一半像是作曲，一本像是电影创作。

艾略特（T. S. Eliot）的《荒原》（The Waste Land）有不少中译本，只一句"四月是最残忍的月份"（April is the cruelest month），便一下子把人抛入了那种意象迭加、时空交错的气场。全诗共433行，引用36个作家，56部作品和6种外文，充满比喻、暗示、联想、对应等象征主义手法。《荒原》也因此成为象征主义文学中最有代表性的诗作。明霞在《花季》，虽以《荒原》的第一句开场并以"四月是艾略特的深

沉与残酷"收尾，但并不见象征主义的那份神秘和隐晦。不过很明显地，《花季》着墨多的不是去描述（to describe），而是通过"曾经盛开"，"纷纷凋零"，"茫茫世道的转角"，"用异乡人的身份抵达远方"以及"风中那棵在时间里静止的树"等意象和层面，试图唤起（to evoke）读者去体味文字以外的意境。

《花季》虽然是个美丽的词素，大学的花季"那时我们脚步如风"，但诗中的沉重是显而易见的。"多年后，当你在泪眼中与我交换记忆/才惊觉第一个带头起义的/免不了成为烈士。"于是选择流离，用异乡人的身份"与年轻时早一步出发的那个自己/重新会合"。

诗中不但故我和新我之间有这种"悲欢离合"，就是"昔日轰动一时的繁华盛世/都掩盖在岁月漫漫风沙之下"。隔世、沧桑、惘然以及"等待下一季落红/化作春泥"的那份轮回感觉，在审美空间之外又推出一个精神空间。有趣的是，明霞在诗中还嵌入一些黛玉葬花式的小诗节，在大的段落之间登山渡水，过树穿花，使全诗读起来像一部交响乐的总谱。而嵌入的小诗节听起来又像大乐章中的几个小和弦。《花季》是诗集中很独特的一首创作。

四

被誉作文化昆仑的钱锺书先生在《谈中国诗》一文中说，世界上诗的发展是"先有史诗，次有戏剧诗，最后才有抒情诗。而中国诗可不然。中国没有史诗，中国最好的戏剧诗，产生远在最完美的抒情诗以后。纯粹的抒情诗的精髓和峰极，在中国诗里出现得异常之早。所以，中国诗是早熟的。早熟的代价是早衰。"（《钱锺书先生散文》浙江文艺出版社1997年版，第532—533页）

他引用梵文《百喻经》，说一个印度愚人要住三层楼而不许匠人造底下两层，"中国的艺术和思想体构，往往是飘飘凌云的空中楼阁……""譬如中国绘画里，客观写真的技术还未发达，而早已有'印象派'，'后印象派'，那种'纯粹画'的作风……"

这番话是引人深思的。这也让我联想到曾经参观法国巴黎的蓬比杜现代艺术中心（Pompidou Center），逛到顶楼，扑入眼帘的是一幅跟黑板一样色调和大小的"画"。很难说这不是一幅名画，因为不知道画家是谁。粗糙地说，如果画家在自己的艺术殿堂——依《百喻经》的例子——建造了厚实的底层，呈现的是顶层艺术，譬如梵·高（Vincent van Gogh）或毕加索（Picasso），那么即使是"黑板"也有它的艺术分量。反之，则不然，因为艺术和参禅一样，需要实证。否则，在当今"第二天性"横行，在期货贸易和外汇投资商可以与所有行业合作的现代社会，谁写个像样的偈子，都有可能被宣布为禅宗七祖或八祖。

艺术宫殿"底下两层"便成为实证的一个考核标准。如果明霞的诗是画，这些画都是一笔一画勾勒出来的。个中既有入地扎旧根的养分，更有上天吐新蕊的灵气。借《忧郁森林》里的一句台词："毕竟只有生命才能安慰生命，"如果说森林里每一棵树的背后，都有一个不为人知的秘密的话，那么人和人之间、人和自然之间甚至作品和作品之间都是互动的。真实的生命都有养料，生命之间都可以互相依偎、彼此呵护，因为天生合一、万物互动。这本诗集是王明霞艺术生命体系中，一个新的元素和载体。

（2010 年 8 月 31 日于奥克兰）